collection L

*dirigée par Jean-Pol Caput
et Jacques Demougin*

ESSAIS DE SÉMIOTIQUE POÉTIQUE

avec des études sur
Apollinaire, Bataille, Baudelaire,
Hugo, Jarry, Mallarmé,
Michaux, Nerval, Rimbaud, Roubaud

par

A. J. GREIMAS

MICHEL ARRIVÉ
Université de Paris X

JEAN-CLAUDE COQUET
Université de Paris VIII

JEAN-PAUL DUMONT
Fordham University

JACQUES GENINASCA
Université de Zurich

NICOLE GUEUNIER
Université de Tours

JEAN-LOUIS HOUDEBINE
École Pratique des Hautes Études

JULIA KRISTEVA
CNRS

FRANÇOIS RASTIER
Université de Paris VIII

TEUN A. VAN DIJK
Université d'Amsterdam

CLAUDE ZILBERBERG
École Pratique des Hautes Études

LIBRAIRIE LAROUSSE

17, rue du Montparnasse et 114, boulevard Raspail, Paris-VIe

ISBN 2-03-036002-3

Pour une théorie
du discours poétique

Irvine, janvier 83

I. Introduction

I.1. Le fait poétique

Il n'est plus possible de parler aujourd'hui du fait poétique en l'intégrant dans la théorie générale de la littérature, en considérant, par exemple, les textes poétiques comme un sous-ensemble de textes littéraires, et ceci pour une première raison très simple : la littérature en tant que discours autonome comportant en lui-même ses propres lois et sa spécificité intrinsèque est presque unanimement contestée, et le concept de « littérarité » qui voulait la fonder est aisément interprété comme une connotation socio-culturelle, variable selon le temps et l'espace humains. Mais il y a plus. Même en acceptant le relativisme culturel et en s'enfermant volontairement dans l'européocentrisme lucide de notre typologie connotative des objets culturels, nous avons de la peine à choisir des critères suffisamment généraux qui permettraient de subsumer, sous une dénomination commune, la poésie dite classique, prompte à s'identifier avec la versification, et la conception romantique et post-romantique de la poéticité qui est essentiellement celle des contenus.

La poésie existe pourtant, nous en avons tous, plus ou moins — dans les limites prescrites par la performance du lecteur —, une certaine intuition naïve. Toutefois, elle semble, à première vue, indifférente au langage dans lequel elle se manifeste : on parle bien de cinéma et de théâtre poétiques, il nous arrive d'avoir des rêves poétiques. En se plaçant du point de vue des effets de sens produits sur l'auditeur, on pourrait, par extension, considérer comme poétique ce qui pour d'autres civilisations relève du sacré : hymnes, rituels chantés, mais aussi certains textes religieux ou philosophiques.

Ainsi, pour se faire une première idée de l'objet de la sémiotique poétique, on pourrait dire :

a) que le discours poétique n'est pas co-extensif au concept de littérature;

b) qu'il est indifférent, en principe, au langage dans lequel il est produit;

c) que sa saisie intuitive comme discours à la fois « poétique et sacré » provient des effets de sens caractéristiques d'une classe particulière des discours.

La problématique du fait poétique se situe, par conséquent, dans le cadre de la typologie des discours quelconques; sa spécificité, saisie intuitivement, ne pourra lui être reconnue que si l'effet produit est justifié par un arrangement structural du discours qui lui soit propre.

L'effet de sens apparaît ici comme un effet des sens : le signifiant sonore — et, dans une moindre mesure, graphique — entre en jeu pour conjuguer ses articulations avec celles du signifié, en provoquant de ce fait une illusion référentielle et en nous invitant à assumer comme vrais les propos tenus par le discours poétique qui voit ainsi sa sacralité fondée sur sa matérialité. Le postulat de *la corrélation du plan de l'expression et du plan du contenu* qui définit la spécificité de la sémiotique poétique est partout présent dans ce recueil et le justifie à la fois comme démonstration des procédures d'analyse et comme lieu de sa validation.

I.2. La lecture des textes poétiques

La théorie qui chercherait à rendre compte du discours poétique et à fonder en même temps la sémiotique poétique, doit être capable, dans un premier temps, de faire face à deux sortes de problèmes :

a) Reconnaissant que le discours poétique est en réalité *un discours double* déployant ses articulations sur les deux plans — celui de l'expression et celui du contenu — en même temps, elle doit se construire un appareil conceptuel susceptible de fonder et de justifier les procédures de reconnaissance des articulations de ces deux discours.

Les articulations à reconnaître sont ici de deux sortes : elles rendent possible, d'un côté, ce qu'il est convenu d'appeler le *découpage du discours* en unités de dimensions variables, depuis les grandeurs totalisantes que sont les objets poétiques discrets jusqu'aux éléments minimaux, traits distinctifs pertinents des deux plans, c'est-à-dire les sèmes et les phèmes; mais elles doivent, aussi, permettre la distinction des *niveaux linguistiques d'analyse* de telle sorte que la reconnaissance d'un certain type d'unités permette de définir, de façon homogène, un niveau linguistique donné, et inversement.

b) Disposant ainsi de plusieurs niveaux linguistiques homogènes sur chacun des deux plans du langage, la sémiotique poétique doit être en mesure d'établir une *typologie de corrélations possibles* entre les plans de l'expression et du contenu et, par voie de conséquence, d'instituer une *typologie d'objets poétiques* fondée sur la prise en charge, en vue de leur corrélation, de tels ou tels niveaux linguistiques du discours poétique.

Ces deux directions de recherche et les efforts visant à les transformer en procédures de description sous-tendent l'ensemble des analyses qui se trouvent réunies ici et leur donnent une certaine unité méthodologique.

C'est le concept de *lecture* qui, pour la plupart des chercheurs présents, recouvre à la fois la visée, la démarche et la justification de leur faire sémiotique. La lecture consiste d'abord, pour J.-C. Coquet, à « reconnaître un vocabulaire et une grammaire, c'est-à-dire des unités linguistiques, leurs règles d'agencement (morphologie) et de fonctionnement (syntaxe) ». Mais cet aspect heuristique de la lecture, qui en fait l'instrument de l'élaboration théorique, est complété par l'insistance mise sur « le rôle de la lecture (qui est) de valider la théorie ». Le faire sémiotique est ainsi défini comme une praxis scientifique, comme un va-et-vient entre la théorie et la pratique, entre le construit et l'observable.

I.3. L'organisation poétique

Partir en quête de la spécificité du fait poétique en disant qu'il se manifeste dans une classe particulière de discours n'est simple qu'en apparence. On sait que la linguistique, qui jusqu'à ces derniers temps limitait son objet aux dimensions de la phrase, ne nous a pas préparés à la manipulation des discours. La distinction qu'on essaie d'établir depuis peu entre la parole immédiate (dialogue, commentaire sur le monde) et la parole médiatisée (discours, texte, récit) ne va pas de soi et ne paraît pas encore reposer sur des critères formels assurés et suffisamment généraux.

Concevoir le discours comme une concaténation d'énoncés ne suffit pas à rendre compte de son isotopie, c'est-à-dire de sa cohérence syntagmatique. Y entrevoir des redondances significatives, c'est reconnaître déjà les régularités qui ne relèvent plus de la grammaire générative des phrases, mais obligent à imaginer une organisation discursive autonome. Sans pouvoir s'appuyer sur une théorie générale des discours, la sémiotique poétique est ainsi amenée à se forger, en cours de route, ses propres concepts opérationnels.

La tentation est grande, une fois reconnue l'existence de deux sortes de régularités superposées — les unes grammaticales et microstructurales et les autres discursives et macro-structurales —, de concevoir le discours poétique comme définissable par cette superposition et par l'écart qu'elle produit. Trois interprétations de cet écart peuvent être grossièrement distinguées :

a) Sans parler du calcul statistique, décevant faute d'une théorie sous-jacente, des écarts significatifs déterminant la spécificité des textes littéraires et ne mentionnant que pour mémoire la querelle qui semble dépassée sur l'agrammaticalité des énoncés poétiques dont l'étude consisterait dans l'enregistrement des anomalies, on retrouve les traces des concepts de norme et de « texte normal » chez Van Dijk qui propose de considérer celui-ci comme « un cadre de référence » du discours poétique. Une telle interprétation, même très atténuée, n'en repose pas moins sur une conception rationaliste des discours tenus en langues naturelles selon laquelle une logique implicite leur serait sous-tendue, sur une conviction héritée du positivisme d'après laquelle les mots disent d'abord ce qu'ils veulent vraiment dire et les discours obéissent à une fonction dénotative fondamentale.

b) A l'extrême opposé, on retrouve une attitude caractérisée par l'hypostase du langage poétique, qui serait le résultat de la projection sur la langue naturelle « quotidienne » des configurations non — ou trans-linguistiques produisant la dislocation des « structures du langage communicatif » (J. Kristeva) et la destruction systématique des signes (M. Arrivé).

Malgré les connotations tantôt euphoriques tantôt dysphoriques — mais, dans les deux cas, non pertinentes pour une approche scientifique — du fait poétique, les deux attitudes sont moins éloignées l'une de l'autre qu'il ne paraît : tout en affirmant le statut normalisé des langues naturelles, elles posent le discours poétique comme un écart, ou plutôt un ensemble d'écarts systématisables, capables de fonder une *normalité autre* entretenant les rapports de distorsion avec la première. Nous pourrions tout au plus leur reprocher une conception trop restrictive des langues naturelles : celles-ci, en tant que langages de manifestation, nous paraissent être fondamentalement polysémiques et ambiguës, pouvant recouvrir et articuler la totalité des univers sémantiques, en faisant dérouler dans leurs discours tous « les systèmes secondaires modelants ».

c) Le concept d'écart étant imprécis et donnant facilement lieu à des interprétations et procédures atomistes, le problème de la systématisation des écarts n'a pas manqué de se poser dans le cadre de la réflexion structurale sur le langage. L'hypothèse de Roman Jakobson, selon laquelle l'organisation des écarts pourrait avoir le statut paradigmatique et la projection de ces régularités paradigmatiques sur le déroulement syntagmatique du langage définirait la spécificité du discours poétique, ouvre la voie aux recherches structurales en poésie. Ainsi l'analyse des *Chats* de Baudelaire proposée par R. Jakobson et C. Lévi-Strauss constitue à elle seule une date à laquelle se réfère l'ensemble des études concrètes de ce recueil comme à une hypothèse de travail et à un modus operandi exemplaire.

Depuis, la théorie sémiotique s'est enrichie d'un certain nombre de nouveaux concepts, en s'intégrant en même temps de nouveaux champs d'observation et d'expérimentation. Ainsi, la reconnaissance des structures narratives sous-jacentes aux discours et les organisant à l'aide d'une réglementation syntagmatique comportant des transformations prévisibles et formalisables ne peut que remettre en question, au moins partiellement, le principe de l'agencement exclusivement paradigmatique du discours poétique. De même, la lecture paradigmatique des mythes restaurée par C. Lévi-Strauss, tout en ne permettant plus de la considérer comme le trait spécifique du phénomène poétique, a posé en même temps le problème des niveaux de profondeur de la lecture des textes. La grammaire générative aidant, la distinction entre *structures profondes* et *structures de surface* — ou, dans la version soviétique (Šaumjan-Soboleva, et J. Kristeva) entre géno-texte et phéno-texte — semble applicable, à quelques ajustements près, à une certaine hiérarchisation des niveaux du discours poétique. Un renversement d'optique est dès lors possible : au lieu de procéder à l'enregistrement des régularités d'ordre « poétique » considérées comme des informations complémentaires fournies par le texte situé dans le cadre de la communication poétique, on peut considérer les processus sémiotiques conditionnant la production des discours poétiques comme articulables et formalisables dans un espace apriorique en paliers, de telle sorte qu'une grammaire poétique, de caractère déductif, ainsi construite puisse rendre compte de tous les discours produits ou produisibles, — l'application de cette grammaire à des discours-occurrences constituant la procédure de sa validation. Résultat d'un choix stratégique délibéré, les analyses réunies dans ce recueil se situent, dans leur majorité, à mi-chemin des deux approches.

II. Le signe poétique

II.1 Signe et objet poétique

Un texte poétique quelconque se présente comme un enchaînement syntagmatique de signes, ayant un commencement et une fin marqués par des silences ou des espaces blancs. Les signes, définis selon la tradition saussurienne par la réunion d'un signifiant et d'un signifié, peuvent être de dimensions inégales : un mot, une phrase sont des signes, mais aussi un discours dans la mesure où il se manifeste comme une unité discrète. Dans une première approche, le discours poétique peut être considéré comme un *signe complexe*.

Si la délimitation constitue le texte en signe poétique manifeste, il faut qu'une nouvelle lecture, dont la première démarche est connue sous le nom de découpage, en lui imposant ses articulations propres, le transforme en *objet poétique*. La division du texte en parties n'est pas une simple segmentation syntagmatique, c'est aussi une première projection sur le texte d'un ordre systématique et hiérarchique. La reconnaissance, sous les apparences du signe linguistique complexe, d'un objet poétique n'est pas, par conséquent, la description exhaustive de ce signe jusqu'à l'épuisement de ces articulations, mais une opération de la construction de l'*objet* qui émerge et prend forme à partir de l'état de *chose* dans lequel il est offert à nos sens.

La décomposition du signe qu'est le discours poétique met en place les articulations parallèles du signifiant et du signifié : nous dirons que le signifiant y est présent comme *niveau prosodique* du discours et le signifié, comme son *niveau syntaxique*.

II.2 Le niveau prosodique

On peut réunir sous la dénomination de niveau prosodique, les différentes manifestations suprasegmentales du plan de l'expression, depuis l'accent de mot, en passant par les phrasés de modulation des énoncés, et jusqu'aux courbes mélodiques des phrases complexes, des périodes oratoires, etc.

a) Les matrices conventionnelles, étudiées par J. Geninasca, apparaissent ainsi comme des déformations voulues des articulations suprasegmentales du signifiant : le mètre, le rythme, l'institution des vers et des structures strophiques (renforcées par la rime et l'assonance) ne constituent qu'une organisation autonome, décalée par rapport aux accents et aux modulations « naturelles » des langues, du niveau prosodique, icônisant avec insistance, par un jeu savant de parallélismes et de symétries alternées, le projet paradigmatique du discours poétique.

b) En l'absence de cette véritable institution poétique, les modulations suprasegmentales « normales » reprennent leurs droits et jouent leur rôle de régulateur du débit sonore en instaurant le niveau prosodique qui pour être moins affiché, organise toutefois le discours poétique. Une strophe d'Apollinaire (J.-C. Coquet), un fragment de Michaux (J.-L. Houdebine) n'en constituent pas des exemples souhaités — et ceci du fait de l'homologie qu'on y rencontre entre les phrasés de modulation et l'organisation syntaxique : c'est dans les distorsions voulues, séparant les deux niveaux, qu'apparaît leur efficacité poétique. Quoique peu étudiées, les modulations suprasegmentales constituent une composante non négligeable de l'articulation du discours poétique moderne et post-moderne, caractérisée par l'abandon des matrices conventionnelles.

c) Le niveau prosodique peut enfin être présent sous sa forme graphique : la disposition générale du texte imprimé, l'aménagement des espaces blancs signalant les arrêts, les signes de ponctuation ou leur absence, l'utilisation de variables typographiques dont l'étude est esquissée ici par N. Gueunier, dédoublent la manipulation phonique du niveau prosodique et ré-articulent la « prose » en « poésie ». Ici aussi les recherches sont encore lacunaires et insuffisantes.

II.3 Le niveau syntaxique

C'est le niveau syntaxique qui, sur le plan du contenu, semble correspondre au niveau prosodique de l'expression : la mise en relation de ces deux niveaux fournit le réseau d'articulations suffisant pour segmenter et circonscrire l'objet poétique.

Le modèle taxique construit par J. Geninasca à partir des sonnets de Nerval se présentant comme la déformation et l'autonomisation systématiques des modulations suprasegmentales « naturelles », il est normal que lui corresponde, au niveau du signifié, une systématisation comparable des articulations des contenus, libérant le texte des contraintes syntaxiques de la langue naturelle. La matrice apparaît alors comme une « grille taxique », comme une structure hiérarchique de classes positionnelles où sont versés les contenus symétriques ou équivalents. Cette homologation des signifiants et des signifiés, outre qu'elle rend compte de la « modernité » de Nerval, met en évidence le principe selon lequel chaque transgression du schéma conventionnel « fonctionne comme icône de transformation » : les régularités poétiques ne seraient posées que pour être niées, pour donner lieu à de nouveaux écarts formels, créateurs du sens.

Les niveaux prosodique et syntaxique ne sont donc pas nécessairement isomorphes ; au contraire, leur articulation homologuée, on l'a vu à propos d'Apollinaire et de Michaux, ne fait que maintenir la conformité du discours poétique par rapport à la norme de la langue naturelle utilisée. Les relations entre les critères d'articulation prosodiques et syntaxiques se présentent, dans les textes analysés, de deux manières différentes :

a) lorsqu'il s'agit d'articulations de syntaxe discursive, transphrastique, les critères syntaxiques semblent dominer les critères prosodiques : c'est la conjonction « mais » placée entre deux strophes du poème de Rimbaud qui les conjoint en une seule séquence (C. Zilberberg); l'opposition du discours-énoncé (en « il ») et du discours-énonciation (en « je-tu ») justifie, à son tour, la segmentation du fragment de Michaux en deux paragraphes (J.-L. Houdebine);

b) lorsqu'il s'agit d'unités syntaxiques phrastiques, elles se situent sous la dominance d'articulations prosodiques : c'est à l'intérieur de l'organisation strophique que se reconnaissent les syntagmes et les classes syntaxiques avec leurs parallélismes et leurs contrastes (J.-P. Dumont).

III. Le discours poétique

III.1. L'isomorphisme de l'expression et du contenu

Le progrès fondamental de la linguistique de l'entre-deux-guerres a consisté à établir l'évidence que l'analyse, commencée sur le plan des signes (morphèmes, mots, phrases, discours) ne peut se poursuivre et rendre compte du phénomène linguistique qu'en opérant la disjonction des deux plans simples du langage — l'expression et le contenu — et en soumettant chacun d'eux séparément à une segmentation et à une systématisation non plus des signes, mais, pour employer le terme hjelmslevien, des figures, c'est-à-dire en unités — construites et non plus manifestées — des deux plans. Le mot d'ordre de la destruction du signe, on le voit, n'a pas attendu la montée d'une nouvelle génération de critiques littéraires.

Aussi nous paraît-il opportun d'interroger les analyses ici réunies pour voir comment elles conçoivent l'articulation du discours poétique sur chacun de ces deux plans, avant de chercher à reconstituer l'objet poétique dans sa totalité. Cette démarche analytique devenue classique se double d'une nouvelle exigence théorique : la linguistique d'après-guerre, on l'a vu, a ajouté au principe d'articulations autonomes des deux plans, des considérations portant sur les niveaux de profondeur : les unités dont les réalisations syntagmatiques sont de dimensions plus réduites se situeraient au niveau du langage plus profond, tandis que les unités plus larges seraient considérées comme des unités de surface.

Le problème de l'isomorphisme des deux plans, capital pour la sémiotique poétique, découle logiquement du parallélisme entre le signifiant et le signifié postulé par Saussure : évident sur le plan des signes, ce parallélisme peut-il être postulé pour la construction des figures ?

L'inégalité des progrès accomplis par les recherches portant sur les deux plans isolés du langage n'a pas permis jusqu'à présent d'entrevoir une solution de ce problème. On sait que la phonologie a réussi, non sans peine, à construire les concepts de *phonème*, unité abstraite, indépendante de ses réalisations phoniques au niveau des signes, et de *phème* ou trait distinctif, unité minimale constitutive du phonème. La sémantique, qui l'a suivie avec un retard considérable, postule à son tour des figures correspondantes de *sémème* et de *sème*. Dès lors, l'hypothèse de l'isomorphisme peut-être présentée sous la forme d'un schéma simplifié :

13

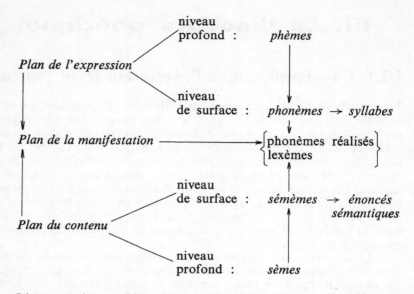

L'examen de ce tableau impose immédiatement les constatations suivantes : s'il est possible de postuler l'isomorphisme d'unités linguistiques des deux plans autonomes considérées en tant que figures d'articulation, cet isomorphisme cesse de s'exercer (sauf dans de rares cas où le lexème mono-sémémique aurait pour formant une seule réalisation phonémique) non seulement sur le plan de la manifestation où à un phonème réalisé correspond un lexème, mais aussi et surtout au niveau de l'organisation syntagmatique du langage où la combinaison linéaire des phonèmes produit des unités-syllabes, tandis qu'une combinaison de sémèmes aboutit à la construction d'énoncés sémantiques.

L'isomorphisme, tel que nous venons de le définir, ne conduit donc pas à l'homologation terme à terme, segment phonique à segment sémantique des deux plans du discours poétique. Si l'homologation est possible, elle apparaît sous la forme d'une corrélation d'un autre type. Dans l'exemple d'Apollinaire analysé par J.-C. Coquet, elle pourrait être formulée comme

Syllabe 1 [—ik] : *Syllabe 2* [k (r) i—] : : *Énoncé 1* : *Énoncé 2*

Si le principe d'un certain isomorphisme entre les unités de l'expression et du contenu peut être maintenu — à condition de ne pas le situer sur le plan de la manifestation syntagmatique des signes — d'autres conséquences peuvent être tirées de cette hypothèse. On peut, par exemple, chercher à définir la spécificité du discours poétique par la co-occurrence, sur le plan de la manifestation, de deux discours parallèles, l'un phonémique et l'autre sémantique, se déroulant simultanément, chacun sur son plan autonome et produisant des régularités formelles comparables et éventuellement homologuables, régularités discursives qui obéiraient à une double grammaire poétique située au niveau des structures profondes. A partir de l'isomorphisme reconnu de la syllabe et de l'énoncé sémantique, on pourrait chercher à l'étendre et à l'appliquer aux dimensions transphrastiques envisageant la possibilité d'organisations discursives — phonémiques et sémémiques — parallèles; les taxies phémiques et sémiques, finalement, situées au niveau plus profond, commanderaient et ordonneraient ces productions discursives.

III.2. Le plan de l'expression

Les exigences théoriques du modèle du discours poétique dont on vient d'esquisser les lignes générales ne paraissent avoir que très peu en commun avec l'état actuel des recherches assez fidèlement reflété par les études qui sont ici réunies. Il suffit de lire les passages fort pertinents que J.-C. Coquet a consacrés à l'examen des incohérences du langage de description utilisé pour rendre compte de la structure du plan de l'expression des langues naturelles pour être convaincu que la responsabilité relative aux faiblesses de nos analyses du formant poétique est au moins partagée entre linguistes et sémioticiens. Malgré la supériorité de la phonologie classique sur les autres disciplines linguistiques, un certain nombre d'adaptations qui lui ont été imposées — passage de l'instance physiologique de la phonation à la saisie perceptive, fortement dosée d'impressionnisme; développement récent des recherches situées à l'instance acoustique du phénomène sonore — ont troublé les esprits plutôt que de leur offrir un outillage technologique renouvelé : l'hétérogénéité terminologique qu'on rencontrera dans ce recueil n'est que le reflet de ces incertitudes.

Ces retards et ces hésitations ne peuvent que se répercuter sur l'analyse phonique du discours poétique. Si la description de R. Jakobson et de C. Lévi-Strauss, suivie de celles de N. Ruwet, ont permis de dépasser le stade impressionniste et d'affirmer la pertinence du niveau d'analyse en traits distinctifs, les recherches dans ce domaine semblent marquer le pas, se ressentant probablement de l'absence de modèles d'articulation phémiques stimulants. Le principe de couplage (S. Levin) appliqué à l'expression a beau donner des résultats localisés intéressants — la description de J.-L. Dumont paraît de ce point de vue exemplaire —, il peut mener jusqu'à la formulation des règles d'homologation des niveaux, nous n'en sommes, comme le remarque J.-C. Coquet, qu'à l'enregistrement des « points d'équivalence » sans pouvoir envisager l'organisation globale du discours phonétique.

Certaines symétries établies entre suites sonores (J.-L. Houdebine) ou entre ensembles sonores plus vastes qu'on cherche à homologuer aux disjonctions fondamentales du contenu (cf. *vie* vs *mort* de F. Rastier) paraissent être susceptibles d'interprétations plus générales. Certains schémas discursifs simples décomposant l'objet poétique en un avant et un après à tonalités contrastées et reconnaissant une charnière, lieu de transformation des structures de l'expression (C. Zilberberg, mais aussi J.-P. Dumont), donnent à penser que le principe d'équivalence peut être complété par le principe de transformation modulant le discours expressif. Ce ne sont toutefois que des éléments d'une théorie du discours poétique, car la description proprement dite reste encore au niveau de l'enregistrement des « tendances », incapable d'utiliser, du fait de la faiblesse numérique des populations sonores, des approches statistiques, ne sachant pas comment procéder à l'établissement des *isotopies sonores* qui supprimerait le parasitage propre au discours manifesté.

Théoriquement, rien ne s'oppose à l'emprunt au plan du contenu du concept d'isotopie : c'est l'isotopie sémantique de nature sémémique qui permet de surmonter les obstacles qu'oppose à la lecture le caractère polysémique du texte manifesté. Un niveau phonémique donnant lieu à une lecture isotope semble pouvoir être postulé. On sait que le destinataire d'un discours quelconque réussit à éliminer, au moment de la perception, jusqu'à 40 % des redondances phémiques inutiles à la saisie du sens; la réception du message poétique pourrait à l'inverse être interprétée comme la valorisation des redondances devenues significatives avec le changement du niveau de perception, valorisation qui donnerait lieu à la saisie des régularités constitutives d'une nouvelle isotopie sonore, connotative, si l'on veut, et non plus dénotative. Le discours poétique se déroulant sur le plan de l'expression pourrait ainsi être conçu sous la forme d'une projection de faisceaux phémiques isotopes, où l'on reconnaîtrait les symétries et les alternances, les consonances et les dissonances et finalement les transformations significatives des ensembles sonores. Ce n'est qu'ultérieurement qu'une grammaire de l'expression poétique comportant des modèles formels d'organisation des taxies phémiques et des règles de génération des discours phonémiques, conformes aux discours sémantiques, pourrait être élaborée. Car ce qui autorise à parler d'une grammaire de l'expression poétique dans le sens qui n'est pas simplement métaphorique, ce n'est pas seulement le postulat d'isomorphisme des deux plans du langage et la transposition du modèle grammatical d'un plan à l'autre que cela implique, ce sont aussi des considérations plus générales sur ce qu'on appelle la musicalité de la poésie. Peu importe l'explication génétique : que la poésie ait d'abord été chant, ou que le chant puisse retrouver ses origines, comme certains travaux d'ethno-musicologie le laissent entendre, dans les modulations et les rythmes du discours poétique, l'expression poétique se situe à mi-chemin entre les gargarismes qui, sortant de la gorge, s'organisent en sons du langage du fait de leur seule vertu discriminatoire et les suites de sonorités ordonnées constitutives du langage musical. Le discours poétique apparaît dans son plan d'expression, comme un *langage fait à la fois des bruits et des sons*, et c'est avec raison que J.-C. Coquet invoque à son propos les règles d'harmonie et d'inharmonie de son organisation ou que F. Rastier parle des effets d'euphonie et de dys-phonie qui le connoteraient. La grammaire de l'expression poétique serait la théorie de ce langage.

III.3 Le plan du contenu

Les difficultés s'inversent lorsqu'on veut parler non plus de l'expression mais du contenu poétique : dans le premier cas, elles venaient du fait que l'on ne savait que trop peu de choses sur les structures phoné-miques expressives; dans le second cas, elles sont dues au fait qu'on en sait peut-être trop. Entendons-nous : le signifié poétique, considéré isolément, ne se distingue guère des autres discours — littéraires, mystiques, oniriques — que l'on peut tenir sur les mêmes sujets. Nos connaissances et nos ignorances s'y trouvent également partagées, elles consistent en une masse d'études partielles et de points de vue multiples, et en l'absence d'une théorie du discours homogène.

Ce n'est donc que la nécessité de mener de pair deux discours parallèles, en projetant les contraintes de l'expression sur le déroule-ment des contenus, et inversement, qui détermine, dans une large mesure, des options portant sur telles ou telles formes d'organisation du texte poétique. Dans ce sens, on pourrait dire que *le poétique* sélec-tionne ses formes dans les inventaires que lui offre *la poétique*.

Ce dédoublement du discours et les relations réciproques qui s'établissent entre les deux permettent de caractériser le discours poétique par sa *densité*, en entendant par là le nombre de relations structurales qu'exige la construction de l'objet poétique. Le degré de densité peut dès lors servir de critère à une classification d'objets poétiques. Ce critère pourrait, à son tour, être croisé avec celui des types de sélections réciproques des niveaux et des formes discursives opérées, l'un sur l'autre, par les deux plans du langage. Entre deux cas-limites, un traité d'algèbre versifié et un discours poétiquement délirant mais n'engageant pas l'expression, il y a un lieu où pourrait être établie une typologie des discours poétiques. Tout se passe comme si une corrélation souple se maintenait entre les variations suivantes :

$$\frac{\text{narrativisation}}{\text{paradigmatisation}} \simeq \frac{\text{structures prosodiques}}{\text{structures phonémiques}} \simeq \frac{\text{niveau de surface}}{\text{niveau profond}}$$

On voit d'ailleurs que les analyses des textes poétiques présentées ici s'infléchissent tantôt vers une représentation narrative, tantôt vers une lecture paradigmatique du plan du signifié : si le texte de G. Bataille se prête à une interprétation narrative, le quatrain de Rimbaud est lisible « dans tous les sens ». Concilier les deux approches, lire un texte poétique à la fois comme une taxie et comme un récit, comme un ensemble de symétries répercutées sur plusieurs niveaux et qui ne seraient posées que pour servir de lieux de transformations, paraît constituer, à l'heure actuelle, les caractéristiques d'une stratégie de déchiffrement d'objets poétiques. L'introduction de la dimension narrative dans l'analyse du discours poétique, tout en constituant un des principaux apports de ces dernières années, ne manque pas de soulever de nouveaux problèmes. Celui des isotopies de lecture en est un exemple.

La possiblité de lecture pluri-isotope des textes, difficilement admise par les tenants de la linéarité des discours, n'est pas propre aux discours poétiques (un conte populaire, « le Petit Chaperon Rouge » par exemple, peut se lire à la fois sur les isotopies culinaire et sexuelle); elle en constitue néanmoins une des caractéristiques fréquentes. Ainsi F. Rastier distingue, pour un sonnet de Mallarmé, trois lectures isotopes possibles : le sonnet raconte en même temps l'histoire du « banquet » et celle d'une « navigation », les deux récits étant sous-tendus par une problématique narrativisée de l' « écriture ». Il en est de même de la lecture d'A. Jarry où M. Arrivé reconnaît les isotopies excrémentielle, religieuse et sexuelle.

Il devrait être entendu que la pluri-isotopie du texte n'a rien à faire avec « l'infinité de lectures possibles », propos à la mode tendant à nier la possibilité de toute analyse scientifique d'œuvres littéraires : les lectures possibles peuvent en effet être en nombre « infini », mais ces variations relèvent uniquement de la performance des lecteurs sans pour autant « détruire » ou « destructurer » le texte. Deux questions pertinentes se posent, au contraire, à ce sujet : celle du passage d'une isotopie à l'autre, celle des relations de « profondeur » entre diverses lectures possibles.

C'est J.-C. Coquet qui le premier, croyons-nous, dans son analyse de *l'Étranger* de Camus, a attiré l'attention sur l'existence des *embrayeurs* ménageant le passage d'une isotopie à l'autre : l'apparition du paralexème « tuer le temps », lisible sur deux niveaux sémémiques différents, déclenche une seconde lecture qui se superpose à la première. F. Rastier essaie ici même de généraliser ce genre d'observations et cherche à les formuler en procédures de reconnaissance : l'apparition, parmi les lexèmes polysémiques et, de ce fait, pouvant se lire sur plusieurs isotopies, d'au moins un lexème qui ne se lit que sur une seule isotopie, garantit l'autonomie de cette dernière; l'existence d'un lexème qui ne se lit sur aucune des isotopies reconnues postule l'existence d'une nouvelle isotopie non encore reconnue. D'autres suggestions paraissent élargir le problème : c'est par l'enchâssement d'un récit dans un autre que M. Arrivé explique l'instauration d'une nouvelle lecture du récit enchâssé; c'est du fait de la réorganisation des parties constitutives du texte de Bataille qu'apparaissent, pour N. Gueunier, de nouvelles dimensions d'interprétation. La systématisation des procédures d'embrayage des isotopies apparaît dès maintenant comme une tâche précise de la sémiotique narrative.

La question de savoir si les diverses lectures isotopes sont indépendantes les unes des autres ou si, au contraire, elles sont en relations déterminables entre elles ne peut manquer de se poser. La réponse qui, dans l'état actuel de nos connaissances, ne peut être que partielle, suggère l'existence d'une relation de présupposition entre isotopies : la lecture « écriture » serait impossible dans le sonnet de Mallarmé, si la lecture « navigation » n'était pas d'abord instituée; l'isotopie sexuelle du texte de Jarry présuppose le récit de caractère excrémentiel. Une hiérarchie d'isotopies sémantiques, les unes étant plus « profondes » que d'autres, pourrait ainsi être postulée et fondée sur les critères formels. Il est évident que, dans la perspective générative, la structure pluri-isotope du discours descendant en paliers jusqu'au plan de la manifestation, y produit des lexèmes polysémiques et des distorsions textuelles donnant lieu souvent à des méta-discours mythifiants sur l'ambiguïté qui serait l'essence même de la poésie. Il serait toutefois dangereux de confondre les isotopies sémantiques et leurs articulations en profondeur avec les niveaux d'organisation formelle du plan du contenu, tels qu'ils sont censés entrer en corrélation avec les niveaux comparables de l'expression pour constituer le discours poétique. Il s'agit là de la différence entre le dictionnaire et la grammaire, entre le message, variable d'un objet à l'autre, et la structure de l'objet poétique lui-même, — autrement dit, entre les structures sémantiques stricto sensu et l'organisation des régularités formelles qui constitue le discours poétique second.

Si le projet d'une grammaire discursive semble généralement admis et la nécessité de distinguer des niveaux « grammaticaux » reconnue, on est loin encore de la conception commune de la forme canonique à attribuer à ces niveaux : en partant des réflexions sur la narrativité, nous aimerions y voir l'opposition entre structures abstraites, lieux des transformations logico-sémantiques, et une syntaxe plus superficielle, actantielle et modale à la fois; c'est un point de vue qui n'est pas inconciliable avec la distinction des niveaux caractérisés par les structures sémiques d'un côté et les structures sémémiques de l'autre, retenue par T. A. Van Dijk. Les divergences apparaissent pourtant lorsqu'il s'agit de se représenter les articulations fondamentales du niveau profond à partir duquel les objets poétiques sont générés : la structure *ab quo* aurait la forme d'une phrase simple pour Van Dijk, ce serait une configuration translinguistique du rêve pour

J. Kristeva, tandis que nous y verrions plus volontiers une structure taxique élémentaire. Ces divergences ne doivent pas cacher toutefois un consensus, beaucoup plus important, relatif au projet et à l'économie générale de la théorie du discours.

Il paraît impossible d'arrêter là la réflexion sur la composante sémantique du discours poétique sans chercher à préciser le statut de l'*énonciation* que l'on se plaît à opposer au texte considéré comme *énoncé*. Que le sujet de l'énonciation poétique soit présent, d'une manière ou d'une autre, dans le processus de la production de l'objet poétique et dans l'objet lui-même, rien de plus normal : c'est même un des critères permettant de distinguer la littérature écrite de la littérature orale. Toutefois, le fait qu'il soit caractéristique de la manifestation écrite lui enlève déjà une part de sa spontanéité créative dont il est censé être le refuge.

C'est dire que tout en refusant une nouvelle mystification qui permettrait de réintroduire par une porte dérobée la problématique de « l'ineffable », on doit chercher à déterminer le statut et le mode d'existence du sujet de l'énonciation. L'impossibilité où nous nous trouvons de parler, en sémiotique, du sujet tout court, sans le concevoir nécessairement comme faisant partie de la structure logico-grammaticale de l'énonciation dont il est l'actant-sujet, montre à la fois les limites dans lesquelles s'enferme de parti pris notre réflexion sémiotique et le cadre théorique à l'intérieur duquel son statut peut être précisé. Ou bien l'énonciation est un acte performateur non linguistique et échappe, comme tel, à la compétence du sémioticien, ou bien elle est présente, d'une manière ou d'une autre — comme un présupposé implicite dans le texte par exemple —, et alors l'énonciation peut être formulée comme un énoncé d'un type particulier, c'est-à-dire comme un énoncé dit énonciation parce qu'il comporte un autre énoncé au titre de son actant-objet, et dès lors elle se trouve réintégrée dans la réflexion sémiotique qui cherchera à définir le statut sémantique et grammatical de son sujet.

Sur le plan sémantique, *l'énoncé dit énonciation* apparaît comme une isotopie possible du discours poétique (cf. *l'écriture* de Mallarmé). Qu'on distingue alors trois types de contenus qui peuvent s'y trouver investis : le sujet parlant de son propre être, de son faire qui est de l'ordre du dire ou de la finalité de son dire, — et l'on aura un point de départ possible pour une classification sémantique des isotopies énonciatives. On peut accorder qu'une sous-classe de discours poétiques est particulièrement préoccupée, à un moment historique donné, des problèmes de *l'écriture* : ce seul critère se référant à un type de contenu investi n'épuise pourtant pas la définition du fait poétique.

Sur le plan grammatical, on peut dire que la structure économique de l'énonciation, dans la mesure où elle est identifiable à la communication, de destinateur à destinataire, d'un objet énoncé, se trouve

20

logiquement antérieure et hiérarchiquement supérieure à la structure de l'énoncé simple. Il en résulte que les énoncés linguistiques de type « je-tu » donnent l'impression d'être plus proches du sujet de l'énonciation non linguistique et produisent une « illusion de réalité » plus forte. Dans ce sens, et dans ce sens seulement, J.-L. Houdebine a raison de parler de la « communication pathétique » de Michaux se projetant à la fois dans le « je » et dans le « tu », sémiotiquement disjoints, de son texte. L'analyse des *embrayages actantiels* constitue un chapitre important, non encore écrit, de la sémiotique, mais rien ne permet d'identifier les différents « qui parle ? » du discours littéraire — qu'ils soient manifestés par des pronoms « je » ou de manière plus oblique, par un adjectif possessif reconnu par J.-P. Dumont dans le quatrain de Rimbaud — à un sujet de l'énonciation unique, pas plus d'ailleurs qu'il n'est possible d'affirmer que Michaux soit moins présent dans le « il » de la première partie de son texte que dans le « je-tu » de la seconde.

On ne voit d'ailleurs pas comment, sans retomber dans l'ontologie du sujet dont la sémiotique littéraire a eu tant de peine à se libérer, on puisse concevoir la définition du sujet de l'énonciation autrement que par la totalité de ses déterminations textuelles. Que l'on puisse envisager, dans un stade ultérieur, la recherche des corrélations — à la manière des corrélations qu'on établit, par exemple, entre les lésions du cerveau et les troubles du langage — entre les « structures référentielles » du sujet non linguistique et les structures sémiotiques correspondantes, ceci est une autre affaire.

IV. L'objet poétique

Les réflexions qui précèdent ont cherché à donner une image des possibilités actuelles de l'analyse des discours poétiques en faisant une part égale à ce qui peut être considéré comme appartenant au domaine de l'acquis et constitué en procédures, perfectibles sans doute, mais pouvant déjà être proposées aux chercheurs comme des modèles d'un faire dépassant le stade des intuitions individuelles, et ce qui est encore conjectural, extrapolable à partir d'analyses concrètes constituant autant d'hypothèses de travail dont l'efficacité est à vérifier. L'inventaire des acquisitions résultant d'une pratique analytique compétente, mais aussi des élaborations théoriques partielles, constitue pour nous une étape nécessaire sur la voie de la construction d'une théorie qui, pour être cohérente, ne pourra être que déductive.

Une grammaire poétique ne pourra se construire que si elle réussit à intégrer, en les homogénéisant, les diverses problématiques dont il est fait état — sommairement et, surtout, lacunairement — ici.

Elle ne peut être qu'une construction, et non une reproduction fidèle de la réalité et les objets poétiques qu'elle prétendrait idéalement générer ne seront jamais que des objets construits ne pouvant atteindre la plénitude du « vécu » de leur manifestation textuelle. Le langage qu'on élabore pour rendre compte de l'intelligibilité des objets poétiques ne peut être lui même poétique, à moins qu'on ne puisse définir comme une poéticité de deuxième degré la corrélation entre le méta-langage et le langage-objet qu'il cherche à traduire.

Une telle grammaire devra rendre compte de la production des objets poétiques en nombre indéfini. Nous parlons de la production d'*objets*, parce qu'ils résultent des applications, aux langages de manifestation, des formes canoniques réglementées et, d'une certaine manière, clôturantes; nous parlons d'objets *poétiques*, parce que, du fait de leur nature bi-plane, ils sont motivés et socialement connotés; nous disons qu'ils peuvent être produits en nombre indéfini, parce que la grammaire, ne s'occupant que de l'agencement et du fonctionnement de ses formes canoniques, reste indifférente aux *messages poétiques* qu'elle délivre et qui, comme les phrases produites par la grammaire des langues naturelles, sont innombrables : c'est de la sémantique et de la phonétique poétiques que relève l'analyse des messages-occurrences et leur éventuelle typologie.

Au concept de *clôture* qui est un élément de la définition de l'objet poétique, se trouve souvent opposée la notion d'*ouverture* dont il convient de préciser les différentes interprétations. En effet, l'objet poétique peut être dit ouvert sur d'autres objets poétiques : une grammaire qui ne rendrait compte que de la construction d'un seul objet est impensable, elle ne génère que les objets considérés en tant que classes, définies par l'identité de leurs formes canoniques et par des différences qui les opposent à d'autres classes d'objets. Tout objet poétique est donc ouvert sur l'univers des formes poétiques et n'a d'existence qu'à l'intérieur de cet univers. L'objet poétique est, d'autre part, ouvert sur son contexte, sur l'univers sémantique qu'assume, avec toutes ses implications, et que manifeste dans d'autres occasions et par d'autres textes, le sujet de l'énonciation non linguistique. L'élaboration du code poétique — tout comme celle du code mythologique, par exemple — et le bon usage de ce code lors de l'analyse des messages poétiques constituent à eux seuls toute une problématique qui relève de la théorie sémiotique générale. On voit que l'intertextualité bakhtinienne, à moins d'être réduite à un simple enregistrement d' « influences littéraires », ne peut se passer de la médiation de l'univers sémantique du sujet producteur, lieu où se fait la réception et l'intégration des « influences » : c'est à l'intérieur de cet univers que se font les choix des formes et des contenus poétiques. L'objet poétique s'ouvre, finalement, au moment même où il se manifeste dans une langue naturelle de son choix : comme l'a bien montré J. Kristeva à propos du texte de Mallarmé, le caractère polysémique et polyphémique de la manifestation permet alors, sous la forme de jeux d'associations libres, toutes les ouvertures du signifiant et du signifié dont les limites correspondent toutefois à celles de la performance du lecteur (c'est dans ce même cadre que pourrait probablement être situé et interprété le phénomène d'anagrammatisme).

En tant que signes, c'est-à-dire à l'instance de leur manifestation dans une langue naturelle, les objets poétiques, peuvent être dits motivés, si l'on entend par motivation, dans la tradition saussurienne, l'existence des relations non arbitraires entre le signifiant et le signifié. Entre la motivation pour ainsi dire absolue, telle qu'on la rencontre dans le cri que l'on situe à la limite du langage humain, et le caractère immotivé des signes dû à l'absence d'isomorphisme des plans du signifiant et du signifié au moment de leur manifestation, s'installe la *motivation poétique* qui peut être définie comme la réalisation des structures parallèles et comparables établissant des corrélations significatives entre les deux plans du langage et donnant, de ce fait, un statut spécifique aux signes-discours ainsi manifestés. Un discours idéal où tous les niveaux seraient corrélés et toutes les unités structurales homologuées serait peut-être le plus poétique : incapable d'homologuer, même aux dimensions de la phrase, les structures de l'expression et du contenu, il se réduirait inévitablement à « un cri du cœur » du poète.

Aussi ne peut-on parler raisonnablement que de motivation relative d'objets poétiques. D'abord, parce que c'est sur le fond syntagmatique ondoyant que les équivalences corrélées imposent leur signification et que c'est à partir de ces homologations posées que de nouvelles transgressions apparaissent comme significatives. Ensuite, parce que la motivation, partielle, peut prendre en charge tel ou tel niveau d'articulation, peut s'exercer sur telle ou telle classe d'unités poétiques discursives, donnant ainsi lieu, éventuellement, à une typologie formelle d'objets poétiques, utilisant les critères mêmes qui définissent l'objet poétique en tant que tel.

En abandonnant la description qui enregistre les corrélations reconnaissables et en adoptant le point de vue de la production d'objets poétiques, on ne peut éviter de s'interroger sur le type de relations qui s'instaurent progressivement entre le plan de l'expression et celui du contenu. Tout d'abord : ce « cri du cœur », cette « vérité essentielle », quelle que soit sa forme — structure élémentaire, phrase simple, configuration onirique — apparaissent-ils, au niveau profond, comme une structure déjà dédoublée, comme une constellation à la fois sémique et phémique? Et ensuite : si l'on essaie de tracer le parcours qu'emprunte la génération de l'objet poétique, quelles sont les instances où, selon l'ordre de priorités prévisible, la signification accrocherait la sonorité ou, au contraire, l'expression sélectionnerait le contenu?

On voit, par exemple, que la poésie qui utilise les matrices conventionnelles solidement charpentées se sert d'elles non pas pour sélectionner les contenus proprement dits, mais pour organiser leur forme discursive, en prévoyant la distribution et les emplacements respectifs de ces contenus (J. Geninasca). On ne peut qu'être d'accord avec T. A. Van Dijk lorsqu'il postule qu'à l'instance qui précède immédiatement la manifestation, l'expression, c'est-à-dire le schéma discursif phonémique, sélectionne les réalisations lexématiques des contenus. Mais on pourrait peut-être envisager tout aussi bien le renversement des relations de présupposition et prétendre que le moment, par exemple, où les règles narratives imposent les disjonctions ou les transformations des contenus profonds est aussi celui des disjonctions et des transformations de l'expression, que les temps forts du récit signalent, situent et déterminent les perturbations phonémiques (J.-C. Coquet, C. Zilberberg). Voilà un obstacle de plus à l'élaboration de la théorie des discours poétiques.

Pour être complète, celle-ci doit comporter, de plus, une typologie de la connotation sociale des objets poétiques. Dans le cadre d'une typologie des textes, telle que la conçoit Lotman, ou même d'une typologie des objets culturels en général, les objets poétiques sont soumis à des variations, dans le temps et dans l'espace, dues aux appréciations connotatives que portent sur eux les collectivités culturelles des consommateurs et, dans une moindre mesure, des producteurs de la poésie. Ce qui est considéré comme poétique et ce qui ne l'est pas est très variable : la mise en corrélation de deux typologies — la première, structurale, basée sur les types et les degrés de motivation des objets poétiques, la seconde, connotative, reposant sur l'articulation taxinomique de la classe des variables que sont les destinataires et/ou des destinateurs sociaux — apporterait une contribution à l'histoire des formes poétiques.

Toutefois, la théorie du discours poétique apparaîtra encore longtemps comme un échafaudage entourant l'édifice dont certains murs seulement, et non les plus importants, tiennent à peu près debout. L'absence d'une théorie générale du discours qui doit lui servir de fondements et en déterminer l'économie, pour regrettable qu'elle soit, ne justifie pas pour autant le scepticisme et, surtout, l'abandon de tout effort de systématisation. Aussi avons-nous tenu à réserver une place importante dans ce recueil aux récents projets et développements théoriques : les deux études qui le terminent se réfèrent, globalement, à une conception générative du langage, mais, tandis que T.A. Van Dijk, plus orthodoxe dans son projet grammatical, cherche à y intégrer organiquement les acquisitions récentes de la sémantique, J. Kristeva s'ouvre largement aux explorations de la psychanalyse. Il ne nous revient pas d'en faire ici les éloges ou la critique. Au vu du dossier que constitue ce recueil, le lecteur appréciera.

Problèmes
de l'expression

Poétique et linguistique

L'auteur se demande de quelle aide peut être la linguistique pour définir « l'objet poétique ». Examen du principe d'équivalence de R. Jakobson : trois exemples, Baudelaire, Hugo, Apollinaire, montrent les possibilités et les limites de l'application de ce principe.

Lacunes et insuffisances de la théorie linguistique. Les plans phonique et prosodique.

Pour dépasser les limites imposées par la linguistique de la phrase, une grammaire du discours poétique est nécessaire.

I. De l'objet poétique

Les analyses mais bien davantage les professions de foi prolifèrent dans le domaine mal défini du poétique. Peu reconnaissent « la difficulté qu'il y a en général à écrire dix lignes ayant le sens commun en matière de faits de langage »[1]. Et pourtant le risque de ne *rien* dire est peut-être encore plus grand en poétique qu'en linguistique. C'est pourquoi nous ferons la part belle aux chercheurs ayant accepté d'illustrer la théorie par des exemples suivis[2]. C'est donc sur pièces que nous voudrions former notre jugement; c'est sur l'efficacité des méthodes plutôt que sur l'habileté conceptuelle des constructions que nous voudrions régler notre pensée.

Une méthode sera dite efficace si elle permet dans des conditions économiques l'identification et par conséquent la connaissance de « l'objet poétique ». Il est certain que toutes sortes de discours peuvent être tenus sur la poésie mais l'on considérera ici que le problème reste

---

1. Lettre de Saussure, citée in R. Godel, *Les sources manuscrites du Cours de linguistique générale*, Droz-Minard 1957, 31.
2. Cf. la bibliographie citée dans les notes. L'astérisque signale les études où le lecteur trouvera une analyse d'un texte poétique d'une certaine étendue.

entier; qu'il n'est possible de construire qu'une seule sorte de discours à la fois si l'on veut en préserver la cohérence. On ne voit pas comment on pourrait, dans l'état actuel de nos connaissances, unifier, au moyen d'un seul discours, les paroles si diverses du critique littéraire, de l'anthropologue, du philosophe, du grammairien, de l'esthéticien, de plusieurs autres encore, sans tomber dans un grave et ridicule désordre de la pensée. Mais encore, à quel fait de langage pensons-nous lorsque nous disons qu'il y a là, dans ce texte, poésie [3]? A quel critère saurons-nous reconnaître que *les Illuminations* ou *les Chants de Maldoror* sont du domaine poétique? Le procès de la distinction toute rhétorique entre prose et poésie a beau avoir été fait depuis longtemps, la majeure partie des études s'inspirant des méthodes les plus modernes des sciences humaines prennent finalement comme référence des textes versifiés. Que chaque discipline, que chaque école de pensée s'efforce avec rigueur de préciser ce qu'il sera convenu d'appeler « poétique » et il deviendra peut-être possible en confrontant les résultats de cerner un peu mieux ce fameux et, pour l'instant, mythique *objet poétique*. Le terme même d'*objet* fait question. Nous pensons qu'il revêt au moins trois formes suivant le mode de saisie adopté par le linguiste :

1. Il est posé comme connu. C'est l'attitude positiviste. La visée est sûre, mais la description est fondée sur un a-priori. Est seul en jeu le renouvellement de méthodes toutes pragmatiques.

2. Les notions d'objet et, corrélativement, de sujet sont contestées. Aucune définition de remplacement n'est proposée et ce, par principe. L'analyste se refusant à mener une description se métamorphose en écrivain. Satisfaisante sur le plan du désir, par son ambition même, la tentative est au futur.

3. L'objet n'est pas une donnée immédiate. Il reste à découvrir. Les conditions de la connaissance seront satisfaites quand l'analyste pourra proposer pour tel objet visé une grammaire spécifique, c'est-à-dire l'ensemble des règles explicites dont dépend le jeu des significations et des sonorités. Il va sans dire qu'il n'y a pas d'étude qui approche seulement de ce résultat. Mais, ici ou là, des éléments de connaissance sont déjà en place. Nous voudrions les présenter et les discuter.

II. Équivalences horizontales et verticales

Les poètes ont dit depuis longtemps que l'art impliquait une *équivalence* (c'est le terme même retenu par P. Valéry) entre le fond et la forme. Mais sur la nature de cette équivalence, rien de précis : des impressions, sans plus. On s'est efforcé en linguistique à reformuler

---

3. W. A. Koch, « Linguistiche Analyse und Strukturen der Poetizität », in *Orbis*, 17, I, 5-22.

avec plus de rigueur cette manière de postulat. C'est ce qui est connu sous le titre de « Principe d'équivalence de l'axe de la sélection sur l'axe de la combinaison » [4]. Il est ainsi tentant de montrer qu'au même endroit de la chaîne peuvent se rencontrer et s'additionner des catégories de niveau linguistique différent, phoniques, grammaticales, sémantiques, etc. Le texte poétique se présenterait donc sous la forme d'une équation vérifiée sur deux plans : *horizontal*, puisque les segments contigus sont équivalents; *vertical*, puisque les niveaux linguistiques s'empilent l'un sur l'autre et se font écho l'un à l'autre. Jamais, croyons-nous, un discours continu portant sur un poème entier, même de petites dimensions, n'a pu apporter une amorce de démonstration de ce principe d'équivalence.

Par contre, des résultats intéressants ont été enregistrés sur des points précis. Le principe général revient à valoriser la très ancienne théorie des relations quaternaires : *a* est à *b* ce que *c* est à *d*. Fondée sur le rapport logique de conjonction (ou de disjonction), l'analyse met au jour :
1. les parallélismes grammaticaux (ou leur rupture);
2. les parallélismes relevant de l'axe des conventions [5] (ou leur rupture);
3. les parallélismes phoniques et prosodiques [6] (ou leur rupture);
4. les parallélismes sémantiques (ou leur rupture).

exemple I

On peut repérer les équivalences à l'intérieur d'un même niveau linguistique; noter, par exemple, en suivant le niveau 3, la chaîne des nasales du poème *Les Chats* [7] et, plus subtilement, à la manière de Saussure dans les *Anagrammes*, retrouver les phonèmes du mot emblématique

sphinx [sfɛ̃ks]

dans le dernier tercet :

reins [...ɛ̃], *pleins* [...ɛ̃], *étincelles* [...ɛ̃s...]
ainsi [ɛ̃s...], *qu'un* sable [kœ̃s...], *fin* [fɛ̃].

4. R. Jakobson, *Essais de linguistique générale*, Éd. de Minuit 1963, pp. 220, 233, 238, *sqq.*
5. S. R. Levin, * *Linguistic Structures in Poetry*, Mouton 1962, p. 46; voir le mètre, la rime, l'assonance, l'allitération, etc.
6. Soit deux dimensions, segmentale et suprasegmentale.
7. R. Jakobson et Cl. Lévi-Strauss, * « *Les Chats* de Charles Baudelaire », in *L'Homme*, I, 1962, p. 15.

exemple II

Dans ce vers de Hugo

« Quand la lune apparaît dans la brume des plaines »

on peut enregistrer une symétrie phonique presque parfaite et dire
alors que « le retour de la même série de voyelles dans les deux hémistiches [...] tient le vers ». H. Meschonnic ajoute : « Presque toujours
symétrie inégale, mais au moins partielle homogénéité dans chaque
hémistiche et de l'un à l'autre » [8].

exemple III

Soit ces vers célèbres d'Apollinaire :

« Les tramways feux verts sur l'échine
Musiquent [...] leur folie de machines

Les cafés gonflés de fumée
Crient tout l'amour de leurs tziganes [...]

Vers toi, toi que j'ai tant aimée ».

En isolant les constructions parallèles, nous obtenons deux phrases
symétriques :

P_1 = Sujet (déterminé + déterminant) + Prédicat (verbe + complément)
P_2 = Sujet (déterminé + déterminant) + Prédicat (verbe + complément)

de sorte que l'on pourra dire : P_1 est à A (« Vers toi toi que j'ai tant
aimée ») ce que P_2 est à A. C'est la forme « affaiblie » de la relation
d'analogie présentée plus haut. C'est elle que S. R. Levin dénomme
« Type I » : « Two forms may be equivalent in respect to the linguistic
environment(s) in which they occur » [9].

Mais il est clair que le principe d'équivalence ne vise pas tant
chaque niveau pris séparément que le rapport d'interdépendance entre
les niveaux et particulièrement le rapport des niveaux 1, 2, 3 avec le
niveau 4. Rapport mal défini, ainsi que nous allons le voir. Pour qu'il
fût établi avec rigueur, il faudrait ne pas se contenter de quelques
échantillons (que nous savons produire, en effet); il faudrait aussi
savoir donner les *règles* qui assujettissent les niveaux les uns aux autres.
Il faudrait avant tout pouvoir dire ce qu'est la *prosodie*, dont le

8. H. Meschonnic, « Problèmes du langage poétique de Hugo », in *Nouvelle Critique*,
1968, 134-135.
9. S. R. Levin, *op. cit.*, p. 29 : « Deux formes peuvent être équivalentes par rapport
à leur environnement linguistique ».

domaine, en fait, est encore mal connu, savoir identifier et qualifier univoquement les *phonèmes* et distinguer la *sémantique*, qui ressortit à une *théorie interprétative*, de la sémantique du *discours*, tout autre, sinon dans son principe, du moins dans sa visée.

III. Peut-on pallier les insuffisances de la théorie linguistique?

Il y a plusieurs manières de pallier les insuffisances de la théorie linguistique :

1. Soit faire appel, par exemple, aux méthodes de la logique mathématique, ce qui suppose un haut degré d'abstraction et, corrélativement, une spécification très précise des domaines étudiés (automates, grammaires formelles, etc.). Il est hors de doute que le langage poétique par son hétérogénéité même n'est pas réductible à nos modèles mathématiques. Dans ces conditions le formalisme mathématique semble une gageure. Ce doit être par figure qu'il est utilisé par J. Kristeva dans son étude « Pour une sémiologie des paragrammes » (*Tel quel*, 1967, 29, p. 53-75). Dépouillé de son objet propre, il endosse, vaille que vaille, une fonction discursive, à la fois éristique et décorative [10].

2. Soit, inversement, mais la démarche est tout aussi risquée, viser le « vécu », sans définir toutefois ni la notion de « vécu » ni comment est analysable « le rapport de l'œuvre avec tout ce qui n'est pas elle » [11]. L'ambition théorique est grande; elle a déjà été exprimée à plusieurs reprises, dans des termes analogues (cf. S. Dresden, *Neophilologus*, 36 [1952], 193-205). Mais les contraintes du discours scientifique (démonstratif) sont sévères; comment permettraient-elles de ressusciter le vécu (G. Mounin,* *La Communication poétique*, Gallimard 1969, p. 25-27)? L'auteur vise à « la lecture totale du sens d'un message » (*ibid.*, p. 284); mais, ici ou là, quelle signification précise peut bien avoir la notion de *totalité*?

Il nous semble que les critiques de la théorie linguistique sont motivées moins par un examen rigoureux de ses pouvoirs que par des présupposés philosophiques et littéraires. Il suffit de noter son évolution constante, les transformations subies pour admettre qu'il n'y a pas lieu de faire le bilan des acquis et des manques comme si son histoire était soustraite à toute inflexion. Dans la mesure précisément où elle fournit les cadres d'un *discours homogène et vulnérable* sur les faits de langage, elle s'est révélée un instrument efficace de

---

10. La critique de ce texte par un mathématicien-poète (J. Roubaud), commencée in *Action poétique*, Maspero 1969, 41-42, p. 56 et *sqq*, court le risque de fausser les perspectives d'un travail ambitieux.

11. H. Meschonnic, « Pour la poétique », in *Langue française*, 1969, 3, p. 15, 33.

description, ce qui est bien, mais aussi, ce qui est mieux encore, de découverte et d'axiomatisation. Que l'on songe seulement à l'importance théorique et méthodologique du *Mémoire sur le système primitif des voyelles dans les langues indo-européennes* de Saussure (les « racines » et les phonèmes, par exemple, y sont définis à partir de calculs abstraits ; n'est-ce pas la démarche même de la phonologie générative ?).

IV. Homologation des niveaux

Puisque la nécessité de faire la *preuve* demeure, une analyse un peu approfondie des relations entre niveaux nous donnera une idée plus exacte de ce qu'il est possible d'attendre de l'application du principe d'équivalence.

Dans l'exemple II (étude du vers de Hugo), le commentateur lie le niveau 2 au niveau 3. La symétrie phonique n'est pas citée pour elle-même, mais en fonction de l'équilibre métrique : « La *construction* du vers, d'abord, est la fonction constitutive des sons » (H. Meschonnic, 1968, *op. cit.*). La distribution des sonorités du premier hémistiche est équivalente à la distribution des sonorités du second hémistiche.

Dans l'exemple I (analyse du poème des *Chats*), c'est le rapport entre les niveaux 3 et 4 qui est en question : « *En songeant*, les chats parviennent à s'identifier aux *grands sphinx*, et une chaîne de paronomasies, liées à ces mots-clefs et combinant des voyelles nasales avec les constrictives dentales et labiales, renforce la métamorphose... » (R. Jakobson et Cl. Lévi-Strauss, *op. cit.*). Les auteurs prennent bien la précaution de dire « renforce ». En effet, le lien entre le niveau 3 et le niveau 4, étant donné « l'arbitrarité du signe », ne peut être que lâche. Dans ce cas particulier, la *sélection* des correspondances sonores *présuppose* la détermination des correspondances lexicales. Il est légitime de dire alors que celles-là « renforcent » celles-ci ; rôle second, ni nécessaire, ni suffisant.

Quant à l'exemple III (texte d'Apollinaire), il permet de mettre aisément en rapport les quatre niveaux que nous avons retenus. L'équivalence syntaxique déjà manifestée (niveau 1) est corroborée par la symétrie prosodique (niveau 2). En effet les deux segments de phrase ont ceci en commun que le second vers commence par le verbe ; c'est lui qui porte le premier accent rythmique (la différence concerne la structure syllabique des deux termes ; on peut suivre en ce cas S. R. Levin qui adopte un principe général de description, ainsi : « In a sentence like *he painted the house and whitewashed the garage*, not the semantic differences between *house* and *garage* but the similarities will be foregrounded, because in the other coupling *painted* and

31

whitewashed are semantically equivalent » [12]). Autrement dit, c'est évident, la procédure d'homologation conduit à privilégier des identités. Au niveau 4 intervient la représentation sémantique. Voilà l'une des difficultés signalées précédemment; chez S. R. Levin, le rôle de la sémantique est uniquement d'associer une signification aux modèles de la *grammaire superficielle* pris comme objets d'analyse; mais il s'agit aussi de mettre en place des rapports situés sur le plan de la *structure textuelle* (sémantique relationnelle). Ainsi, on peut exploiter les équivalences lexicales entre *musiquent* et *crient*, faciles à préciser en utilisant les méthodes de Ch. Bally [13], en fonction du dénominateur commun : « Vers toi toi que j'ai tant aimée ». On peut écrire d'abord : *Vers toi...* est à *Les tramways musiquent* ce qu'il est à *Les cafés crient;* d'où la représentation :

$$\frac{\text{tramways}}{\text{musiquent (vers toi)}} \simeq \frac{\text{cafés}}{\text{crient vers toi}}$$

Il suffira ensuite de montrer que *les tramways musiquent...* et *les cafés crient...* sont des représentations métonymiques de l'actant-sujet et *toi* une représentation de l'actant-objet pour établir un premier schéma de la relation sémantique sujet → objet.

V. Analyse du niveau phonique et prosodique

Il ne serait pas légitime, à ce stade de l'analyse, d'approfondir l'étude de la structure textuelle. Ce qui importe, par contre, c'est d'utiliser maintenant, et maintenant seulement, le niveau 3 (les plans phonique et prosodique). Nous le ferons en tenant compte des *contraintes* mises au jour par les analyses précédentes. Ainsi seront isolés (et ce, pour leur valeur exemplaire) les traits communs des segments [myzík] et [kʀí]. On dira que la voyelle porte « l'accent dynamique » de la *syllabe* [14] et que, de ce fait, elle se signale à notre attention. Le changement de fréquence caractéristique de la syllabe est de type croissant dans le premier cas et décroissant dans le second [15] :

---

12. S. R. Levin, *op. cit.*, p. 35 : « Dans une phrase telle que *il peignit la maison et passa à la chaux le garage*, ce ne sont pas les différences sémantiques entre *maison* et *garage* mais leurs ressemblances qui apparaîtront en premier plan, parce que les deux termes de l'autre couple *peignit* et *passa à la chaux* sont sémantiquement équivalents ».
13. Recherche du terme identificateur; cf. J.-C. Coquet,* « Combinaison et transformation en poésie : A. Rimbaud, *les Illuminations* », in *L'Homme*, 1969, I, p. 28.
14. R. Jakobson, *Essais de linguistique générale*, p. 122.
15. P. Delattre, « Les attributs physiques de la parole », in *Revue d'esthétique*, 1965, XVIII, 3-4, p. 253.

Syllabe

Occurrence	type
zík	(b)áb
kʀí	(b)bá

Parler d'accent dynamique, c'est recourir au critère de l'intensité, c'est-à-dire s'appuyer sur les éléments physiques de la parole. Ils sont au nombre de trois : la fréquence, la durée et l'intensité.

Voici le rapport entre les données objectives et subjectives. Seules les premières sont mesurables :

objectif	subjectif	oppositions conventionnelles
fréquence	hauteur	aigu (clair) *vs* grave (sombre)
durée	longueur	bref *vs* long
intensité	force	faible (diffus) *vs* fort (compact)

Les oppositions conventionnelles sont commodes mais peu rigoureuses. En fait, la complexité des sons est telle qu'il faut se référer, pour être précis, à l'article de P. Delattre : « *La radiographie des voyelles françaises et sa corrélation acoustique* » (*French Review*, 1968, XLII, I, p. 48-65) et surtout, parce que le domaine était moins bien connu, à la description qu'il donne du « système complet des indices acoustiques [...] nécessaires et suffisants pour synthétiser toutes les consonnes du français... »[16]. L'analyse traditionnelle en traits pertinents, de R. Jakobson à N. Chomsky, est, certes, plus facile à manier mais elle n'est pas toujours *vérifiée* expérimentalement. Nous ne la maintiendrons par conséquent que dans les cas bien déterminés où *l'arbitraire* n'est pas trop flagrant.

Le type syllabique servant de cadre à notre recherche, nous sommes amené à comparer les suites *phonématiques* [í + k] et [(k + ʀ) + í]. Une première observation : [ʀ] est presque entièrement dévoisé par assimilation au contact de [k] : « Telle consonne qui est douce et sonore par nature, remarque P. Delattre, peut devenir aussi dure et sourde qu'une vraie fricative dévoisée sous l'influence de l'environnement phonétique. La consonne *r* qui, après une voyelle finale comme dans *fleur* s'efface en de douces harmoniques, se renforce en un bruit

---

16. P. Delattre, « From Acoustic Cues to Distinctive Features », in *Phonetica*, 1968, 18, p. 230.

33

sourd et rugueux lorsqu'elle suit une consonne dévoisée comme dans *cri* » [17].

Si l'on cherche à rendre compte du potentiel *harmonique* du mot ou du vers (comme le désire N. Ruwet dans son article « Sur un vers de Ch. Baudelaire » in *Linguistics*, 1965, 17, p. 69-73), il faudra donc noter que plus la consonne est accompagnée de *bruit*, plus la voyelle qui précède est brève et plus nous nous rapprochons du pôle de *l'inharmonie* (P. Delattre). A titre d'illustration, proposons une échelle de valeurs selon la durée et l'intensité du bruit (P. Delattre, *op. cit.*).

Bruit durant la tenue de la consonne	*Absence de bruit*
(inharmonie) $\longrightarrow$	(harmonie)
{ k t p — ʃ s f } { g d b — ʒ z v }	{ ɲ n m — r j ɥ l w }

Ainsi, parmi les facteurs relevant de notre niveau d'analyse, deux contribuent fortement à l'harmonie : a) l'absence de bruit, b) la longueur de la voyelle; or, ici, en syllabe finale ou devant [k], la voyelle est brève. Comparons [kʀí] à [tíːʒə] : « Ce n'est vraisemblablement pas par hasard, commente P. Delattre, que Baudelaire a choisi toutes les rimes d'*Harmonie du Soir* en -*oir* et en -*ige*, avec deux consonnes très faibles qui allongent remarquablement la voyelle qui précède, créant ainsi des fins de syllabe à la fois douces et longues pour seconder le sentiment de la nature que le poète cherche à exprimer ». L'effet obtenu devrait être tout autre dans les vers de G. Apollinaire qui nous occupent, puisque les combinaisons considérées associant [i] à [k] ou [kr] à [i] sont « dures » et « brèves ».

Enfin, le rapport d'analogie unissant les deux types de syllabe (l'un étant l'inverse de l'autre) sera rendu sensible objectivement si nous menons notre enquête au plan des *traits acoustiques*. En effet, [i] est la voyelle dont le second formant est le plus *élevé* de toutes les voyelles; par opposition à [a], elle est aussi la représentation la meilleure de la voyelle « diffuse ». Quant à la consonne (nous ne revenons pas sur le fait d'assimilation progressive du [k] sur [r]), elle est *neutre*, au plan de la *fréquence;* c'est dire que ses formants de transition sont reliés dans le registre de la parole à des notes intermédiaires, entre celles des labiales, basses, et celles des dentales, hautes. A cette position moyenne correspond, au plan de l'*intensité*, le terme polaire « compact ». Ainsi [k] s'oppose à [t], comme [a] s'oppose à [i], chacun dans son ordre. La répartition inverse des traits d'une syllabe à l'autre pourra être figurée de la façon suivante :
áb (aigu/diffus) + (neutre/compact) $\Rightarrow$ bá (neutre/compact) + (aigu/diffus).

---

17. P. Delattre, « Les attributs physiques de la parole », *op. cit.*, p. 251.

VI. Points d'équivalence

De ces remarques sur le niveau 3 deux conclusions se dégagent :

1. les composants phoniques de la syllabe ont les caractères de l' « inharmonie » ;

2. le rapport de vers à vers, sur ce point précis de la chaîne, est un rapport d'équivalence formelle.

La première conclusion permettra d'établir une correspondance entre le niveau 3 et le niveau 4. Nous dirons que la relation sémantique /sujet → objet/ dont nous avons fait état plus haut sera qualifiée par un classème dénommé tentativement /musique/ dont la *modalité* sera l'/inharmonie/ (nous plaçons entre traits obliques les termes du métalangage descriptif). La deuxième conclusion peut servir à marquer l'interrelation formelle des niveaux 1 et 2 d'une part et 3 de l'autre. Ainsi, en tenant compte des deux termes analysés à chaque niveau : équivalence *syntaxique* entre le verbe de la phrase 1 et le verbe de la phrase 2 ; équivalence *métrique* de ces deux mots placés identiquement en tête de vers ; équivalence *syllabique* et *phonique ;* équivalence *sémantique*, enfin, nous sommes autorisé, pensons-nous, à présenter l'homologation des quatre niveaux sous la forme conventionnelle : *a* est à *a'* (syntaxe) comme *b* est à *b'* (métrique), *c* à *c'* (prosodie et phonétique), *d* à *d'* (sémantique). Mais il faut reconnaître en même temps que nous avons réussi à coupler des *points* d'équivalence et pas davantage. Autrement dit, nous n'avons pas les moyens de proposer un *système* d'équivalences. Il y a à cela plusieurs raisons. La plus déterminante, à notre avis, est que nos connaissances linguistiques sont très inégales selon le niveau choisi : peut-être suffisantes en syntaxe ou en acoustique, elles sont très modestes en sémantique et en prosodie. Encore faut-il fixer des objectifs raisonnables. Il n'est que de voir à quelles réductions s'astreint la linguistique formelle (mathématique) pour mieux apprécier la distance qui sépare les points de vue [18]. Avancer la notion de système, ce serait prétendre connaître les éléments constitutifs de chaque ensemble à un niveau donné et les règles sous lesquelles l'ensemble considéré est formé. Il faudrait ensuite préciser le statut d'un niveau par rapport à l'autre et, peut-être, embrasser en fin de course l'ensemble des règles assurant la description correcte du système linguistique. Il est bien clair que c'est, pour l'instant, une ambition démesurée. L'analyste mathématicien désireux de traiter le langage comme une structure algébrique est obligé de se situer fort loin des conditions d'effectuation du système. Autrement dit : « il faut répéter que les systèmes qui se sont révélés susceptibles d'une étude abstraite

---

18. On remarquera également que nous excluons l'étude du comportement phono-acoustique ; « le geste oral », comme disait P. Claudel, implique un autre type de recherche.

sérieuse sont, sans aucun doute, inadéquats pour traduire toute la complexité et toute la richesse des procédés syntaxiques qu'utilisent les langues naturelles » [19]. Se borner à la recherche des points d'équivalence n'est cependant pas un objectif méprisable. Il suffit de noter les résultats obtenus avec un outil pourtant bien imparfait. On ne doit pas non plus se laisser impressionner par l'introduction en force de l'appareil mathématique. Le travail de description et la formalisation ne seront jugés satisfaisants que si les mécanismes construits reflètent aussi simplement que possible les facultés linguistiques d'un sujet parlant sa langue naturelle. Ce que nous savons actuellement ne permet pas de préjuger le succès ou l'échec de la tentative mathématique. Si le linguiste ne peut rivaliser en toute circonstance, bien entendu, avec la rigueur de l'algébriste, il n'y a pas lieu cependant de juger ses méthodes caduques. Il est légitime bien au contraire de les considérer comme validées lorsqu'elles répondent au double souci d'*efficacité* et d'*économie*. Elles doivent donc, pour le moins, a) améliorer la connaissance des *systèmes logiques* qui sous-tendent le fonctionnement du langage; b) lorsqu'il s'agit d'un texte, en assurer la *lisibilité ;* c) au plan métathéorique, définir des procédures aisément *reproductibles*.

VII. Systèmes de description

Le point a) implique une meilleure identification des unités de phrase et des unités de discours. La notion de synapsie renouvelle, par exemple, la nomenclature des constituants de phrase [20]. Ceci nous rappelle que la langue n'est connue qu'au travers de l'activité métalinguistique du chercheur. Si l'on ajoute qu'une description dépend du point de vue choisi, il sera nécessaire d'*évaluer* les résultats présentés en fonction de la théorie qui les fonde. Ainsi, pour en rester au niveau 3 (phonique et prosodique), selon les systèmes mis en place les descriptions peuvent varier considérablement. Telle unité change entièrement de statut d'une analyse à l'autre. Le son [R] reconnu comme une liquide par R. Jakobson devient une glide après l'analyse scientifique (expérimentale) menée à bien ces dernières années par P. Delattre. La question se pose maintenant de savoir comment articuler ce système à trois classes (consonnes, voyelles et sonantes [21] avec le système traditionnel

---

19. N. Chomsky, G. A. Miller, *L'analyse formelle des langues naturelles*, Paris, 1968, p. 168.
20. Elle nécessite une opposition nouvelle, de caractère sémantique, entre catégorie (composition synaptique) et espèce (composition ordinaire); cf. E. Benveniste, *BSLP*, LXI, 1966, 91-93. On se souvient que Katz et Fodor croient pouvoir constituer un dictionnaire formel sur la base de la composition (*Cahiers de Lexicologie*, 1966, II, 67).
21. Les sonantes incluent les nasales et les glides.

à quatre classes des *Preliminaries to Speech Analysis* de R. Jakobson, Fant et Halle (consonnes, voyelles, liquides et glides). Des règles de phonologie générative devront sans doute être repensées [22]. Au plan qui nous occupe, celui de la description d'un texte poétique, le choix se fera entre deux modèles contradictoires du son [ʀ] :

Traits	Classement articulatoire [ʀ] liquide	Classement acoustique [ʀ] glide
consonantique . . .	+	+
vocalique	+	—
continu	—	+

Le premier type de classement est utilisé par N. Ruwet [23]. On peut se demander pour quel modèle opter. Avant de répondre, il faudrait éprouver le modèle acoustique, ce qui n'a pas été fait, et délimiter le domaine de validité des deux systèmes. Par contre, il est possible dès maintenant de noter les défauts des modèles matriciels qui nous sont proposés et d'en tirer quelques conclusions. Le plus grave est sans doute leur hermétisme. Un lecteur de bonne volonté devrait pouvoir sans trop de mal interpréter les données phonologiques. Nous mettons en doute que le lecteur de N. Ruwet dans l'étude citée y réussisse promptement. Nous voyons une raison à ce manque : la faiblesse des *définitions*. Par exemple, quelle valeur attribuer aux traits /compact/ et /diffus/? L'opposition entre eux est fondamentale si l'on en croit Jakobson [24]. Elle n'en est pas moins imprécise. J. Mac Cawley dans son article sur *Le rôle d'un système de traits phonologiques dans une théorie du langage* esquisse un historique des avatars de cette opposition [25]. Voici l'utilisation qui en est faite par N. Ruwet (*op. cit.*) pour l'analyse des *consonnes* [ʒ], [p], [f], [k] et des *voyelles* [u], [y], [ɔ̃], [œ]. L'auteur entend décrire « avec une grande précision » la structure phonique du vers célèbre :

Le jour n'est pas plus pur que le fond de mon cœur.

Soit, en considérant deux des quatre variations *systématiques* retenues par N. Ruwet [26] :

---

22. Cf. l'étude de R. Schane sur « L'élision et la liaison en français », *Langages*, 1967, 8, particulièrement p. 39-40.
23. Dans * « Limites de l'analyse linguistique en poétique », in *Langages*, 1968, 12, p. 58.
24. Le chapitre « Phonologie et phonétique » des *Essais de linguistique générale* est extrait du vol. I des *Selected Writings*, La Haye 1962.
25. Cf. *Langages*, 1967, 8, p. 112-123.
26. A savoir : compact/non compact, continu/discontinu, grave/non grave, diffus/non diffus.

	ʒ	u	p	y	f	ɔ̃	k	œ
compact	+	−	−	−	−	−	+	−
diffus	0	+	−	+	−	−	0	−

Les deux références de l'analyste semblent être l'étude de R. Jakobson extraite des *Selected Writings* de 1962 et le livre de M. Halle : *The Sound Pattern of Russian* (1959). Dans le système de Halle, « les consonnes [+ diffus] sont marquées [− compact] et les consonnes [− diffus] sont marquées [+ compact] ». Ainsi [p] ne devrait pas être [− compact] et [− diffus]. Pourquoi l'auteur a-t-il retenu néanmoins deux dimensions (compact et diffus)? Et s'il est vrai que deux dimensions sont utilisées, il reste à nous expliquer pourquoi le segment [ʒ], par exemple, n'est pas spécifié par rapport au trait diffus. En effet, autant [ʒ] et [k] sont [+ compact], autant [p] et [f] sont, en principe, [+ diffus]. La notation attendue serait donc pour [p] et [f] [+ diffus] et [0 compact]. Du côté des voyelles, chacune spécifiée par deux traits, rien de très clair non plus. Sans doute, il est possible d'introduire un moyen terme dans l'analyse. Les médianes ([œ], [ɔ̃], ici) sont alors [− compact] et [− diffus]. Faut-il comprendre cependant qu'une voyelle « diffuse » comme [u] est marquée d'une manière redondante [+ diffus] et [− compact]? Si oui, on s'étonne que le même raisonnement ne vaille plus pour [p], traditionnellement l'analogue de [u]. Ces quelques exemples suffiront à illustrer nos difficultés de lecture. Nous ne sommes pas certain qu'elle aura été plus aisée pour d'autres. Admettons cependant l'insuffisance des définitions comme un mal inévitable dans la mesure où sont combinées, sans la rigueur nécessaire, les données de la physiologie articulatoire et celles de l'acoustique [27]; admettons aussi que ces tâtonements ont leur importance épistémologique; il reste une difficulté d'ordre à la fois théorique et méthodologique : comment à partir de traits *phonologiques* « décrire » une structure *phonique*? Les plans sont tout différents : l'un renvoie au texte manifesté, l'autre à la structure textuelle. Dès lors, le modèle acoustique, par son moindre écartement des modèles de surface, nous paraît beaucoup plus approprié que n'importe quel autre à l'analyse du texte manifesté. N. Ruwet voit (*op. cit*) dans « les relations d'équivalence dégagées dans (son) analyse phonologique du vers de Racine [...] une illustration » du principe de projection de l'axe paradigmatique sur l'axe syntagmatique. L'imprécision des définitions comme l'inadéquation du modèle phonologique motivent à nos yeux, bien au contraire, une grande réserve. Si nous nous sommes étendu sur cet aspect de la description, c'est qu'il est généralement peu discuté par manque d'informations.

---

27. J. Mac Cawley (*op. cit.*, p. 118).

En outre, le niveau phonique était un des plans, répétons-le, où la linguistique pouvait « d'ores et déjà » procéder à des descriptions « d'une grande précision, et, du même coup, discréditer certaines hypothèses, ou en mettre d'autres en relief ». Il faut en rabattre, en fait, et construire avec patience un *objet* qui, encore une fois, *n'est pas une donnée*. C'est ce dont tout lecteur averti de Saussure est convenu [28].

VIII. Dissonances et consonances prosodiques

Une telle construction offre d'ailleurs de sérieuses difficultés. Les connaissances acquises ne nous permettent pas, par exemple, d'analyser correctement le rapport entre *syllabe inaccentuée* et *syllabe accentuée*. Rappelons-nous l'exemple III. La description concernait les segments accentués des lexèmes *crient* et *musiquent*. Comment définir le statut de la première syllabe inaccentuée [my—] et l'équilibre entre les deux voyelles fermées [y] et [i], entre les trois consonnes [m], [z], [k], entre les consonnes et les voyelles, enfin entre l'expression sonore elle-même et la signification du lexème? Nous sommes davantage armés pour travailler sur des termes moyens que sur la chaîne acoustique proprement dite. Il est donc indispensable d'avancer nos hypothèses avec une extrême prudence.

Est-ce un hasard? Les vers *isolés* cités par N. Ruwet [29] se terminent par une voyelle longue suivie de [ʀ] (ou de [vʀ]) :

> *Malherbe :* Et les fruits passeront la promesse des fleurs.
> *Racine :* Le jour n'est pas plus pur que le fond de mon cœur.
> *Baudelaire :* Le navire glissant sur des gouffres amers.
> *Mallarmé :* La chair est triste, hélas, et j'ai lu tous les livres.

L'une des raisons de la vie seconde que certains vers mènent en dehors de leur contexte dans la mémoire du public pourrait bien être leur charge *harmonique*, calculée en fonction de la présence, de l'intensité et de la durée des ondes périodiques. On remarquera que la syllabe finale de chaque vers comporte une voyelle ouverte qui sous l'accent s'allonge devant une sonante. Il ne serait peut-être pas absurde de dire, mais il faudrait de nombreux examens pour esquisser une démonstration, que dans le mot [myzik], le mouvement est inverse : successivement les sons du dissyllabe passent du plus sonore au moins sonore pour les consonnes et du moins aigu au plus aigu pour les voyelles :

---

28. La pensée théorique de Saussure est généralement présentée à contresens par des commentateurs hâtifs. Son originalité doit être mesurée à la lecture du *Mémoire* de 1879, ignoré des passants de la linguistique.
29. « Sur un vers de Ch. Baudelaire », in *Linguistics*, 1965, 17, p. 70, 74, 76; « Limites de l'analyse linguistique en poétique », *op. cit.*, p. 57.

Consonnes	sonante $\longrightarrow$ [m]	constrictive $\longrightarrow$ [z]	occlusive [k]
Voyelles		[y] $\longrightarrow$	[i]

Il suffit de faire un pas de plus pour voir dans le mot [myzik] une sorte d'idéogramme, de figure sonore paradoxale du passage de l'harmonie à son contraire. Ainsi [ʒuːʀ] et [nɥi] pour Mallarmé avaient étrangement échangé leurs qualités phoniques naturelles. Il n'est pas besoin de poursuivre : le lecteur s'est déjà rendu compte que de tels exercices sont périlleux, faute d'un savoir correctement établi. On pourrait aussi observer que cette représentation de l'harmonie est bien traditionnelle. Mais, justement, nos critiques choisissent des auteurs traditionnels et, dans cette perspective, les références au rôle de la « modulation dans une composition musicale » [30] ou encore à l'économie d'un « mouvement de sonate » [31] leur paraissent aller de soi. Nous les pensons aventurées. S'il n'est pas impossible de décrire le système des sons, avec, il est vrai, une marge d'incertitude; s'il est évidemment beaucoup plus hasardeux de chercher à caractériser, par exemple, les *dissonances* (ou discordances) de G. Apollinaire en les opposant aux *consonances* de Racine ou de Baudelaire, nous restons, ce faisant, dans les limites de la langue. Mais comment valider le passage d'un système de signes et de règles, objet d'étude de la linguistique, à un autre « système » sémiotique, comme l'esthétique? Nous ne le savons pas. Pour les mêmes raisons, le linguiste se doit, en bonne politique, d'accueillir avec quelque réserve les trouvailles de l'analyste-poète [32] qui fait du *nénuphar* (Victor Hugo : « Dans l'*aff*reux cimetière *Fr*émit le nénu*ph*ar...) « une efflorescence irrésistible, car « nénuphar » est l'ouverture syllabique d' ' « affreux », ouverture phonétique et ouverture métaphorique... » Certes, le lecteur sensible au fait poétique appréciera le commentaire, mais le linguiste ne s'inclinera que devant une démonstration. A l'occasion d'un fait semblable et pour corroborer comme en passant une équivalence sémantique entre « les amoureux *fer*vents » (vers 1) et « les chats [...] *fri*leux » (vers 4), R. Jakobson et Cl. Lévi-Strauss se contentent de noter la paronomasie [fɛʀ ... fʀi]. En effet, une analyse linguistique incluant les phonèmes ne nous permet pas d'aller plus loin. Par contre, un analyste adoptant le « langage critique moniste » [33], saurait-il se refuser au plaisir d'ajouter qu'il y a chez Baudelaire à l'inverse de

30. R. Jakobson et Cl. Lévi-Strauss, « *Les Chats* de Ch. Baudelaire » *op. cit.*, p. 19.
31. N. Ruwet, « Limites de l'analyse linguistique en poétique », *op. cit.*, p. 70.
32. H. Meschonnic, « Problèmes du langage poétique de Hugo », *op. cit.*, p. 136.
33. H. Meschonnic « Pour la poétique », in *Langue française*, 1969, 3, p. 19.

chez Hugo non plus « efflorescence irrésistible » mais « repliement irrépressible »? La formule est parodique, nous le savons, mais nous ne la croyons pas impossible. Disons que pour éviter tout abus de méta-langage, obligation est faite au descripteur de justifier ses formules, ce qui ne laisse pas de poser, à chacun, bien des problèmes de défi-nition...

IX. Les faiblesses de la description linguistique

Le premier objectif proposé était d'améliorer la connaissance des sys-tèmes logiques qui sous-tendent le fonctionnement du langage. Or, les exemples cités dans les pages précédentes ont montré *a*) que les données de l'analyse acoustique concernant le français étaient soit ignorées, soit inexploitées; *b*) que les définitions attachées aux théories linguistiques « modernes » étaient fluctuantes et souvent contradic-toires; *c*) que le discours de type métalinguistique utilisé par les ana-lystes n'était, trop souvent, ni vérifiable ni reproductible.

Comme, en général, ces inconvénients s'additionnent, la descrip-tion linguistique du fait poétique, bien loin d'être rigoureuse comme elle devrait l'être, est entièrement ou partiellement arbitraire. Rappe-lons les raisons les plus manifestes de cet échec :

1º Les connaissances linguistiques d'inégale valeur suivant le niveau considéré. L'acoustique est devenue, grâce à P. Delattre en particulier, une science expérimentale [34]; les autres niveaux de la langue relèvent de la théorie et sont soumis de ce fait au critère éva-luatif de la simplicité et de la généralité. La disparate est suffisamment prononcée pour rendre problématique la tentative « moniste », en soi idéale, d'H. Meschonnic.

2º L'habitude quasi générale de considérer le fait poétique comme déjà identifié et par conséquent reconnaissable. Il ne reste plus que des problèmes d'explicitation, tâche dévolue à une « poétique générative » [35]. Les « poèmes » mécaniquement engendrés seront acceptés ou rejetés par les lecteurs suivant qu'ils les jugeront fidèles ou non aux règles de la poétique. C'est prendre, nous semble-t-il, le problème à l'envers et il n'est pas certain que cette démarche, partant de trop loin (cf. les réserves de N. Ruwet, 1968, *op. cit.*), puisse nous apprendre à identifier le poétique.

3º La sélection de textes versifiés, comme si la poésie, par nature, devait se conformer à des patrons métriques. Souci d'homogénéité,

---

34. Ajoutons que l'article de 1968 de P. Delattre amène à corriger plusieurs dévelop-pements du texte paru en 1965. P. Delattre n'a pas eu le temps de composer comme il le désirait un « Manuel d'acoustique à l'usage des poètes ».

35. Voir, dans le présent ouvrage, p. 180-206, T. A. Van Dijk, « Aspects d'une théorie générative du texte poétique ».

dit J. Cohen [36]. Une telle sélection nous semble dictée, au contraire, par un certain type de culture où la rhétorique avait la part belle. Le phénomène du « poème en prose » et, plus généralement, des textes contemporains, réputés inclassables, est alors escamoté; inversement, les premiers textes d'étude (Baudelaire, Louise Labé...) non seulement sont versifiés, mais surabondent d'éloquence. Faut-il le dire? Il n'est nullement prouvé que ces deux aspects soient significatifs de la poésie. Le choix, enfin, de vers isolés pose d'intéressants problèmes psychologiques, mais la démarche ne manque pas de paraître boiteuse lorsque, pour les séparer de leur contexte, quelque artifice est nécessaire.

L'entreprise de description, après ces critiques, est-elle désespérée? Certainement oui, si l'analyste se plaît à multiplier les difficultés par une méconnaissance, volontaire ou non, de la limite de ses pouvoirs. Il est raisonnable par contre de chercher des *domaines de validité* et de s'y tenir. Le principe d'équivalence est efficace dans son emploi : la *reconnaissance des modèles de surface*. Grâce à lui, il est possible d'identifier et de décrire, de niveau à niveau, des unités homologables. Son application stricte est de plus une garantie du caractère explicite de la démonstration. Mais son champ d'action est étroit : capable de révéler des *points* d'équivalence et de juxtaposer d'innombrables cas d'espèce, il est tout à fait impropre à constituer un *système d'équivalences*.

X. Pour une grammaire du discours poétique

On a dû noter, sans doute, que les descriptions que nous avons commentées obéissaient, au moins implicitement, à une idée directrice: la recherche de la signification. Cependant, faute de modèles sémantiques suffisamment élaborés, elle ne peut qu'achopper. La réflexion linguistique a mis l'accent ces dernières années sur la nécessité d'*analyser avec rigueur les divers systèmes sémiotiques* et, plus généralement, de poursuivre l'étude des « rapports logiques... reliant des termes coexistants et formant système » [37]. Ainsi l'analyse de la langue effectuée nous confronte à une *logique organisatrice* et non à un choix arbitraire (E. Benveniste). Au plan transphrastique, d'autres modèles logiques sont nécessaires. La réflexion sur une grammaire du discours poétique se situe, nous semble-t-il, à un niveau intermédiaire entre les modèles de surface et les modèles que nous appellerons fondamentaux. Son objet est de définir un ensemble de règles de discours non redondantes et peu nombreuses (une axiomatique). Il est vraisemblable que le système logique des *Illuminations* de Rimbaud, par exemple, est très

---

36. Dans *Structure du langage poétique*, Flammarion 1966, p. 11.
37. Saussure, *Cours de linguistique générale*, Paris, 1964, p. 140.

lacunaire. On remarquera que S. R. Levin a fait, de son côté, une constatation du même ordre concernant les modèles de surface (« in a poem a specially restricted kind of code is used » [38]. Le système une fois mis en place, des règles proposent une combinatoire des *classes de discours* rencontrées dans les *Illuminations ;* ainsi, il devient possible « de spécifier, puis de prévoir les arrangements particuliers à un type de discours donné » [39]. C'est une voie parmi d'autres pour la caractérisation du fait poétique. Avantage concret qui comptait parmi les objectifs à atteindre : la connaissance du code permet de *lire* le texte analysé (*lire* signifiant « reconnaître un vocabulaire et une grammaire, c'est-à-dire des unités linguistiques, leurs règles d'agencement [morphologie] et de fonctionnement [syntaxe]). Le rôle de la lecture est donc ici de valider la théorie. Si cette procédure a l'avantage de présenter les éléments d'une typologie du discours poétique sans perdre de vue le texte manifesté, elle ne peut éviter le recours à des modèles fondamentaux seuls capables de subsumer l'ensemble des propriétés du fait poétique. D'où l'espoir de J. Kristeva de trouver dans la structure orthocomplémentaire de Dedekind un instrument de travail lui permettant de « rendre compte de cet incessant va-et-vient entre le logique et le non-logique, le réel et le non-réel, l'être et le non-être, la parole et la non-parole qui caractérise ce fonctionnement spécifique du langage poétique (qu'elle a appelé) *écriture paragrammatique* » [40]. Ajouter le projet de grammaire narrative d'A. J. Greimas donnerait peut-être l'impression que ce dernier modèle fondamental a la puissance nécessaire pour effectuer toutes les opérations prévues aux niveaux antérieurs [41]. Ce serait être dupe des mots que nous employons. En fait, chaque théorie dessine son domaine de validité sans prévoir automatiquement un passage de l'une à l'autre; a fortiori elles ne sont pas traduisibles l'une dans l'autre. Situés à des niveaux différents, leurs présupposés sont souvent incompatibles et les critères d'évaluation ne sont pas les mêmes. Pour J.-C. Coquet (*op. cit*), le critère de lisibilité est applicable et répond au désir d'efficacité que nous exprimions en commençant cette étude; pour J. Kristeva (*op. cit.*), la théorie multiplie les champs de réflexion et allie les contradictoires; elle échappe de ce fait, par sa disparité même, au critère de falsifiabilité. C'est une tentative qui se situe volontairement hors de la pensée scientifique traditionnelle. On pourrait en dire autant de l'orientation qu'H. Meschonnic a donnée à sa recherche. Par contre, les critères de simplicité et de généralité s'appliquent fort bien à la théorie exposée par A. J. Greimas

---

38. S. R. Levin, *op. cit.*, p. 41 : « dans un poème on utilise un type de code particulièrement restreint. »
39. J.-C. Coquet, *op. cit.*, p. 31.
40. Dans « Poésie et négativité », in *L'Homme*, 1968, 2, p. 54.
41. « Éléments d'une grammaire narrative », in *L'Homme*, 1969, 3, p. 71-92.

dans *L'Homme*, 1969. Il reste à prouver que d'une telle axiomatique peuvent se déduire des théorèmes (des phrases).

Si l'on se réfère à l'état d'avancement des études poétiques, il n'y a pas de raison d'être particulièrement optimiste, ni cependant de s'étonner. Suivons en cela la leçon fondamentale de Saussure : la recherche ne consiste pas à combiner en système des éléments préalablement connus. S'il en était ainsi, on aurait lieu de s'inquiéter des retards pris à la description. La recherche consiste, tout au contraire, à *lier l'identification des unités à la reconnaissance des modèles logiques qui les intègrent*. C'est la démarche même du *Mémoire*, déjà deux fois cité, et c'est celle qui nous semble, dans l'état actuel de notre savoir, la plus « scientifique » et la seule qui s'impose.

Lire un texte est une opération qui présuppose la délimitation de n *champs de validité. Une lecture « totale » est utopique.*

Le principe d'équivalence est opératoire lorsqu'il s'agit de constituer des modèles de surface (linguistique de la phrase).

L'analyste change de plan s'il veut décrire les structures de discours. De nouvelles procédures sont alors nécessaires et avec elles d'autres articulations logiques et sémantiques et d'autres modèles (linguistique du discours).

L'analyste veillera enfin à ce que les procédures utilisées obéissent aux critères d'économie, de vulnérabilité et de reproductivité.

Découpage conventionnel
et signification

« *Il est clair que les faits positionnels sont porteurs de sens* »
rappelait utilement Nicolas Ruwet dans la partie critique de son
article consacré à l'ouvrage, alors récent, de Levin, Linguistic
Structures in Poetry. *Levin met en évidence le rôle des positions
équivalentes relativement à l'axe du mètre ou de la rime, dans
l'établissement des couplages, mais il ne s'interroge pas sur la
nature des traits qui permettent de déterminer des classes d'équivalence taxiques. Les réflexions qui suivent ont pour objet les
positions définies par rapport à la matrice conventionnelle, à
l'exclusion des positions syntaxiques proprement linguistiques;
existe-t-il un système de positions, un* espace, *définissable indépendamment de tout investissement linguistique, par un certain
nombre de traits positionnels et qui jouirait de propriétés sémantiques.*

*La forme conventionnelle impose un découpage supplémentaire
à la chaîne parlée ou écrite, mais cette contrainte s'avère rentable :*

— *ainsi qu'on l'a souvent observé, elle assure la conservation
du message;*
— *dans la mesure où elle contribue à établir les couplages
(dont la fonction est d'indexer les relations sémantiques)
elle facilite le décodage du texte;*
— *enfin, nous nous efforcerons de le montrer, elle peut
fonctionner à la manière d'un diagramme.*

*Ces préoccupations nous renvoient au lieu commun de « la fusion en
poésie de la forme et du fond » dont on verra qu'elle est un cas
particulier de « la composition isomorphique du signifiant et du
signifié » (R. Jakobson, « A la recherche de l'essence du langage »,
in* Diogène, *nº 51, 1965). La relation iconique qui peut exister entre
ce qui est dit et ce qui est fait nous rappelle que le dire du poète est
avant tout un faire, un* poiein.

I. Élaboration d'une grille taxique

A. Premières approches

1.1. *Réalité de la forme fixe.* Les formes fixes (rondeau, ballade, sonnet, etc.) ne sont qu'un cas particulier, institutionnalisé, du découpage du discours poétique en unités (métriques ou non) qui ne coïncident pas nécessairement avec les unités linguistiques. Définies par les règles qui fixent, en particulier, la nature et le nombre des vers et des strophes, elles n'acquièrent toutefois le statut d'objet sémiotique que si on les examine dans leurs relations avec les autres instances de ce *signe* multidimensionnel qu'est un poème (en forme de rondeau, de ballade ou de sonnet) et tout spécialement avec le plan du contenu.

1.2. *Forme fixe et classe de contenus.* De manière tout intuitive, et sans autre précision, on se plaît souvent à admettre qu'à une forme conventionnelle donnée doit correspondre un certain type de contenus. Cela revient à supposer que telle forme fixe n'est pas apte à exprimer n'importe quel contenu, mais qu'elle opère une sélection dans le domaine du signifié; qu'il existe, par conséquent, des classes de poèmes, celle du sonnet, par exemple, que l'on pourrait définir au double point de vue du signifiant et du signifié.

On ne discutera pas ici une telle conception et on ne se risquera pas à poser l'existence d'une interdépendance de cette sorte entre une classe de poèmes et une classe de contenus : le caractère limité du corpus (six sonnets des *Chimères*) auquel nous demanderons une illustration ne permettrait pas de savoir si telle corrélation — à supposer qu'on puisse en établir une — est imposée par la forme même du sonnet ou manifeste une idiosyncrasie nervalienne.

1.3. *Double découpage, décodage et signification.* Étant donné une forme fixe, la superposition de deux types de découpages indépendants, linguistique et métrique, a pour effet :
- d'assurer la conservation du message en tant qu'objet, et par conséquent, d'en faciliter la mémorisation. Manque-t-il un segment, son absence est repérable; de plus, la case vide laissée dans le schéma des positions, permet d'en décrire les caractéristiques métriques et, s'agissant d'un mot de la rime, métriques et phoniques;
- de favoriser le décodage du poème : le recours simultané à deux systèmes indépendants de contraintes et de hasards aide à distinguer plus sûrement *bruits* et *signaux*. Le couplage, entendu comme le cumul dans deux éléments distincts du discours, de traits (syntaxique, métrique ou phonique) se présente ainsi comme un cas particulier de redondance.

La forme conventionnelle ne peut fonctionner comme une instance autonome du plan de l'expression : étrangère au signifiant quand elle en garantit la conservation, elle en fait partie intégrante, lorsqu'elle indexe les relations pertinentes entre les éléments linguistiques —qu'ils appartiennent ou non au même énoncé — auxquelles semblent réservées les tâches proprement sémantiques.

Il apparaît cependant que l'*espace* organisé par la grille taxique est susceptible de fonctionner à la manière d'une icône et de se trouver dans un rapport diagrammatique avec les éléments du plan du contenu : pour le montrer, il faut établir que les unités métriques conventionnelles entretiennent des relations d'emboîtement, de comparabilité et de succession qui sont homologues aux relations hiérarchiques, paradigmatiques et syntagmatiques qui définissent l'organisation du plan du contenu.

1.4. *Le système des unités conventionnelles comme diagramme.* Le découpage formel lié au schéma d'une forme fixe, du sonnet par exemple, détermine l'existence d'unités conventionnelles distribuées en niveaux hiérarchiques distincts (groupes de strophes, strophes, vers). Les unités d'un même niveau sont comparables entre elles et se succèdent dans un ordre défini.

L'instauration d'une organisation hiérarchique d'unités similaires a pour effet la mise en place d'une grille taxique susceptible de déterminer des classes de positions équivalentes. D'une manière générale, la grille taxique favorise l'établissement des couplages.

Laissons de côté, pour l'instant, le statut des vers qui ne paraît pas en tout point comparable à celui des unités supérieures et posons que le découpage en strophes et en groupes de strophes n'est fonctionnel que s'il correspond à l'établissement de séquences isotopes, dont les limites peuvent ou non correspondre aux pauses syntaxiques.

Les conditions pour que le système des unités conventionnelles opère à la manière d'un diagramme sont alors remplies : unités métriques et unités isotopes occupent le même espace, elles ont même grandeur et elles sont définies par un même ensemble de relations formelles.

Lorsqu'on tente de décrire l'espace déterminé par la forme conventionnelle, on est amené à utiliser des catégories abstraites telles que *externe/interne*, *premier/dernier*, articulées comme des catégories sémiques et non dépourvues de substance du contenu.

Il n'est pas question de définir univoquement le sémantisme propre à telle forme fixe : il ne peut s'agir, dans tous les cas, que d'un sémantisme second, plus précisément, virtuel : seul le contenu d'un poème-occurrence permet de l'actualiser en vertu de ce qu'on a appelé, à propos des onomatopées, l'*effet de rétrosignification* [1].

---

1. P. Guiraud, *Structures étymologiques du lexique français*, Larousse 1967.

Une forme fixe présente donc un champ de valences sémantiques non aléatoires, et actualisables de manières très diverses en fonction des contenus investis dans chaque poème-occurrence.

1.5. *Dimensions paradigmatique et diachronique du discours poétique.* La possibilité d'une division du message en unités du discours indépendantes du découpage phrastique tient à la définition même de l'isotopie, dont les dimensions minimales sont celles d'un syntagme « réunissant au moins deux figures sémiques » et la grandeur maximale coïncide avec celle du message lui-même « saisi comme un tout de signification » [2].

Les contenus pertinents d'une unité isotope seront ceux qui assurent son articulation sémantique avec les unités isotopes équivalentes (de même niveau). L'articulation sémantique met en jeu une substance et une forme du contenu : définis par rapport à la structure élémentaire de la signification, les termes corrélés entretiennent des relations de type logique. Chaque unité isotope sera donc caractérisée par la présence redondante de certains traits substantiels tels que : *spatialité*, *temporalité, objets fabriqués, objets naturels*, etc., et par un régime formel déterminé : on peut ainsi distinguer au moins un régime de *disjonction* (un seul des termes, positif ou négatif, de chaque axe sémantique est réalisé) ou un régime de *conjonction* (présence exclusive de termes complexes)[3].

La succession ordonnée des régimes, quand elle est réalisée, est à son tour signifiante : elle confère au discours poétique sa dimension diachronique ou son statut narratif.

1.6. *La double fonction de la discursivité.* La matrice qui déroule dans le temps de la lecture-récitation les classes positionnelles qu'elle instaure, se présente comme un instrument particulièrement apte à favoriser la réalisation de la fonction poétique qui « projette le principe d'équivalence de l'axe de la sélection sur l'axe de la combinaison » [4]. A la manière de la musique et de la mythologie, la poésie fonctionnerait comme une *machine à supprimer le temps* [5].

C'est une des contraintes liées à l'expression linguistique qu'un contenu par lui-même achronique doive se présenter déployé en une série de positions successives. Mais cette discursivité du message est susceptible aussi de manifester une succession orientée de contenus et d'opérations. Le déroulement de la chaîne parlée peut servir à deux fins qu'il n'est pas toujours facile de démêler : il pose un contenu et il

---

2. A.-J. Greimas, *Sémantique structurale, recherche de méthode*, Larousse 1966, p. 69-72.
3. A.-J. Greimas, *op. cit.*, p. 18-29; voir aussi, du même auteur, *Du sens*, Éd. du Seuil, 1970, p. 39-48 et 135-155.
4. R. Jakobson, *Essais de linguistique générale*, Éd. de Minuit 1963, p. 220.
5. Cl. Lévi-Strauss, *Le Cru et le Cuit, Mythologiques I*, Plon 1964, p. 24.

le transforme. Ces deux opérations sont elles-mêmes ordonnées puisqu'on ne peut transformer que ce qui a été posé. A l'intérieur du phénomène de la succession on distinguera donc *positions successives* et *relations de succession* : ces dernières exploitent les premières, elles seules concernent la dimension « syntaxique » ou narrative du poème.

On ne mesure des différences qu'entre des termes comparables (qui présentent des traits semblables); le repérage de la transformation présuppose la répétition, l'existence de relations de succession implique celle de relations d'équivalence. L'établissement d'un champ paradigmatique (la grille taxique) conditionne la lecture du poème selon la dimension diachronique, les positions successives établissent des séries paradigmatiques : celles-ci constituées, on peut décrire les relations de succession.

1.7. *Le statut particulier des vers.* Selon la classe hiérarchique à laquelle elles appartiennent, les unités isotopes ne jouissent pas du même statut. Il convient de distinguer, en effet, les classes d'unités qui forment un *paradigme entièrement articulé* — c'est-à-dire où la relation de chaque unité avec chacune des autres est sémantiquement définie et où les positions successives s'établissent par rapport au poème dans son ensemble — et les classes d'unités qui ne forment pas un tel paradigme : c'est le cas, en particulier, des vers dans les sonnets de notre corpus.

Les fonctions du vers sont subordonnées à celles de la strophe (et, par là, du groupe de strophes) : le découpage des quatrains et des tercets en unités isométriques sert, entre autres, à manifester la présence redondante de certains contenus sémiques (repérables d'un segment à l'autre) à l'intérieur d'une strophe dont il facilite ainsi la lecture isotope; de plus, il favorise surtout la mise en corrélation des unités de niveau supérieur, non pas au seul point de vue du contenu (la comparabilité sémantique des strophes étant posée par hypothèse dans notre description) mais à celui de l'expression aussi. Le découpage en vers joue un rôle décisif dans l'établissement des couplages entre des segments appartenant à des strophes différentes.

Comparabilité ne signifie pas nécessairement correspondance terme à terme : réalisable entre deux quatrains (sans pour autant que les figures du parallélisme ou de la symétrie soient toujours respectées), cette correspondance ne l'est pas entre un quatrain et un tercet. La comparabilité sémantique est fondée sur l'appartenance à une classe hiérarchique, indépendamment de la parité ou de la disparité du nombre des vers.

Dans les poèmes étudiés, il n'existe pas, au sens où nous l'avons définie, une relation de succession entre deux vers contigus. Cela ne signifie pas que la relation positionnelle, *venir après*, ne puisse fournir un schéma interprétable, entre autres, comme relation de *contenant* à *contenu* (ou inversement) de *tout* à *partie*, de *cause* à *effet*. La succession des vers n'a de sens qu'à l'intérieur d'une même strophe : la relation *venir après* ne concerne pas les vers séparés par une limite de strophe, le dernier vers d'un quatrain et le premier de la strophe suivante, par exemple.

1.8. *Définition positionnelle et unités métriques.* La position d'une unité métrique sera définie univoquement par

— le niveau hiérarchique auquel elle se rattache;
— la situation relative qu'elle occupe dans la série orientée des unités équivalentes.

Une telle définition de la position par l'appartenance simultanée à une classe hiérarchique et à une classe situationnelle n'est pas réalisable pour tous les types de formes conventionnelles sans référence au plan du contenu (quand les critères formels font défaut pour établir les groupes et les sous-groupes de strophes); elle suppose, en outre, l'élaboration de catégories situationnelles qui ne renvoient pas à une série ordinale linéaire (1er, 2e, 3e, 4e... n^e) peu apte à constituer des classes d'équivalence homologues aux classes d'équivalence sémantiques. La question est de savoir comment choisir des catégories situationnelles qui rendent compte de l'organisation paradigmatique des contenus et de leur intégration dans le poème.

C'est une des propriétés du schéma du sonnet (nous y reviendrons) que d'établir formellement une définition positionnelle univoque des unités, indépendamment de tout investissement linguistique.

B. Le cas du sonnet

2.1. *Rendement de la forme fixe du sonnet.* Le sonnet possède ce que nous avons appelé une grille taxique saturante en ce sens qu'elle permet de définir univoquement la position de la plupart des vers : cela tient aussi bien au nombre des niveaux hiérarchiques formellement repérables qu'à la nature binaire de son schéma.

A nombre à peu près égal de vers, la forme du sonnet, en tant que telle, est plus finement articulée qu'une série de 14 vers (un niveau hiérarchique), de cinq tercets ou de quatre quatrains (deux niveaux). A l'intérieur de P (le poème considéré comme un système clos de relations) elle détermine trois instances hiérarchiques : les vers, les strophes et les groupes de strophes.

On comparera, à titre d'exemple, le schéma des niveaux hiérarchiques relatifs au sonnet (I) et au poème composé de quatre quatrains (II) :

(I)

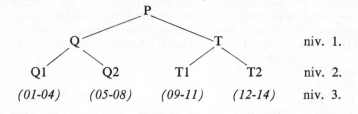

(II)

L'absence, dans ce dernier cas, d'une instance intermédiaire entre le niveau des strophes et P a des répercussions sur le mode d'intégration des strophes dans le poème et sur le degré de définition positionnelle des vers. A titre de comparaison, le neuvième vers du sonnet n'est pas seulement le premier vers de la troisième strophe, mais encore le premier vers du second système de strophes : il appartient donc à deux classes d'équivalence positionnelles et nous dirons qu'il est équivalent au deuxième degré avec *01* et au premier avec *05* et *12*.

2.2. *La catégorie situationnelle « premier/dernier ».* On peut décrire la succession du groupe des quatrains et du groupe des tercets grâce à la corrélation *venir avant/venir après* ou, sous une forme adjectivale, *premier/second ;* nous utiliserons cependant la catégorie *premier/dernier* qui rend compte, à la fois, de la dimension discursive de P, considéré comme unité supérieure et englobante, et de sa clôture.

L'articulation interne des groupes de strophes, où l'on peut distinguer, selon la même corrélation, strophe initiale et strophe terminale, est homothétique de l'articulation de P en Q et en T :

$$Q1/Q2 :: T1/T2 :: Q/T :: \textit{premier/dernier}$$

En raison du rapport hiérarchique des strophes et des groupes de strophes, cette suite d'homologies est équivalente à la relation qui traduit la succession des strophes par rapport à P :

$$Q1 \longrightarrow Q2 \longrightarrow T1 \longrightarrow T2 \quad (\text{où} \longrightarrow \text{signifie « précède »})$$

Désignons par *1* et *0* les termes de la corrélation *premier/dernier* et attribuons à chaque strophe un nombre à deux chiffres (*ab*) dont le premier, *a*, définit la situation des strophes par rapport au groupe de

51

strophes, le second, *b*, la situation du groupe par rapport à P.

Chaque strophe se trouve ainsi caractérisée par un nombre spécifique qui exprime sa position relativement à l'organisation hiérarchique des unités métriques et à l'ordre des successions dans le poème :

Q1 : *11* (qui se lit : « première strophe du premier groupe de strophes »)

Q2 : *01*

T1 : *10*

T2 : *00*

Notons que la corrélation binaire *premier/dernier* n'est pas sans autre applicable aux unités de 3e niveau, les vers, qui sont en nombre supérieur à deux dans chaque strophe, en nombre impair dans les tercets.

2.3. *Les relations d'homologie des strophes.* Les strophes du sonnet, au nombre de quatre, peuvent s'articuler selon un système de relations d'homologie du type a/b :: c/d (a est à b comme c est à d). Voici, à titre d'exemple, le système d'homologies qui épuise les similitudes positionnelles instaurables entre des paires de strophes constituées de manière à respecter l'ordre des successions (on aura des paires Q1-Q2 ou Q1-T2, à l'exclusion de paires Q2-Q1 ou T2-Q1).

Désignons par r les relations positionnelles qui fondent la comparabilité des paires et distinguons par un indice numérique, 1, 2, 3, respectivement, celles qui traduisent, par rapport à l'opposition *premier/dernier* :

— à l'intérieur de chaque groupe de strophes, la situation des strophes :

(I) Q1 r1 Q2 :: T1 r1 T2 (soit *11/01* :: *10/00*);

— à l'intérieur de P, la situation des groupes de strophes :

(II) Q r2 T :: Q1 r2 T1 :: Q2 r2 T2 (*11/10* :: *01/00*);

— à l'intérieur des groupes de strophes et de P, la situation des strophes et celle des groupes de strophes :

(III) Q1 r3 T2 :: Q2 r3 T1.

r3 se présente comme la composition de r1 avec r2 et s'écrit, dans le code numérique, *11/00* :: *01/10* où les deux chiffres, et non plus un seul, changent d'un terme à l'autre de chaque paire.

Les deux premières relations assurent la comparabilité des groupes de strophes, à la fois formellement semblables — par (I) — et distincts — par (II); elles sont complémentaires, de même que (I) et (III), qui sont l'une à l'autre comme une relation d'ouverture (on pourrait multiplier indéfiniment la succession des paires homologues posées par r1) à une relation de fermeture (r3 clôt P par inversion de tous les traits).

2.4. *Homologies positionnelles et homologies sémantiques.* Définies du point de vue positionnel, ces homologies n'ont de statut sémiotique que si elles renvoient à des homologies du plan du contenu, que si elles reflètent diagrammatiquement les relations des unités isotopes. Désignons par R1, R2, R3, les axes sémantiques à établir correspondant aux relations positionnelles r1, r2, r3. Trois axes sont nécessaires, et suffisants, pour assurer la comparabilité, deux à deux, de quatre termes; on peut s'attendre à trouver que R1, R2, R3 forment à leur tour système, assurant ainsi la cohérence de P, et à rencontrer, à côté d'axes du type *nature/culture* ou *spatialité/temporalité*, des corrélations d'opérateurs telles que *affirmation/négation (oui/non)* ou *possible/non possible (peut-être/non)* aptes à conférer au texte sa dimension narrative.

Les relations réalisées dans des poèmes-occurrences ne sont pas toujours prévisibles par rapport à la seule forme conventionnelle. En particulier, la condition que nous avons mise à la constitution des paires de strophes (respect de l'ordre des successions) n'est pas pertinente dans tous les cas. D'une manière générale, le modèle taxique espère dégager les virtualités sémantiques de la forme conventionnelle plus qu'il ne prétend décrire les modalités de son utilisation effective.

Les homologies décrites ci-dessus ne sont en aucun cas exclusives d'autres relations qui pourraient s'instaurer entre des unités métriques de niveaux différents. *El Desdichado* permet d'observer, par exemple, l'existence de rapports d'homothétie entre des unités métriques relevant de niveaux hiérarchiques distincts, entre certaines strophes et certains vers [6].

2.5. *Distribution des vers en classes d'équivalence ordonnées.* Lorsque deux séries de vers, de même grandeur (par exemple, abcd et a'b'c'd') sont mises en parallèle, en raison de la comparabilité des unités métriques qu'elles constituent (ici, des quatrains), les situations relatives des vers, à l'intérieur de chaque série (à condition toutefois que les séries n'excèdent pas certaines dimensions) correspondent à des positions équivalentes qui peuvent favoriser, dans un poème-occurrence, l'établissement de couplages tels que a-a', b-b', c-c', d-d'.

L'existence, dans le sonnet, d'une corrélation entre des quatrains et des tercets, oblige cependant à admettre que les positions équivalentes des unités de 3e niveau ne se confondent pas, dans tous les cas, avec les places homologues à l'intérieur de séries ordinales comparables.

Il faut donc, en vue de l'élaboration d'une grille taxique, choisir des critères constitutifs de classes d'équivalence positionnelles distincts de critères ordinaux qui reposent sur la relation *venir après*.

La corrélation *premier/dernier*, à laquelle nous avons recouru pour définir la position des strophes n'est pas utilisable, en première instance,

---

6. Voir un exemple d'analyse fondée sur une exploitation sémantique des homologies positionnelles dans J. Geninasca, « *Evento* de Mario Luzi » in *Revue Romane*, V, 1, 1970, p. 17-38.

en raison du nombre, toujours supérieur à deux, des vers de chaque strophe. On peut distinguer, par contre, parmi les unités de 3e niveau, celles qui occupent une place limite et les autres.

La catégorie *limite/non limite* possède en commun avec la catégorie *premier/dernier* le fait qu'elle renvoie au caractère discret des unités métriques : elle se présente en outre comme une traduction possible de la relation r3 qui décrit la symétrie des strophes dans P.

La classe des vers limites comprend trois sous-classes ordonnées en fonction de la hiérarchie des unités métriques, celle des vers extérieurs par rapport aux strophes, par rapport à Q et à T, celle des vers initial et terminal de P.

Hypotaxique par rapport à la catégorie *limite/non limite*, l'axe *premier/dernier* permet de distinguer encore, à l'intérieur de chaque sous-classe, les vers initiaux et les vers terminaux. La grille taxique comporte donc six sous-classes de vers limites, ordonnées par séries de trois et corrélées deux à deux :

— vers premier de strophe, de groupe de strophes, de P ;
— vers dernier de strophe, de groupe de strophes, de P.

Cette grille détermine ainsi, à l'intérieur de la série des vers du sonnet des positions définies par un nombre de traits plus ou moins élevé. Les vers limites, mieux définis que les vers non-limites, sont ordonnés à leur tour selon qu'ils se situent à une limite de degré 1 (limite de strophe : *04*, *05*, *11*, *12*), 2 (limite de strophe et de groupe de strophes : *08*, *09*), ou 3 (limite de strophe, de groupe de strophes et de P : *01*, *14*). On note souvent, dans les textes-occurrences, que les vers positionnellement « forts » sont aussi les vers déterminants pour la compréhension du poème.

On aurait pu songer à appliquer aux vers non-limites aussi la catégorie situationnelle *premier/dernier :* il aurait fallu, pour cela, grouper par deux les vers des quatrains. Mais le distique n'a pas été retenu, dans le cadre de notre modèle, comme unité intermédiaire entre la strophe et le vers : un découpage par groupes de deux vers n'est pas compatible, en effet, avec le découpage du sizain en deux tercets. Dans les quatrains mêmes, il faudrait distinguer les paires discontinues des vers limites et le distique des vers non-limites. La distribution des contenus isotopes dans des groupes de deux vers contigus — en conformité ou non avec le schéma, variable, des rimes — dépend, de cas en cas, du choix du poète.

2.6. *La succession des unités de troisième niveau.* Le statut positionnel du vers et celui de la strophe diffèrent sur plusieurs points :

— alors que les strophes sont comparables entre elles par rapport aux unités supérieures (de premier niveau) et inférieures (de troisième niveau), les vers ne sont comparables entre eux que par rapport aux strophes ;

— dans le cas des strophes, les classes d'équivalence positionnelle fondées sur la catégorie *premier/dernier* et sur la hiérarchie des unités, sont traduisibles en termes de positions successives :

Q1 → Q2 → T1 → T2 découle de Q/T :: Q1/Q2 :: T1/T2 *premier/dernier* (cf. 2.2.). Il en va autrement pour les vers; leur distribution en classes d'équivalence ne relève pas — puisque les vers initial et terminal d'une même unité ne sont jamais contigus — de la seule catégorie *premier/dernier* : l'organisation paradigmatique des vers n'est donc pas interprétable directement en une série continue de positions successives. Les vers séparés par une limite de strophe ne se « succèdent » pas, ils sont essentiellement comparables, perçus comme semblables ou différents. Les unités de troisième niveau fonctionnent comme des outils propres à intégrer des unités plus larges plus qu'ils ne sont des objets à incorporer dans l'économie générale du sonnet. Ce sont les paquets de vers constitutifs des strophes qui peuvent se succéder, c'est l'existence de la strophe qui permet l'établissement des relations de succession.

2.7. *Découpage en vers et effets de sens.* Il reste à montrer que le modèle de l'organisation taxique proposé confère un statut objectif aux effets de sens intuitivement perçus dans l'examen des textes-occurrences.

Commençons par envisager quelques-unes des charges sémantiques virtuelles en rapport avec les propriétés de l'espace décrit jusqu'ici : nous ne reviendrons pas sur la valeur iconique liée à la simple succession des vers dans les strophes car elle n'est pas spécifique du discours poétique; la coïncidence ou non des pauses syntaxiques et métriques est un des éléments pertinents de l'expression diagrammatique : la corrélation *limite franchie/limite non franchie* impliquée par le caractère discret des unités qui se succèdent peut apparaître, dans un poème donné, comme la figure visible d'oppositions sémantiques telles que *continuité/discontinuité, dynamisme/statisme* ou *conjonction/disjonction*. L'expression même de ces contenus est, d'une certaine manière, quantifiée selon que la limite franchie (ou respectée) est une limite de premier ou de deuxième degré.

D'une manière plus générale, les vers limites contigus (appartenant à des unités différentes) seront comparés à tous les niveaux (phonique, morphologique, syntaxique, lexical, sémantique) où le passage de la limite peut se réaliser selon les modalités de l'écho ou du contraste. Dans une telle perspective, il est possible de parler — quand le modèle du contenu y renvoie — de la « circularité » d'un sonnet, et d'admettre qu'il existe aussi une « limite » entre les vers *14* et *01*.

Deux séries homologues abcd et a′b′c′d′ peuvent se correspondre selon la figure du parallélisme ou celle de la symétrie (a-a′, b-b′, etc., ou a-d′, b-c′, etc.). Il n'est pas indifférent, d'un point de vue sémantique, que le couplage des vers-limites s'établisse entre vers premiers (ou derniers) ou entre un vers premier et son contraire, un vers terminal : la relation de contraire, qui unit les termes de la catégorie situationnelle, peut jouer, par contraste ou par similitude, avec les inversions (ou les non-inversions) des traits sémiques pertinents des segments ainsi couplés.

Ces effets de sens sont-ils observables dans des textes et vérifiables? Il convient, dans chaque cas, de montrer que l'axe sémantique retenu est manifesté de manière redondante dans l'expression et qu'il est un élément nécessaire du modèle du contenu. L'entreprise visant à isoler, à l'intérieur de la grammaire — à élaborer — constitutive du poème en tant qu'objet sémiotique, une « grammaire de l'interaction du sens et du mètre » trouverait ainsi, dans l'examen de poèmes-occurrences, un début de justification.

II. Éléments d'illustration

3.1. *Limites et portée de l'entreprise.* La validité de notre modèle se mesure aux services qu'il rend quand on entreprend d'élaborer la description d'objets poétiques particuliers. Tant qu'on n'y a pas coulé un discours, la matrice conventionnelle demeure un champ relativement indéterminé — quoique non aléatoire — de relations virtuelles. Par contre, l'interférence des découpages métrique et linguistique d'une part, la relation iconique, d'autre part, unissant le système des unités conventionnelles et celui des isotopies, permet de repérer les relations effectivement réalisées.

Il n'était guère pensable, dans les limites de cette étude, d'élaborer un modèle descriptif, tant soit peu complet, d'un poème; nous nous sommes contenté d'illustrations locales, choisies parmi les plus frappantes. Les exemples qui suivent, empruntés aux six premiers sonnets des *Chimères* de Nerval, n'ont pas la prétention d'apporter une vérification; ils ont pour but, plus modestement, d'éclairer le sens de notre démarche et d'en montrer, le cas échéant, l'utilité.

3.2. *La coïncidence des découpages métrique et linguistique comme norme.* Les six sonnets retenus présentent cette particularité que le découpage métrique coïncide presque toujours avec le découpage linguistique. *El Desdichado* contient le seul cas indiscutable où les dimensions de la phrase excèdent celles de la strophe (passage de T1 à T2); on peut s'interroger sur la valeur des points de suspension qui séparent et unissent les tercets de *Delfica* : indiquent-ils une limite de phrase ou de proposition indépendante? Un signe de ponctuation accompagne en général la fin du vers; on ne relève que trois exemples d'enjambement, dans les deux poèmes déjà cités (*El Desdichado, 03-04* et *13-14 ; Delfica, 12-13*).

La coïncidence des pauses syntaxiques et métriques confère une grande autonomie aux strophes et aux groupes de strophes, au point d'autoriser, dans certains cas, leur permutation. On sait que Nerval a proposé, sous le titre de *à J-y Colonna*, une combinaison des quatrains de *Delfica* et des tercets de *Myrtho* [7]. Il est vrai que les contenus de ces deux sonnets semblent être, au niveau d'une analyse sommaire déjà, l'un par rapport à l'autre, dans un rapport de transformation.

3.3. *Limite respectée/franchie.* *El Desdichado* et *Horus* illustreront deux manières de réaliser le diagramme du concept de *passage* (qui articule lui-même les concepts contradictoires de *rupture* et de *continuité*) : on verra, sur des exemples concrets, comment la parole poétique est un dire qui fait ce qu'il dit.

A l'intérieur d'un poème, voire d'un recueil, où la norme consiste à respecter la limite strophique, la non-coïncidence des pauses syntaxiques et métriques est ressentie comme franchissement, ou passage, de la limite. Les seules exceptions relevées dans notre corpus sont corrélatives de l'existence du contenu : passage d'une durée, d'un espace discret, à une autre durée ou à un autre espace.

Dans *El Desdichado*, la corrélation des contenus isotopes de T1 et de T2 peut se rendre par l'opposition *monde des vivants* (où l'on rencontre la reine et la sirène) / *monde des morts* (où la femme apparaît comme fée ou sainte); la non-coïncidence de la pause strophique et de la pause phrastique fonctionne alors comme icône du franchissement victorieux de l'Achéron énoncé au vers 11 :

> *Et j'ai deux fois vainqueur traversé l'Achéron.*

L'autonomie des groupes de strophes semble affaiblie dans *Horus* où l'on ne saurait dissocier quatrains et tercets sans couper arbitrairement le discours d'Isis inséré à l'intérieur d'un récit développé dans les strophes extérieures (Q1 et T2). La division du sonnet en deux groupes d'unités métriques distinctes n'en perd pas pour autant son caractère fonctionnel. Le contraste des strophes intérieures contiguës vient marquer, au plan du contenu, la distance qui sépare quatrains et tercets :

Q2/T1 :: répudiation de l'ancien dieu dénoncé comme traître/ élection du nouveau dieu, reconnu comme objet-valeur et comme héros.

---

7. Ce n'est pas le lieu d'entrer en matière sur la question de l'authenticité de la version de *Myrtho* publiée en 1924 dans l'édition Helleu-Sergent des *Chimères* et qui consiste dans la combinaison complémentaire des quatrains de *Myrtho* et des tercets de *Delfica*. Voir à ce sujet J. Senelier, *Gérard de Nerval, essai de bibliographie*, Nizet 1959; J. Guillaume, « *Les Chimères* » *de Nerval*, Bruxelles, Palais des Académies, 1966, et P. Bénichou, *L'écrivain et ses travaux*, Corti 1967.

Le discours d'Isis réalise le *passage* dans la mesure où il garantit, précisément, la continuité de Q à T, en dépit du contraste des contenus et de la limite des groupes de strophes. Le passage des huit premiers vers aux six derniers figure alors le passage d'une ère à l'autre, de l'ancien au nouveau.

Le concept de passage n'occupe pas la même place dans les deux poèmes. Il est caractéristique, dans *Horus*, de l'isotopie de P ; de l'isotopie de T, dans *El Desdichado :* la limite franchie est tantôt celle du groupe des strophes, tantôt celle qui sépare les deux tercets. Dans les deux cas, le sujet qui franchit la limite est aussi le héros médiateur qui parle.

3.4. *Expression linguistique et relations d'homologies.* Dans les poèmes-occurrences, la distribution des classes linguistiques (phonologiques, morphologiques, syntagmatiques, etc.) peut reproduire les relations d'homologie décrites à partir de critères positionnels. On établit dans *Artémis*, par exemple, la réalisation d'une redondance de cette nature, ainsi :

Q1/Q2 :: T1/T2 :: présence d'un énoncé interrogatif à la deuxième personne du singulier + absence de la première personne / présence d'un énoncé impératif à la deuxième personne du pluriel + présence directe ou oblique de la première personne.

Les critères positionnels sont interprétables sémantiquement par un effet de rétrosignification ; les catégories classificatoires linguistiques (quand il ne s'agit plus du seul niveau phonique et/ou graphique) sont au contraire douées d'un sémantisme propre (même si celui-ci n'a pas toujours été dégagé). Les catégories qui fondent les relations d'homologie correspondent à des axes sémantiques qui doivent être retenus pour la constitution des modèles descriptifs du contenu.

Dans d'autres cas, lorsqu'on a affaire à une forme conventionnelle non saturante (un poème composé de cinq quatrains, par exemple) c'est la distribution des éléments linguistiques qui permet, entre autres, l'établissement des unités immédiatement inférieures à P, les groupes de strophes.

3.5. *Relations d'homologie et organisation des contenus.* *Delfica* met en œuvre le concept du temps circulaire pensé comme la succession ordonnée et indéfiniment répétée de positions en nombre fini. La répétition assure la permanence, mais elle ne se réalise qu'au prix de la rupture qu'implique nécessairement le passage d'une position à l'autre. On peut appeler « actuelle » la position réalisée et « virtuelle » la ou les autres.

Affirmée dans le premier quatrain, la répétition est donnée comme virtuelle dans le second : le sommeil de l' « antique semence » (*08*) est une représentation figurée de la *virtualité ;* l'éveil correspondrait à la rupture qui actualiserait la répétition. Le premier tercet pose la rupture qui actualiserait la répétition. Le premier tercet pose la rupture comme réalisée au sein de la nature (*10-11*), mais la valeur d'indice de l'événement tellurique ne sera attestée que si un événement comparable se produit au sein de la culture ; le dernier quatrain réaffirme la permanence, le sommeil de la Sibylle renvoie à l'hibernation de la semence du dragon (« dort » ; « est endormie encor ») mais tandis que l'une contenait la promesse d'un printemps, l'autre correspond à un retard qui se prolonge : la possibilité de l'éveil (de la rupture) qui coïnciderait avec le retour des anciens dieux se trouve ainsi mise en cause.

Désignons par *1* et *0* les termes polaires de chaque axe afin de mettre en évidence la correspondance des définitions positionnelle et sémantique :

Corrélation positionnelle	*premier/dernier* des groupes de str.	*premier/dernier* des str. de chaque groupe
Corrélation sémantique	*permanence/rupture*	*actuel/virtuel*
Q1	*1*	*1*
Q2	*1*	*0*
T1	*0*	*1*
T2	*0*	*0*

Moins directement rattachés au concept du temps circulaire, d'autres contenus supportent les mêmes relations d'homologie ; on en conclura que ces axes sémantiques sont corrélatifs des précédents :

(I) Q1/Q2 :: T1/T2 :: *actualité/virtualité* :: *voix + dynamisme/ silence + statisme* [:: (« ancienne romance », « chanson d'amour », « souffle prophétique » + « qui toujours recommence »)/(signe zéro + « dort », « est endormie », « rien n'a dérangé »)]
ou

(II) Q/T :: Q1/T1 :: Q2/T2 :: *permanence/rupture* :: *absence d'acteurs anthropomorphes* [8]/*présence de tels acteurs*.

Les strophes extérieures et symétriques, Q1 et T2, se trouvent dans une relation d'opposition disjonctive : les contenus présents dans l'une sont absents de l'autre et réciproquement. Mais l'existence d'une relation sémantique implique que chaque contenu présent dans l'une des strophes se trouve corrélé à un contenu présent dans l'autre. Les

---

8. Si l'on accepte de classer à part les personnes du dialogue Ego-Tu que nous avons négligées pour des raisons dont l'exposé excéderait les dimensions d'une simple illustration. Nous renonçons, à plus forte raison, à établir l'existence d'une relation R3.

contenus ainsi corrélés entretiennent une relation logique (de contrariété, de contradiction, d'implication) dont la nature est à définir de cas en cas.

La description ainsi conduite nous amène à poser, dans *Delfica* : Q1/T2 :: *végétal + architectural exclu / végétal exclu + architectural*

et à rechercher si l'opposition *végétal/architectural* ne figure pas des contenus plus abstraits et généraux, des classèmes, tels que *objet naturel/objet fabriqué* qui se réfèrent en définitive à une certaine manière de penser les rapports de la *nature* et de la *culture*.

3.6. *Exploitation de la grille taxique.* Si l'on admet qu'à chacune des classes d'équivalence taxique correspond une classe de contenus, on est amené à rechercher si l'importance d'un vers par rapport à la compréhension de P n'est pas en proportion de sa force positionnelle.

Ainsi, dans *Antéros*, on constate que la succession des seuls vers extérieurs de strophes présente encore un certain degré de lisibilité :

01   *Tu demandes pourquoi j'ai tant de rage au cœur*
04   *Je retourne les dards contre le dieu vainqueur.*
05   *Oui, je suis de ceux-là qu'inspire le Vengeur,*
08   *J'ai parfois de Caïn l'implacable rougeur!*
09   *Jéhovah! le dernier, vaincu par ton génie,*
11   *C'est mon aïeul Bélus ou mon père Dagon...*
12   *Ils m'ont plongé trois fois dans les eaux du Cocyte,*
14   *Je ressème à ses pieds les dents du vieux dragon.*

Le texte d'*El Desdichado* nous fournit un exemple d'une utilisation systématique des possibilités offertes par l'existence de la grille taxique. L'analyse permet de poser quatre réalisations (abc; a'b'c'; ABC; A'B'C') de trois termes du plan du contenu ($\alpha\beta\gamma$) réparties deux à deux selon un parallélisme presque parfait en Q1 et Q2 [9].

01	a	b	c
02	a'		
03	b'/c'		
04	c'		
05	A	B	C
06	A'		
07	B'		
08	C'		

---

9. L'enjambement qui unit *03* à *04* est justifiable d'un point de vue sémantique; la présence simultanée dans un même vers, *03*, de la négation de l'étoile et de son affirmation (« Ma seule *étoile* est morte, — et mon luth constellé ») produit l'effet de sens : « la poésie assure la relation à la femme aimée en dépit de la mort » et apporte le premier contenu affirmatif de Q1. Ce contraste de la négation et de l'affirmation est encore souligné par le couplage (dernier mot d'hémistiche; accompli/premier mot de vers; duratif) des mots « morte » et « Porte » qu'unit un lien de paronomase.

La vérification de ce schéma implique, bien entendu, une description minutieuse de tous les couplages et l'établissement du modèle des contenus qui fonde en droit l'existence des termes α, β, γ à définir.

On se contentera ici de souligner le parallélisme phonique, positionnel et sémantique qui unit les premiers hémistiches du vers initial de chaque quatrain :

Je sUIs le TénéBreux — Dans la nUIt du TomBeau

et la correspondance des contenus bc et BC du second hémistiche : les mots de la rime « inconsolé » et « consolé » sont l'un à l'autre comme *dysphorique* à *euphorique*, tandis que, corrélativement, la relation d'échange ou de dialogue avec la femme morte se trouve niée (« le veuf ») ou affirmée (« toi »).

Les autres réalisations de β, b′ et B′, correspondent à deux désignations conventionnelles de la femme aimée : « étoile » et « fleur » (ces deux mots étant en italique dans le texte).

Tout comme *04*, *08* doit contenir γ ; il répond à *05* comme dernier à premier de strophe : à la conjonction souhaitée, il oppose une conjonction réalisée, symboliquement il est vrai ; il renvoie en outre à *01*, l'autre vers limite de Q. Bien qu'ils ne soient pas contigus, les vers *01, 05, 08* se trouvent dans une relation de succession qui dessine une progression du type :

— disjonction définitive ;
— disjonction non définitive (la relation de dialogue peut se muer en une relation d'échange non linguistique) ;
— conjonction réalisée symboliquement (en d'autres termes, possibilité de conjonction effective).

3.7. **«*Premier/dernier*» : *interférence du sens et de la position*.** Les contenus *premier*, *dernier* et *unique* sont lexicalisés de manière redondante dans les quatrains d'*Artémis :* en vertu de la corrélation situationnelle *premier/dernier* on peut s'attendre à les retrouver, en particulier, dans les énoncés-limites (premier et dernier du groupe des quatrains) des vers *01* et *08*. Ces deux vers, ainsi que le vers *05* (premier de quatrain comme *01*) proposent une définition de l'acteur féminin dénommé par le titre du sonnet : Artémis a pour fonction d'assurer la médiation entre le dernier et le premier, entre le monde des morts et celui des vivants. Le premier et le dernier vers du groupe des quatrains expriment la continuité, assurée entre deux durées ou deux espaces disjoints, en même temps qu'ils posent la nature complexe (au sens où elle est définie par un ou plusieurs termes sémiques complexes) de la figure féminine. Cela apparaît mieux en *01* :

dernier (« La Treizième ») + *premier* (« la première »)

qu'en *08* où la « Rose trémière » doit être entendue comme « rose d'outre-mer » (Littré) et où l'on peut percevoir « trémière » comme la somme de la syllabe initiale de « TREIzième » et de la syllabe terminale de « preMIERE » » !

Notre effort pour expliciter la nature et les modalités de ce qu'on appelle, dans le discours poétique, « l'étroite correspondance de la forme et du fond » nous a conduit à reconnaître à la matrice conventionnelle des fonctions complexes et diverses et en particulier la fonction proprement sémantique de fournir au poète un moyen d'accomplir ce qu'il dit en disant.

Notre description de la grille taxique fait appel à trois types de relations (de hiérarchie, de similitude, de succession) analogues à celles qui régissent — au plan du contenu — les rapports des isotopies ; elle pose, par hypothèse, l'existence de corrélations binaires (non dépourvues de substance sémantique) homologables avec les axes sémantiques du modèle descriptif du contenu.

Les quelques illustrations demandées aux six sonnets de Nerval n'apportent pas une vérification proprement dite : elles permettent toutefois de s'assurer que le modèle construit — de manière non inductive — non seulement n'est pas incompatible avec la réalité observable, mais permet encore d'expliciter (de rendre communicable) une procédure descriptive.

Il conviendrait d'étendre l'expérience à d'autres œuvres et aux poètes d'autres écoles. Si nos hypothèses et nos déductions résistent à une telle épreuve, on se trouvera en mesure de constituer, entre autres, une typologie des sonnets que l'on pourra classer selon que telle ou telle virtualité de la matrice conventionnelle est réalisée ou non.

Problèmes
du contenu

Structuration
et destruction du signe
dans quelques textes
de Jarry

L'intention première de ce travail est de soumettre un ensemble de textes généralement tenus pour « littéraires » à une analyse linguistique, en se donnant pour modèle de fonctionnement du signe celui que Hjelmslev a proposé dans ses Prolégomènes à une théorie du langage. *Le texte littéraire est donc préalablement défini comme un « langage de connotation ». Le premier moment de l'analyse consiste à identifier les unités pertinentes du contenu de connotation du texte. Le texte retenu — celui de Jarry, particulièrement les* Gestes et opinions du docteur Faustroll, pataphysicien *et* César-Antechrist — *semble se prêter, de façon presque trop confortable, à une analyse de ce type : certains fragments métalinguistiques de Jarry lui-même décrivent en effet le texte littéraire comme la stratification hiérarchisée de plusieurs lignes de contenu (voir le « Linteau » des* Minutes de sable mémorial*). D'autres formules cependant, éparses notamment à la surface de* César-Antechrist, *sont, quant au signe, plus inquiétantes : elles font apparaître, de façon plus ou moins explicite, le concept de « mort du signe ». Le projet de l'étude s'en trouve donc infléchi : simultanément à la structuration du signe, il s'agit désormais d'en décrire la destruction.*

Le Templier de *César-Antechrist*, au moment où il brise la hampe de sa croix pour s'assimiler à son contraire, le héraut Fasce, symbole du signe Moins, a pour expliquer son acte les paroles suivantes :

> « Frère, je vais changer d'être, car le signe seul existe (*il brise la hampe de sa croix*) provisoire... Le repos est le changement » (« Acte Héraldique », scène 7, p. 296) [1].

Formule dont la lettre même est essentiellement ambiguë. Le mot *signe* y a-t-il la valeur saussurienne — signifiant *et* signifié? Ou s'applique-t-il au seul signifiant? Quelle est la valeur de la double qualification fournie par les adjectifs *seul* et *provisoire*? Le signe est-il présenté comme la seule réalité à avoir une existence provisoire? Ou, plus vraisemblablement, est-il donné comme la seule réalité existante, même si elle n'est que provisoire? Et de quelle façon se manifeste ce caractère provisoire de l'existence du signe? Quelle est la fonction, par rapport à la première phrase, de l'assimilation des contraires que sont le *repos* et le *changement*? Quoi qu'il en soit de ces problèmes — dont certains seront abordés au cours de l'étude — la formule, et le geste qu'elle accompagne, marquent, de façon non ambiguë, une inversion des relations entre la substance (« l'être ») et le signe : celui-ci est donné comme premier par rapport à celle-là, puisqu'une transformation du signe entraîne une transformation de l'être.

Les implications d'une telle décision ne sont pas négligeables quant à la structuration même des systèmes de signes que constituent les textes qu'elle permet de construire. A cet égard plusieurs textes de Jarry peuvent être décrits comme constituant — exclusivement ou principalement — un travail de structuration du signe. On a ici retenu pour exemple un aspect des *Gestes et opinions du Docteur Faustroll, pataphysicien*. Mais inversement on peut se demander si le postulat de l'existence du seul signe n'a pas pour implication de lui faire subir — à terme — le sort décrit pour la substance : ce qui rendrait compte du caractère provisoire de son existence. Une telle évolution du signe — de la prolifération jusqu'à la mort — nous semble se dessiner dans le texte même d'où a été tirée la parole du Templier : *César-Antechrist*.

I. Le texte comme structuration d'un système de signes

La partie centrale des *Gestes et opinions* est constituée par le récit d'un voyage par mer effectué par le Docteur et ses deux compagnons, l'huissier Panmuphle et le grand singe papion Bosse-de-Nage. Au cours de leur voyage, les trois personnages visitent un certain nombre d'îles. Chacune d'entre elles donne lieu à une description qui présente le

---

1. Les références à *César-Antechrist* renvoient aux pages du t. IV des *Œuvres* « complètes », Monte-Carlo et Lausanne, 1948. Les citations de l' « Acte Héraldique » ont été vérifiées sur le texte du manuscrit.

65

plus souvent un caractère énumératif [2]. Ainsi la végétation de l'Ile Sonnante :

> « Le seigneur de l'île [...] nous mena à ses plantations, fortifiées d'éoliens balisages de bambous. Les plantes les plus communes y étaient les taroles, le ravanastron, la sambuque, l'archiluth, la pandore, le kin et le tché, la turlurette, la vina, le magrepha et l'hydraule » (p. 66) [3].

Le lecteur non prévenu peut prendre tous ces mots rares pour des noms de plantes exotiques, et imaginer que la description a pour référent d'ensemble une île réelle ou imaginaire — ce qui revient au même. Il n'en est rien : l'Ile Sonnante, c'est l'œuvre musicale de Claude Terrasse, et les plantes étranges qui y poussent sont des instruments de musique. Leur présence a pour fonction de connoter un aspect, pertinent aux yeux de Jarry, de l'œuvre de Terrasse : la place qu'y prennent les instruments rares ou archaïques. De même, toutes les autres îles visitées par les voyageurs sont autant d'univers littéraires, picturaux ou musicaux : le pays des Dentelles, c'est la concrétion de l'œuvre d'Aubrey Beardsley, l'île Amorphe transpose les *Petits poèmes amorphes* de Franc-Nohain, l'île de Ptyx évoque l'œuvre de Mallarmé, l'île Fragrante représente l'univers de Gauguin, etc. [4].

Au niveau des structures de signification, les implications d'une telle constatation sont doubles :

a) L'ensemble de ces textes descriptifs a un caractère métalinguistique accentué. Il serait, à vrai dire, plus exact de dire métasémiotique. En effet, le plan de contenu de ces descriptions est constitué non précisément par une langue mais par un système complexe de signes, qui peut être linguistique (œuvres littéraires) ou non-linguistique (œuvres picturales ou musicales). Il est intéressant de remarquer que cet aspect métasémiotique, signalé, quoique de façon indirecte, par un élément du texte (les dédicaces de chacun des chapitres à l'auteur de l'œuvre décrite), est, pour le reste, systématiquement camouflé, au point d'avoir pu échapper à certains lecteurs [5].

b) Cet aspect métasémiotique n'est pas le seul. Les textes présentent en outre un aspect connotatif. Dans le chapitre consacré à l'île de Her, l'œuvre prise en référence est l'ensemble des contes de Henri de Régnier réunis sous le titre de *La Canne de jaspe*. Chacun des élé-

---

2. Il serait pour l'instant peu pertinent de signaler que ce voyage par mer se fait de Paris à Paris, sur terre ferme, et que, nécessairement, les îles ont l'apparence de lacs (p. 58) tout en restant susceptibles d'être décrites comme des îles : implications attendues de la loi d'identité des contraires (voir la suite de cette étude).

3. P. 66 de l'édition Stock, 1923.

4. Sur les problèmes de détail posés par l'identification des îles, voir le fascicule 22-23 des *Cahiers du collège de 'Pataphysique*, 22 Palotin 83 E.P. (vulgairement 11 avril 1956).

5. Voir par exemple les remarques de M. L. Perche, *Alfred Jarry*, Éditions universitaires, 1965, p. 117-118.

ments qui interviennent dans la description a une double fonction : dénotative (signifier tel objet) et connotative (signifier la fonction de cet objet dans l'œuvre de référence). Ainsi, le nom même de l'île signifie d'une part — au plan de la dénotation — l'île elle-même, et d'autre part — au plan de la connotation — la fonction priviligiée de la syllabe *Her-* dans le texte de Régnier : la plupart des personnages y portent des noms commençant par cette syllabe (Hermas, Hermogène, Hermocrate, Hertulie, etc.).

On voit la relative complexité d'un tel système de signes. Si on adopte la terminologie de Hjelmslev [6] et l'interprétation donnée par Barthes des notions de métalangue et de connotation [7], on aboutit en effet à la formule suivante :

$$\overbrace{(E\ R\ C)}^{E}\ R\ \overbrace{(E\ R\ C)}^{C}$$

Dans cette formule, E est le plan de l'expression, C le plan du contenu et R la relation entre les deux plans. Le système ERC de la partie gauche de la formule est celui du texte de Jarry envisagé comme langage de dénotation. L'entier — expression et contenu — de ce langage premier tient lieu de plan d'expression à un contenu second, qui à son tour est un langage — celui du texte décrit sous les apparences de l'île. C'est à ce langage que correspond le système ERC de la partie droite de la formule. Encore faut-il préciser que ce langage est lui-même — au moins lorsqu'il s'agit d'un texte littéraire — un langage de connotation [8], de sorte que, en toute rigueur, la formule devrait être présentée de la façon suivante :

$$(ERC)\ R\ [(ERC)\ R\ C]$$

Pour exceptionnel qu'il soit, un tel type de structuration du signe ne se distingue des métalangues ou des langages de connotation traditionnels que par un degré supplémentaire de complexité. Il n'est théoriquement pas impossible d'imaginer des langages encore plus complexes : si, par exemple, on voulait décrire à la façon de Jarry les descriptions de langages que constitue le voyage de Faustroll, on obtiendrait un langage plus complexe d'un degré dans la partie gauche de la formule :

$$(E\ R\ C)\ R\ \{[E\ R\ C]\ R\ [(E\ R\ C)\ R\ C]\}$$

Et rien n'empêcherait de faire à son tour fonctionner un tel langage comme expression ou contenu d'un autre langage, et ainsi de suite.

---

6. *Prolégomènes...*, chapitre 22.
7. « Éléments de sémiologie », *Communications* n° 4, pp. 130-131.
8. Nous nous donnons en effet comme postulat que tout texte littéraire constitue par définition un langage de connotation.

Ces types de langage sont implicitement prévus par Hjelmslev : il admet pour certaines métalangues comme pour certains langages de connotation la possibilité d'avoir leurs deux plans constitués par un langage (*Prolégomènes*, p. 162). Il suffit donc de supposer que ces langages peuvent à leur tour être connotatifs ou métalinguistiques pour obtenir les formules de l'infinité théorique des langages possibles, dont celui de *Faustroll* ne représente qu'un cas particulier.

On le voit : la possibilité même de décrire un texte de ce type selon les procédures de la linguistique structurale implique que, loin d'échapper au modèle traditionnel du signe linguistique, il ne fait que le consolider, en multipliant le nombre des plans du langage. Aussi ne serait-il sans doute pas inexact de donner à un tel système le nom d'*hyperlangage*.

Reste un problème annexe : celui du *denotatum* [9]. Nous n'avons pas ici à entrer dans le problème général — entre tous épineux — du denotatum du texte poétique : contentons-nous de remarquer que le denotatum se trouve, au même titre que le contenu, dédoublé. Le denotatum de 1er niveau est le texte décrit sous forme de paysage, selon la possibilité clairement indiquée par K. Heger : « Un énoncé métalinguistique sur quelque chose de linguistique [...] transforme automatiquement ce quelque chose de linguistique en quelque « chose » [10]. Quant au denotatum de second niveau, c'est le denotatum éventuel du texte décrit.

II. Le texte comme destructeur d'un système de signes

Apparemment, *César-Antechrist* est le drame de l'alternance « pendulaire » entre le Christ et son « contraire ». L' « Acte Prologal » décrit la fin du règne du Christ et l'avènement de l'Antechrist. L' « Acte Héraldique » prépare l'apparition d'Ubu, double terrestre de César-Antechrist. Ce sont les manifestations terrestres d'Ubu qui font l'objet de l' « Acte Terrestre », qui n'est autre que l'entier du texte d'*Ubu Roi*, amputé toutefois de l'Acte V et de quelques autres fragments. Enfin l' « Acte Dernier » marque la « calcination » finale de l'Antechrist et le retour du Christ. Mais réduire le texte à un tel schéma serait, à la lettre, le priver de tout sens, ou, comme on verra, et c'est équivalent, de toute absence de sens. En effet, le texte dans son ensemble constitue

---

9. Nous utilisons ce terme avec la même valeur que *référent*. *Denotatum* fournit une initiale en D, qui a l'avantage, dans nos formules, de ne pas se confondre avec l'initiale R de la *relation*.

10. « La sémantique et la dichotomie de langue et parole », in *Tra. Li Li.*, VII, 1, 1969, p. 65.

aussi un effort de structuration du signe dont le premier moment peut être, provisoirement, décrit de la façon suivante : certains éléments du texte fonctionnent non seulement comme signes, mais aussi comme signes de signes, et éventuellement comme signes de signes de signes, et ainsi de suite. Un exemple grossier d'un tel fonctionnement est fourni par le jeu graphique de la fin de l' « Acte Héraldique ». L'ensemble de cet acte est rédigé entièrement en termes de blason : chacun des personnages porte le nom d'une pièce (réelle ou fictive) d'héraldique, le décor est constitué par un ou plusieurs écus sur lesquels apparaissent et disparaissent les différentes pièces, les mouvements des personnages sur la scène sont décrits à l'aide de blasonnements. Ainsi, l'indication des personnages de la scène 9 se formule ainsi :

> « De gueules à deux fasces d'argent, un chef contrepalé et un pairle d'or, trescheur d'or à huit feuilles d'argent; — couché d'argent et de sable : d'argent à une fasce de carnation et une sphère de sable, — et de sable à trois sphères d'argent, chargées : en premier d'un giron de gueules, en second d'une pile de sinople, en tiers de six cotices ensemble d'azur » (p. 296).

On reviendra plus tard sur la fonction de la *fasce*. Retenons pour l'instant les éléments *chef contreparlé*, *trescheur* et *pairle*. Le premier évoque par son aspect la lettre T [11], le second la lettre O, le troisième la lettre Y. D'où la possibilité de constituer le mot TOY :

> « *Ubu.* — Cornegidouille, Messieurs, je crois que voici ce qu'il faut demander : qui sera Roi?
> *(Au soleil levant les trois écus de CHEF, TRESCHEUR, PAIRLE luisent* [12]*).*

---

11. En réalité, Jarry se trompe sur le référent du *chef contrepalé :* il entend, comme le prouve le dessin signalé à la note suivante, le *chef-pal.* Sur ces problèmes, voir l'article de J. H. Sainmont, « Petit guide illustré pour la visite de *César-Antechrist* », *Cahiers du collège de 'Pataphysique,* n° 5-6.

12. Les éditions de *César-Antechrist* ne comportent pas de dessin mais simplement le mot TOY en capitales, précédé de la mention *écrivant.* Mais le manuscrit comporte bien un dessin analogue à celui qui figure ici. On en trouvera la reproduction dans M. Arrivé, *Peintures, dessins et gravures de Jarry,* pl. 30.

On voit comment fonctionne ici le système de signes : c'est le denotatum du premier signe — le terme héraldique — qui tient lieu d'expression à un second signe, dont le contenu est un graphème. Ce graphème à son tour prend, en relation avec les deux autres caractères que constituent parallèlement les denotata des deux autres pièces, une fonction distinctive dans la structure du lexème TOY. La formule d'un tel système est la suivante :

$$ERC \rightarrow D \rightarrow ERC$$

Dans cette articulation de deux signes, c'est le denotatum du premier qui fonctionne comme relais sémiotique par rapport au second.

Formellement, le procédé de structuration est différent de celui qui a été analysé pour *Faustroll* : le denotatum est utilisé, et les relations entre les différents plans ne sont pas les mêmes. Mais dans l'un et l'autre cas on assiste à une prolifération des éléments intermédiaires du signe, dont la structure interne se trouve en quelque sorte démultipliée. C'est cette démultiplication même qui consolide le signe, en répétant plusieurs fois la relation sémiotique. Aussi ce procédé représente-t-il à nos yeux une nouvelle manifestation de l'hyperlangage jarryque.

Cependant, d'autres manipulations interviennent, qui, loin de consolider le signe, le menacent de destruction, de « mort », pour reprendre le terme utilisé par les signes mêmes pour envisager leur propre sort :

> « *Trescheur*. — Je sens une mort, sommeil spécial, qui nous figera jusqu'à cette heure-là dans le moule de cristal du ciel. *Chef*. — Je sens un vent germé de la terre, nouveau déluge, irrespirable pour nous, et qui chasse les bêtes du monde héraldique. (...) (*Les trois hérauts se vitrifient céramiques. Les torches flambent, les cloches cessent*) » (p. 292).

Selon quelles modalités intervient cette destruction du signe? Soit par exemple le lexème *Bâton-à-physique*. Il n'appartient évidemment pas à l'inventaire traditionnel des termes de l'héraldique. Il n'en apparaît pas moins en bonne place dans plusieurs blasonnements de *César-Antechrist* :

> « De même aux MEMES [13] et à un TEMPLIER de gueules à la croix d'argent, et au BATON-A-PHYSIQUE, pal ou fasce de gueules roulant sur ses extrémités » (scène VI, p. 292).

Le denotatum du bâton-à-physique affecte l'aspect d'une barre coupant l'écu sensiblement par le milieu. Soit, en position horizontale, le

---

13. Formule traditionnelle qui marque que l'écu qu'on décrit est semblabe à celui qu'on vient de décrire. Ici, la formule renvoie au blasonnement de la scène V.

schéma 1. Mais ce n'est là que son aspect statique : en effet, le mouvement de rotation dont il est animé (« roulant sur ses extrémités ») lui fait prendre toutes les positions possibles dans l'écu, et notamment la position verticale (schéma 2). D'où l'indication « pal ou fasce » (*pal* = vertical, *fasce* = horizontal).

Schéma 1   Schéma 2

Le denotatum de ce signe tient lieu, comme on pouvait s'y attendre, d'expression à un second signe. Mais — et c'est là que ce système commence à se distinguer de celui qui a été décrit précédemment — le contenu de ce second signe est double :

1. Le Bâton-à-physique est explicitement donné pour un symbole phallique. Les modalités de cette explicitation sont d'ailleurs en elles-mêmes intéressantes. En effet, c'est la citation d'un fragment de Lautréamont — à vrai dire légèrement transformé — qui marque la fonction de symbole phallique du Bâton : devant le mouvement constant dont il est animé, le Templier lui adresse par deux fois l'apostrophe suivante :

« Phallus déraciné, NE FAIS PAS DE PAREILS BONDS! » (pp. 292 et 293).

Allusion transparente aux apostrophes de Dieu à son cheveu oublié au bordel, dans le Chant troisième. Une telle citation a donc une double fonction : par rapport au texte de *Maldoror*, elle exhibe le contenu sexuel de la métaphore du cheveu. Par rapport au texte de *César-Antechrist*, elle dévoile le symbolisme phallique du *Bâton-à-physique*. Enfin, le rapprochement des deux textes connote l'appartenance divine du phallus.

2. Simultanément, le Bâton fonctionne comme symbole du signe moins : en effet, lorsqu'il est horizontal, il est semblable au héraut Fasce, qui le considère comme son propre « reflet » (c'est-à-dire son signe) : et on ne s'étonne pas de voir la notion de *reflet* prendre une telle place dans le texte [14] :

---

14. Voir, par exemple, la fonction du Reflet de Saint-Pierre à la fin de l' « Acte Prologal ».

« En toi je me remire en mon reflet » (p. 293).

Or le héraut Fasce — qui est aussi un signe — est explicitement donné pour symbole négatif : en face du Templier, symbole positif (à cause de la forme de sa croix) qui lève l'épée contre lui, il a ces paroles d'apaisement :

> « Le signe Plus ne combattra point contre le signe Moins » (p. 293).

Le Bâton, reflet de Fasce, est donc lui aussi symbole du signe moins.

On voit en quoi un tel signe s'éloigne des structures linguistiques traditionnelles. A une expression unique correspondent en effet deux (ou, on le verra, plus de deux) contenus, selon la formule suivante :

$$E\,R\,C \rightarrow D \rightarrow E\,R \nearrow \begin{array}{c} C1 \\ \searrow \\ C2 \end{array}$$

Encore n'est-ce là que le premier moment de cette nouvelle structuration du signe. En effet, un autre trait du référent est retenu comme pertinent dans la construction du contenu du signe : le mouvement même dont il est animé. En effet, selon les paroles que le Templier adresse respectueusement au Bâton :

> « A chaque quart de chacune de tes révolutions (qu'on la mesure d'où l'on voudra), tu fais une croix avec toi-même » (pp. 293-294).

Ainsi, le Bâton, symbole du signe Moins, est-il en même temps symbole du signe Plus : d'où la double qualification de « Moins-en-Plus » et de « Plus-en-Moins » qui lui est conférée par Fasce (*ibid.*). Le même signe signifie à la fois les deux contraires : son contenu est l'axe sémantique qui articule leur opposition. Cette possibilité n'est, on commence à s'en douter, pas limitée au seul contenu mathématique : elle atteint aussi le contenu sexuel. A cet égard, le Bâton se trouve donc symboliser à la fois le phallus et son contraire, ou, pour être minutieux, ses deux contraires : du sexe féminin il n'est, à vrai dire, question que de façon fort discrète, dans cette apostrophe de Fasce : « tu es [...] l'homme et la femme » (p. 293). En revanche, une place prépondérante est donnée au sphincter anal [15]. La relation qu'il entretient avec le Bâton est

---

15. Faut-il préciser la relation qu'il entretient avec le phallus et le sexe féminin dans l'imaginaire jarryque? Il faut alors citer ce texte de l' « Autre Alceste » :

« Hélène! l'homme ne peut plagier l'usage de cette plaie qu'en offrant comme simulacre l'issue condamnée par Dieu à excréter les immondices du corps » (in *L'Amour absolu, prédédé de* [...] *l'Autre Alceste*, Paris, Mercure de France 1964, p. 57).

établie de la façon suivante :

a) Le Bâton et le personnage d'Orle sont l'un et l'autre dans la même relation par rapport à César-Antechrist : relation, pour préciser, d'expression à contenu [16]. Ils sont donc identiques.

b) Or le personnage d'Orle, comme le lui impose l'aspect de son référent (voir le schéma 3) fonctionne comme symbole du sphincter anal. La Trompette de Fasce lui confère, à la scène IV, la flatteuse qualification d' « anneau fermé de vil sphincter » (p. 291).

Schéma 3

c) Donc le Bâton-à-physique symbolise aussi le sphincter anal. Représentons le fonctionnement d'un tel signe :

$$E\,R\,C \rightarrow D \rightarrow E\,R \underset{C2}{\overset{C1}{\diamondsuit}} \begin{array}{l} c1+ \\ c1- \\ c2+ \\ c2- \end{array}$$

(Le C majuscule marque l'axe sémantique sur lequel s'articulent les deux contenus opposés, marqués par c minuscule. Le coefficient 1 est attaché au contenu sexuel, le coefficient 2 au contenu mathématique).

Les faits ne s'arrêtent pas là. On l'a remarqué à propos d'un des passages cités : le signe Plus est aussi une figure de la Croix. Donc du Christ. Le signe Moins — on vient de le voir — tient également lieu d'expression au contenu César-Antechrist. Le signe + et le signe —

---

16. Cette double relation n'est pas manifestée de façon pleinement explicite. Elle est cependant supposée par les faits suivants : a) à la scène I de l' « Acte Héraldique », ce ne peut être que César qui est cherché par le Roi sous la forme d'Orle; b) le bâton est donné par Fasce (p. 293) comme le « reflet » de son Maître, c'est-à-dire César. Or la notion de reflet fonctionne dans le texte comme équivalent de la notion de signe.

étant identiques, il s'ensuit que le Christ est l'Antechrist, et que l'un et l'autre s'assimilent à la fois, entre autres objets, au Phallus et au Sphincter. On aboutit donc finalement à la formule suivante :

$$
\text{E R C} \rightarrow \text{D} \rightarrow \text{E R} \rightarrow
\begin{array}{l}
\text{C1} \begin{array}{l} c_1+ \\ c_1- \end{array} \\[1ex]
\text{C2} \begin{array}{l} c_2+ \\ c_2- \end{array} \\[1ex]
\text{Cn} \begin{array}{l} c_n+ \\ c_n- \end{array}
\end{array}
$$

Les fonctionnements qui viennent d'être décrits — encore a-t-il fallu les simplifier [17] — ne sont pas limités aux termes de l'héraldique. Ils atteignent d'autres lexèmes. Leur denotatum tient alors lieu d'expression à deux ou plus de deux axes sémantiques, et, sur chacun de ces axes, aux deux contenus opposés. Parmi plusieurs exemples possibles, retenons le lexème César-Antechrist. En tant que nom propre, il est attaché à tel denotatum. C'est ce denotatum qui tient à son tour lieu d'expression à une série de contenus :

1. D'abord, l'Antechrist, comme on vient de l'apercevoir, signifie son propre contraire [18]. A vrai dire, cette relation n'est d'abord établie que de façon indirecte, par l'intermédiaire ambigu de la notion de *reflet*, à la fois semblable et inverse :

> « César-Antechrist, tu n'es que mon reflet dans la banale vision humaine » (p. 281).

Mais à l' « Acte Dernier » elle se manifeste de façon décisive :

> « Le Christ qui m'a précédé, qui est moi-même parce que je suis son contraire [...] » (p. 342).

2. L'Antechrist signifie aussi le phallus — autrement dit le Bâton-à-physique —, ce qui inverse la relation précédemment décrite (voir

---

17. En effet, une analyse exhaustive du texte ferait apparaître des séries complémentaires de contenus. D'autre part, on n'a pu tenir compte du fait que certains éléments fonctionnent à la fois comme expression et contenu.

18. Précisons toutefois que, pour ce premier contenu, le denotatum est tenu à l'écart de la relation sémiotique.

note 16). Là encore, la manifestation de ce contenu est indirecte. Elle se révèle par l'identification opérée par Fasce entre César et l'œil du Caméléon :

> « La Terre souillera l'œil bolide du caméléon bercé »
> (p. 291).

Or l' « œil bolide » — comprendre « pédonculé » [19] — du caméléon fonctionne à son tour comme symbole phallique, comme le manifestent surabondamment plusieurs passages de *Haldernablou* :

> « Et des caméléons vrillés autour des hauts dressoirs virent-virent au soleil leurs yeux comme des pénis de négres? »
> (p. 227).

Ainsi, le caméléon [20] signifie le phallus; il en va de même pour César, assimilé au caméléon. Le phallus est donc par rapport à César à la fois expression et contenu.

Mais si l'Antechrist signifie le phallus, il faut que le Christ lui aussi ait le même contenu. D'où entre autres traits l'assimilation des trois croix renversées de l' « Acte prologal » à autant de pals — objets dont il n'est sans doute pas nécessaire d'expliciter le contenu [21] :

> « *Saint-Pierre* — Trinité de Parques, vous avez filé mes jours. Vous me protégez de la cage lancéolée de vos trois pals »
> (p. 274).

D'un autre côté, le fait même que l'Antechrist signifie le phallus l'entraîne à signifier aussi le sphincter anal : d'où la relation, signalée plus haut sous son aspect inverse, qui l'unit à Orle.

3. Enfin, et on y reviendra, César-Antechrist signifie aussi Ubu : le second est donné comme « double terrestre » du premier. Mais Ubu, à son tour, est double : Roi et Enchaîné, sadique et masochiste. Et, finalement, ces deux aspects contraires sont équivalents, comme il est explicitement dit dans *Ubu Enchaîné* :

> « Puisque [...] je ne suis pas capable de faire comme tout le monde et que cela m'est égal d'être égal à tout le monde puisque c'est encore moi qui finirai par tuer tout le monde, je vais me mettre esclave, Mère Ubu! » (Acte I, scène 1, in *Tout Ubu*, p. 273).

Où en est le signe dans un tel texte? Sans plus tenir compte de la chaîne

---

19. *Bolide* est emprunté à Rabelais, qui l'utilise avec le sens grec de « sonde marine ».
20. Le caméléon est ausi un motif privilégié de l'œuvre graphique de Jarry : voir les planches 20, 21 et 34 des *Peintures..., op. cit.* Sur chacune de ces figures on remarquera l'insistance avec laquelle est marquée l'œil « bolide » du caméléon.
21. Cf. l'orthographe significative qui est adoptée pour le dérivé néologique *palloïde*, in « Visions actuelles et futures », *Cahiers du Collège de 'Pataphysique*, n° 1, p. 6.

plus ou moins longue des relais sémiotiques, examinons quelques correspondances entre les unités de l'expression et celles du contenu. Soit par exemple E1+ et C1+ l'expression et le contenu du Christ, E1— et C1— l'expression et le contenu de César-Antechrist, E2+ et C2+ l'expression et le contenu du Bâton-à-physique, E2— et C2— l'expression et le contenu d'Orle. On voit, pour nous en tenir à celles des relations qui ont été ici explicitement signalées, que :

a) E1— a pour contenu non seulement C1—, mais aussi C1+ et, d'un autre côté, C2+ et C2— ;

b) E2+ a pour contenu non seulement C2+, mais aussi C2— et, d'un autre côté, C1+ et C1— ;

c) C1+ a pour expression non seulement E1+, mais aussi E1—, et d'un autre côté, E2+ et E2— ;

d) C2— a pour expression non seulement E2—, mais aussi E2+, et d'un autre côté E1+ et E1—.

Tout signe de *César-Antechrist* est expression de soi-même, de son propre contraire et d'un paradigme ouvert d'autres contenus. Le signe traditionnel, que les efforts décrits à propos de *Faustroll* n'avaient finalement réussi qu'à consolider, se trouve cette fois détruit. Quant au « contenu » (puisqu'il n'est plus possible d'utiliser ce terme qu'entre guillemets) d'ensemble du texte, on s'aperçoit qu'il se dédouble : sous l'alternance du Christ et de l'Antechrist apparaît l'alternance du signe et du non-signe, l'une « signifiant » l'autre, et réciproquement, en sorte qu'à proprement parler il est impossible de dire où est le « contenu » et où est l' « expression » : tout est expression et tout est contenu. La structuration infinie du signe a eu pour conséquence sa destruction. Sur les ruines de l'hyperlangage s'élève un antilangage :

> « *Père Ubu.* — Cornegidouille! nous n'aurons point tout démoli si nous ne démolissons même les ruines! Or je n'y vois d'autre moyen que d'en équilibrer de beaux édifices bien ordonnés » (Épigraphe d'*Ubu Enchaîné*, *Tout Ubu*, p. 269).

III. L'effet transformatif des textes

César-Antechrist est le seul texte de Jarry qui se donne essentiellement pour « contenu » la construction et la destruction du signe. Mais par sa seule existence, *César-Antechrist* infléchit le sens de tous les autres textes, selon des modalités qui exigeraient une description particulière pour chacun d'eux. Nous ne parlerons ici — brièvement — que d'*Ubu Roi*, qui est le premier touché, puisque, comme on l'a dit plus haut, il est intégré au texte de *César-Antechrist*. A cet égard, l'entier du texte d'*Ubu Roi* est comparable à une phrase qui change de sens selon qu'elle a ou n'a pas de contexte.

C'est un fait patent que le contenu d'*Ubu Roi* est tout différent selon qu'on le lit en dehors de toute référence à *César-Antechrist* ou comme partie intégrante du drame. Un des traits qui ont le plus frappé les observateurs, des plus naïfs aux plus perspicaces [22], est l'absence totale, au niveau de la manifestation textuelle, de tout élément sexuel. Mais qu'on lise à la suite — comme il faut lire — l'« Acte Prologal », l'« Acte Héraldique » et l'« Acte Terrestre » : à ce moment, certaines constatations s'imposent. Citons quelques-unes des plus évidentes, touchant indifféremment des unités lexématiques ou des unités actantielles du récit :

1. Ubu, lui-même, comme on l'a vu, est le double de César-Antechrist. Or César symbolise (et est symbolisé par) le Bâton-à-physique. Donc Ubu est aussi un symbole phallique. Sans entrer, faute de place, dans l'analyse des éléments du texte qui confirment cette interprétation, signalons un trait des représentations graphiques d'Ubu : sur plusieurs d'entre elles [23], Ubu est figuré avec, sur le sommet de son crâne piriforme, une oreille unique en forme de feuille : objet qu'il est pour le moins tentant d'interpréter comme un symbole phallique.

2. Le lexème *Bâton-à-physique* apparaît lui-même dans le texte d'*Ubu Roi*, mais dans des distributions contextuelles telles qu'il est rigoureusement impossible de lui attribuer une signification sexuelle quelconque : c'est simplement une arme propre au père Ubu, au même titre, entre autres, que le *casque à finances* ou le *ciseau à merdre*, et sans qu'aucun élément des différents contextes dans lesquels il apparaît permette de déceler les traits pertinents de cette arme par rapport aux autres :

> « Sire Soldat, ayez l'obligeance de porter notre casque à finances, et vous, sire Lancier, chargez-vous du ciseau à merdre et du bâton-à-physique » (*Ubu Roi*, IV, 4, p. 101 de *Tout Ubu;* voir les trois autres occurrences du lexème en IV, 3, 92, IV, 3, 96 et IV, 4, 100).

Une interprétation aussi innocente est évidemment interdite au lecteur de *César-Antechrist*, qui est contraint de supposer au *bâton-à-physique* d'*Ubu Roi* le contenu sexuel qui est affecté à ce lexème dans le premier texte.

3. Le personnage du capitaine *Bordure* exerce dans *Ubu Roi* une fonction facile à définir sur le plan de la syntagmatique du récit : il fonctionne comme adjuvant d'Ubu jusqu'à la scène 5 de l'acte III,

---

22. Parmi les plus naïfs : Chassé, qui ne « rencontre pas dans *Ubu Roi* la moindre allusion d'ordre sexuel » (*D'Ubu Roi au Douanier Rousseau*, p. 24). Le plus perspicace : J. H. Sainmont, qui feint de s'étonner : « Il est très curieux de constater que la hantise sexuelle soit réservée au Monde des Emblèmes et suspende ici dans la vie réelle ses manifestations symboliques » (*Cahier* 5-6, p. 64).
23. Voir les planches 54, 55, 56 et 63 de nos *Peintures...*

puis comme opposant à partir de ce moment. Mais à quel contenu répond le personnage? A cette question, c'est une fois de plus le texte de *César-Antechrist* qui apporte une réponse, de façon, à vrai dire, indirecte. En effet, le lexème *Bordure* est lui aussi emprunté au vocabulaire de l'héraldique. La pièce qu'il désigne a l'aspect suivant :

La bordure est donc un orle dilaté jusqu'aux limites de l'écu. Quand on connaît la valeur symbolique de l'orle, on ne peut que regarder d'un œil assez soupçonneux le capitaine Bordure! D'autant qu'un réseau assez serré de relations paragrammatiques [24] unit son nom non seulement à celui d'Orle (b-OR-dur-E), mais encore à celui du *bougre* (BO-rd-U-RE) : lexème qui tient une place prépondérante dans *Ubu Roi*, et qui constitue partiellement le nom d'un des personnages : *Bougrelas*, qui, comme Bordure, subit les traitements sadiques du père Ubu.

4. Les *palotins* ne présentent dans *Ubu Roi* aucun aspect sexuel. Cependant, leur nom même évoque le *pal*, et le pal métaphorise le phallus. Ce que confirme ce texte des *Minutes*, qui décrit ce qui apparaît dans *César-Antechrist* comme la « germination » des Palotins sous la forme d'un « élan phallique » (p. 188).

5. Soit, enfin, le jurement *cornegidouille*. Il n'est pas indifférent de constater que, si *merdre* est le premier mot d'*Ubu Roi*, c'est *cornegidouille* qui est, le premier, prononcé par Ubu lors de son apparition à la fin de l' « Acte Héraldique ». Cette primauté accordée à l'aigu et à l'offensif, dans un contexte où viennent de se manifester surabondamment les éléments sexuels ne permet-elle pas de supposer à *cornegidouille* une fonction de symbole phallique?

De tels faits sont légion dans le texte. L'énumération de quelques-uns d'entre eux a sans doute suffi à montrer le statut de *César-Antechrist* par rapport à *Ubu Roi*. Statut, une fois de plus, métasémiotique : tout se passe comme si l'aspect sexuel du contenu de *César-Antechrist* avait pour fonction de décrypter le contenu latent d'*Ubu Roi*, en dévoilant un sens sexuel soigneusement camouflé au niveau de la manifestation textuelle. *Ubu Roi* se trouve donc, en un premier moment, dédoublé :

---

24. Le terme paragramme est pris ici avec le sens saussurien.

sous le contenu de surface (excrémentiel) s'organise un contenu second (sexuel). Mais là ne s'arrête pas l'effet de *César* sur *Ubu*. En effet, ces deux contenus sont « contraires », au même titre que le signe plus et le signe moins, ou le phallus et le sphincter. C'est à ce moment que joue le second aspect du contenu de *César-Antechrist* : l'identité des contraires, qui est d'ailleurs, comme on a vu, explicitée, quoique sous un aspect légèrement différent, par la parité d'*Ubu Roi* et d'*Ubu Enchaîné*. Finalement, le texte du cycle ubuesque est la justification de *César-Antechrist*, au point que, dans *Faustroll*, c'est Ubu qui est donné comme auteur de *César* :

> « De la dispute du signe Plus et du signe Moins le R.P. Ubu, de la Compagnie de Jésus, ancien roi de Pologne, a fait un grand livre qui a pour titre *César-Antechrist*, où se trouve la seule démonstration pratique, par l'engin mécanique dit *bâton à physique*, de l'identité des contraires » (p. 120).

Le texte de Jarry est, au sens le plus strict du terme, logomachique. *Il se structure comme signe de façon exubérante, et cette exubérance même — poussée jusqu'à la possibilité, pour le même élément du plan de l'expression, d'avoir à la fois deux contenus contraires — implique sa propre destruction en tant que signe. Le texte apparaît alors comme un objet sémiotique à proprement parler chimérique : destruction de lui-même, destruction de sa propre destruction, et ainsi de suite.*

Systématique des isotopies

Dans l'impossibilité de définir une science de la littérature autrement que par ses présupposés idéologiques, l'étude qui suit est considérée comme une contribution à l'analyse du discours, tout en laissant en suspens, provisoirement, le problème de la détermination des rapports, évidents, que celle-ci entretient avec la linguistique qui considère la phrase comme la limite de son objet. L'examen des structures discursives autorise à distinguer les structures rhétoriques *qui organisent les éléments d'un même niveau linguistique des* structures stylistiques *qui établissent les corrélations entre différents niveaux.*

Le concept d'isotopie, *défini comme itération d'une unité linguistique quelconque, sera considéré comme fondamental pour l'analyse du discours. On cherchera ainsi, en utilisant les textes de Mallarmé, à reconnaître aussi bien les isotopies du contenu que celles de l'expression. Parmi les premières, on distinguera les isotopies horizontales, ou sémémiques, et les isotopies verticales ou métaphoriques. L'application de ces principes théoriques à un poème de Mallarmé,* Salut, *mettra en évidence la possibilité d'une triple lecture du texte, comme banquet, comme navigation et comme écriture. Passant ensuite aux problèmes que soulève une éventuelle stylistique des isotopies, on examinera les isotopies lexicales, syntaxiques et phonémiques en corrélation avec les structures profondes du contenu. Le problème de l'anagrammatisme sera considéré en dernier lieu.*

I. Préambule

A. Pour l'analyse du discours

La présente étude relève de l'analyse du discours; son propos est de mettre en œuvre le concept d'*isotopie*, qui paraît propre à la constitution du discours en objet scientifique, comme à la reproduction méthodique de cet objet.

Les citations et analyses de textes conventionnellement considérés comme poétiques ou littéraires ne doivent pas faire conclure que ce travail relève d'une poétique ou d'une science de la littérature. Ou bien la discipline qui se (re)constitue sous le nom de *poétique* remet au goût du jour un ressassement sur « l'art du langage », ou bien elle n'est qu'une région, non encore définie, de l'analyse des discours. Pour le moment, elle n'a pas d'objet qui soit défini scientifiquement : la littérature n'est visible qu'à l'intérieur du système idéologique qui a défini nos arts et classé nos discours. Seul un empirisme naïf ou retors peut faire passer pour l'objet d'une science un domaine défini par une idéologie (sauf bien sûr à situer ce domaine par une théorie des formations idéologiques). Après cette bévue, la « science » qui s'édifierait sur la littérature comme objet ne pourrait que donner une caution d'allure scientifique à une classification non scientifique des discours, la sauvant et la perpétuant par là.

Cela ne préjuge pas si l'analyse des discours peut définir une spécificité des textes considérés aujourd'hui comme littéraires ; encore qu'une typologie scientifique des discours différera très probablement de celle qui a cours aujourd'hui.

Si une science de la littérature est encore pensable, c'est que la linguistique a défini trop étroitement son objet.

L'analyse des discours doit se définir, c'est une nécessité historique, par rapport à la linguistique. Or, conformément à la tradition, la linguistique moderne définit la phrase comme la limite de son objet : « La phrase est une forme linguistique indépendante, *qui n'est pas incluse dans une forme linguistique plus large en vertu d'une construction grammaticale quelconque* » [1]. Le nom même de l'analyse *transphrastique* confirme cette limitation.

Ici, plusieurs stratégies sont possibles :

a) On réduit le discours à l'objet de la linguistique, en le définissant comme une simple succession linéaire de phrases (Harris, Katz). On peut alors pour rendre compte des discours « littéraires » énoncer des règles grammaticales supplémentaires (fussent-elles des règles d'effacement). Mais il se peut que ces règles ne signalent rien d'autre que les lacunes de la grammaire proprement dite ; et les formuler à part renforce le préjugé classique qui définit le langage littéraire par son écart (heureux surcroît !) d'un langage dit normal.

---

1. L. Bloomfield, *Le langage*, Payot, 1970, p. 161-162 (je souligne). Cf. aussi : « Avec la phrase une limite est franchie, nous entrons dans un nouveau domaine (...). Il n'y a pas de niveau linguistique au-delà du niveau catégorématique », E. Benveniste, *Problèmes de linguistique générale*, p. 128-129. La grammaire classique des xviie et xviiie siècles limitait déjà son étude à la phrase et plus spécialement à la proposition qui était censée exprimer l'opération fondamentale de l'esprit, le *jugement*.

b) On exclut le discours de l'objet de la linguistique en décidant qu'il ne relève pas de la langue, mais de la parole, de « la manifestation de la langue dans la communication vivante » [2], ou de la performance (Voegelin, 1960).

c) On juxtapose à la linguistique une science des discours dont l'objet réel serait identique, et l'objet de connaissance différent : « ce sont là deux univers différents (celui de la phrase et celui du discours), bien qu'ils embrassent la même réalité, et ils donnent lieu à deux linguistiques différentes, bien que leurs chemins se croisent à tout moment » [3]. Ou bien, comme Greimas, on affirme que les structures discursives ne sont pas proprement l'objet de la linguistique, et relèvent d'une sémiologie syntagmatique; le texte linguistique ne serait qu'un des lieux de leur manifestation.

Quoi qu'il en soit, ce travail se propose :

a) de ne pas considérer les structures discursives comme distinctes a priori des structures linguistiques. On nommera *rhétoriques* les structures qui organisent les éléments d'un même niveau linguistique, et *stylistiques* celles qui mettent en corrélation les structures rhétoriques de différents niveaux;

b) de ne pas donner à la phrase (ni à aucune unité linguistique) un rôle théorique prééminent [4].

B. L'isotopie

1. *Définition*. On appelle isotopie toute itération d'une unité linguistique [5]. L'isotopie élémentaire comprend donc deux unités de la manifestation linguistique; cela dit, le nombre des unités constitutives d'une isotopie est théoriquement indéfini. Dans cette étude, nous n'aborderons pas le problème de la description quantitative des isotopies.

Une isotopie a une définition syntagmatique, mais non syntaxique : elle n'est pas structurée [6]; en d'autres termes, il s'agit d'un ensemble non ordonné.

---

2. E. Benveniste, *op. cit.*, p. 130.

3. *Ibid.* Dans le dernier chapitre des *Essais de linguistique générale*, R. Jakobson affirme, de façon comparable, que *poétique* et *linguistique* ont des objets différents, mais des matériaux identiques.

4. Il serait par exemple absurde de requérir deux linguistiques différentes pour l'analyse de deux sonnets de Ronsard sous le prétexte que l'un serait fait d'une seule phrase et l'autre de plusieurs.

5. Nous étendons ici la définition proposée par A. J. Greimas, *Sémantique structurale*, Larousse 1966, ch. 4.

6. Cependant des isotopies, qu'elles relèvent d'un même niveau ou de niveaux différents du texte, peuvent être articulées entre elles par des relations définissant une structure (rhétorique ou stylistique). Ainsi, par exemple, la redondance de certains flexifs et de certaines structures phrastiques peut constituer le faisceau structuré d'isotopies syntaxiques que les latinistes appellent *style indirect*.

Une isotopie peut être établie dans une séquence linguistique d'une dimension inférieure, égale ou supérieure à celle de la phrase. Elle peut apparaître à n'importe quel niveau d'un texte; on peut en donner des exemples très simples au niveau phonologique : assonance, allitération, rime; au niveau syntaxique : accord par redondance de marques; au niveau sémantique : équivalence définitionnelle, triplication narrative... D'où la possibilité d'une stylistique des isotopies.

2. *Une hypothèse récente.* Comment rendre compte de la présence des isotopies dans le discours? Dire que des isotopies peuvent être produites à tous les niveaux d'un texte pour assurer la transmission de l'information, cela introduirait de plus un critère téléologique d'expressivité dont la validité reste à prouver.

Sans doute les réitérations constitutives des isotopies sont-elles un des principaux symptômes de l'action d'instances systématiques dans la manifestation linguistique; en d'autres termes, dans une perspective inverse, non plus interprétative, mais générative, on peut dire que des systèmes sémiolinguistiques à l'œuvre dans la manifestation produisent les redondances qui la constituent en discours.

Si l'on se limite à eux, une hypothèse intéressante pour rendre compte de la présence des isotopies paraît être celle de l'anagrammatisme, proposée clandestinement par Saussure. Elle concorde sur bien des points avec ce que l'on peut savoir du fonctionnement métalinguistique du langage :

Faire une définition, c'est établir une équivalence sémantique entre deux syntagmes; le plus long est en général nommé *définition*, et l'autre, quand il s'agit d'un lexème, *dénomination*. Cette équivalence est établie par un faisceau isotopique itérant dans le définissant tous les sèmes nucléaires présents dans le défini (la dénomination). Dans la mesure où il est plus court que le définissant, on peut dire que le défini en est une métasémie [7]. Cette métasémie n'est pas nécessairement présente dans le texte, comme c'est évidemment le cas pour les mots croisés, mais aussi pour d'autres textes, surtout mythologiques (littéraires, théologiques, etc.); leur lecture consiste, entre autres choses, à identifier quel sémène (ou quels sémènes) est (ou sont) disséminé(s) dans le texte par un faisceau isotopique réitérant ses (leurs) sèmes nucléaires.

Ce qui vaut pour les sèmes vaut aussi pour les phonèmes et pour les graphèmes : l'équivalence définitionnelle peut aussi être établie à ces niveaux, comme on le voit aussi bien chez Varron : « Succidia ab suibus caedendis » (*De lingua latina*, lib. V) que chez Michel Leiris : « Matador : damassé il mate la mort et la dore d'aromates. » *(Glossaire j'y serre mes gloses)*. Et de la même façon, le lexème dont les phonèmes

---

7. Sur ce concept, voir B. Pottier, *Présentation de la linguistique*, 239.

sont disséminés dans le texte (métaphonie), ou dont les lettres sont disséminées dans le texte (métagraphie), peuvent n'être pas présents explicitement dans le texte étudié : J. L. Houdebine remarque ici même que dans la phrase « Une ville de sucre lui rit », le mot « cuivre » est disséminé (phoniquement et graphiquement), alors qu'il n'est manifesté explicitement que dans une autre phrase; le mot disséminé dans un texte peut être aussi un mot du titre, le nom d'un dédicataire ou de l'auteur [8]. Cependant, l'hypothèse de l'anagrammatisme soulève des difficultés réelles : elle risque de permettre la réapparition de théories du Maître-Mot; et d'autre part, des techniques de description et de lecture des anagrammes restent à créer, si l'on ne veut pas se limiter à des trouvailles fantasmatiques; il faudra mettre au point des programmes pour une évaluation statistique des redondances significatives.

II. Les isotopies du contenu

II.1. Les isotopies classématiques

Ce sont les seules à être décrites jusqu'à présent. Elles sont constituées par la redondance des termes de catégories sémiques à l'œuvre dans la syntaxe, que Pottier et Greimas nomment *classèmes*, et Katz et Fodor *semantic markers*. L'étude de ces isotopies ne progressera qu'avec le développement de l'analyse syntaxique; pour l'instant l'inventaire des classèmes reste très rudimentaire.

Néanmoins, c'est à leur sujet que Greimas décrit le principe de la sélection sémique, dont l'application permet l'extraction des isotopies [9] : si par exemple le lexème « cuisinière » peut recouvrir deux sémèmes différents, opposés par la catégorie *animé* vs *non animé*, c'est l'établissement d'une isotopie avec le contexte (« enrhumée », ou « émaillée », par exemple) qui permettra l'identification du sémène manifesté.

Le problème des isotopies complexes (qui seraient constituées par la redondance de termes complexes de catégories classématiques, et permettraient des lectures plurivoques) doit selon nous être posé aussi à propos des isotopies sémiologiques.

II. 2. Les isotopies sémiologiques

Comme elles n'ont guère été étudiées, les réflexions qui suivent ne sont qu'exploratoires.

---

8. Si les typographes qui ont composé les œuvres de Chateaubriand venaient vite à manquer de *a*, serait-ce parce que cette lettre (et ce phonème) sont la lettre et le phonème les plus redondants dans son nom et son prénom?

9. Cf. A. J. Greimas, *op. cit.*, ch. V, et U. Weinreich, *Explorations in semantic theory*, in *Current trends in Linguistics*, III, p. 394-477.

II.2.A. *Les isotopies sémémiques ou isotopies horizontales.* La manifestation de sémèmes distincts peut établir une isotopie, pour peu que chacun de ces sémèmes comporte un sème ou un groupement sémique commun aux figures nucléaires de tous les autres sémèmes. Sans que les sémèmes considérés soient nécessairement articulés entre eux par des relations logiques simples (comme c'est le cas pour les catégories sémiques), ce sème ou groupement sémique commun définit un champ (sémémique) qui constitue l'inventaire des sémèmes en classe.

Ce genre d'isotopie est codé par des formes rhétoriques comme l'ekphrasis; il permettrait de redéfinir scientifiquement ce que la théorie de la littérature représentative appelle le *sujet* d'un texte ou d'une séquence.

Décrire de telles isotopies est une façon de lire un texte; ainsi, par exemple, lire l'Éducation sentimentale ou l'évangile de Marc comme des textes politiques revient tout d'abord à inventorier dans ces textes les sémèmes appartenant à un champ identifié (idéologiquement ou scientifiquement) comme celui de la politique d'après le champ sémémique retenu. On pourrait faire une typologie de ces lectures.

L'obstacle majeur à l'étude de ce genre d'isotopies est le manque de descriptions scientifiques des champs sémémiques; en effet les sémèmes ne sont classés en syntaxe que par leurs bases classématiques, et non par leurs figures nucléaires; ou bien, dans les dictionnaires ou lexiques spécialisés, ils sont classés d'après les lexèmes qui les recouvrent. La théorie des champs sémémiques ne pourra pas, semble-t-il, postuler d'universaux, [10] mais devra décrire ces champs en même temps que les systèmes axiologiques et idéologiques de la société productrice [11] des textes étudiés : ainsi la distinction établie par les rhétoriciens latins entre les champs :

> *miles - equus - gladius - urbs - castrum - laurus - cedrus,*
> *agricola - bos - aratrum - ager - pomus,*
> *pastor - ovis - baculus - pascua - fagus*

qui caractérisent respectivement les styles *gravis*, *mediocris*, et *humilis*, est clairement homologue d'une hiérarchisation sociale.

Un même texte peut évidemment manifester plusieurs isotopies sémémiques enchevêtrées. Soit, par exemple, *Salut* [12] de Mallarmé :

---

10. Même si l'on admet l'hypothèse hardie des universaux sémiques, les figures nucléaires sont de toute façon des combinaisons propres à chaque culture.

11. Les chercheurs qui travaillent à l'analyse narrative des textes bibliques ont vu tout de suite que les distinctions entre champs *temporel* et *spirituel*, ou *profane* et *sacré*, pertinentes pour la description des textes chrétiens modernes ne l'étaient pas pour les textes anciens. Il faut évidemment travailler avec des historiens et des archéologues, sous peine de construire un fantasme ethnocentrique de plus.

12. Toutes les références, sauf mention, seront prises dans l'édition des œuvres complètes, aux éditions Gallimard.

Rien, cette écume, vierge vers
A ne désigner que la coupe;
Telle loin se noie une troupe
De sirènes mainte à l'envers.

Nous naviguons, ô mes divers
Amis, moi déjà sur la poupe
Vous l'avant fastueux qui coupe
Le flot de foudres et d'hivers;

Une ivresse belle m'engage
Sans craindre même son tangage
De porter debout ce salut

Solitude, récif, étoile
A n'importe ce qui valut
Le blanc souci de notre toile.

Deux isotopies sémémiques apparentes s'enchevêtrent dans le déroulement syntagmatique de ce texte. En voici une lecture préliminaire :

a) Le champ de la première peut être désigné pour l'instant par le mot *banquet*. « Ce sonnet, en levant le verre, récemment à un Banquet de *La Plume*, avec l'honneur d'y présider », écrit Mallarmé dans une *Bibliographie* destinée à l'édition Deman. Pour des raisons énumérées plus haut, une note ethnographique est ici nécessaire : le banquet, encore en usage, est un repas pris en commun sur une table couverte d'une nappe blanche; à la fin de ce repas, le président, choisi pour quelque prééminence et souvent le doyen de l'assemblée, de sa place d'honneur à l'extrémité de la table, porte des toasts : debout, tendant un verre empli, il profère des vœux. Le vin bu alors est du Champagne, comme toujours au dessert des fêtes françaises. Ces précisions sont utiles, car le système sémiotique définissant le rituel du banquet est à l'œuvre dans le texte; et des anaphoriques renvoient à la situation non linguistique du message. On lira en regard de sémèmes du texte des paraphrases indiquant quels sémèmes doivent être sélectionnés, et quelles déterminations sont nécessaires à la lecture de l'isotopie : [13]

/Salut/ : geste de courtoisie
/Rien/ : ces vers (connote la modestie prescrite aux présidents)
/écume/ : celle du champagne
/vierge/ : jamais prononcé (il est de bon ton que les poèmes dits en une telle occasion soient inédits)
/vers/ : toast

---

13. Les / / encadrent les sémèmes; les « », les lexèmes. Les premières paraphrases sont des transcriptions qui constituent la lecture proprement dite; les secondes, entre parenthèses, sont des gloses renvoyant aux codes qui permettent la lisibilité de cette lecture elle-même.

/ne désigner que (la coupe)/ : (les vers d'un toast renvoient, c'est l'usage, à la situation d'énonciation; texte constatif, de type : « je lève mon verre »)

/la coupe/ : verre à champagne

/nous/ : les convives

/moi/ : le président

/déjà/ : connote l'âge du président (le banquet eut lieu en 1893)

/foudres, hivers/ : renvoi à la situation (le banquet eut lieu en janvier)

/poupe/ : extrémité de la table, place du président

/avant/ : autre extrémité, perspectivement pour le locuteur

/fastueux/ : connote l'importance honorifique attribuée aux auditeurs, comme en revanche la situation postérieure connote la modestie

/ivresse/ : due aux vins

/tangage/ : manifestation de l'ivresse

/porter (ce) salut/ : acte du président

/debout/ : position du président

/souci/ : but du banquet

/toile/ : nappe

/blanc/ : couleur de la nappe

b) Une autre isotopie sémémique peut être désignée par le mot *navigation* [14]. L'inventaire des lexèmes qui la manifestent nécessite moins de paraphrases, car elle ne comporte pas de références à la situation de l'énonciation. On a :

/salut/ : sauvetage

/écume/ : de la mer

/sirènes/ : sans commentaire

/se noie/ : *id.*

/nous/ : marins

/moi/ : timonier (sur la poupe [15])

/naviguons/ : sans commentaire

/poupe/ : *id.*

/avant/ : *id.*

/coupe/ /le flot/ : *id.*

/foudres ... hivers/ : dangers de la navigation

/tangage/ : sans commentaire

/solitude/ : sur la mer

/récif/ : sans commentaire

/étoile/ : indiquant une direction [16]

/souci/ : but de la navigation

/toile/ : voile

/blanc/ : couleur de la voile

---

14. La platitude même de la première lecture la désigne comme provisoire.
Dans les brouillons du « Livre », banquet et navigation sont souvent rapprochés.
15. Cf. p. 72 « Sans que la barre ne varie ».
16. « vers /ce doit être/ le Septentrion aussi Nord » p. 477; nous évaluons plus loins la légitimité de tels rapprochements de textes à titre de présomptions pour la lecture.

Précisons le statut des différents sémèmes de ces deux isotopies :

Certains sont situés sur une seule des deux isotopies : par exemple /coupe/ sur la première (*i*1), ou /poupe/ sur la seconde (*i*2). Quand ils peuvent être lus sur l'autre isotopie, ils le sont parce que l'on suspend à la lecture les sèmes caractéristiques de leur isotopie et que l'on supplée ceux de l'autre : c'est ainsi que /poupe/, tout en conservant ses sèmes *extrémité* + *postériorité* peut être lu comme : bout de la table.

D'autres sémèmes ne sont situés précisément dans aucun des deux champs sémémiques étudiés, mais dans un champ qui les inclut tous deux; le travail de la lecture consiste à indexer métalinguistiquement des sèmes caractéristiques de l'isotopie choisie : c'est ainsi que /toile/ peut être lu comme /nappe/ sur *i*1, et comme /voile/ sur *i*2.

Enfin, les métasémèmes, par définition, ne comportent pas de contenu sémiologique [17]; la question de leur champ sémémique ne se pose donc pas, et c'est pourquoi nous n'avons pas fait figurer dans nos inventaires des unités comme *a*, *ne*, *que*, *et*, *déjà*, etc. Seuls quelques anaphoriques ont été définis par des sémèmes métalinguistiquement choisis dans le champ considéré; c'est ainsi par exemple, que /nous/ a été lu comme /convives/ sur *i*1, puis comme /marins/ sur *i*2.

Si l'on compare ces deux isotopies, on peut dire que la première est dominante, dans la mesure où elle comporte trois sémèmes de plus; encore que la seconde compte plus de sémèmes non équivoques.

II.2.B. *Les isotopies métaphoriques ou isotopies verticales.* N'étaient les analyses classiques de Pottier et de Greimas, on connaît encore peu de choses sur la structure des sémèmes. On peut admettre cependant que les sèmes qui indexent un sémème dans un champ sémémique quelconque sont périphériques par rapport aux autres sèmes nucléaires. Une preuve en est qu'ils peuvent, comme on vient de le voir, être suspendus à la lecture. On entendra ici par métaphore toute isotopie élémentaire ou tout faisceau isotopique élémentaire établi entre deux sémèmes ou groupes de sémèmes appartenant à deux champs distincts. La relation d'isotopie (elle marque une équivalence : c'est une relation conjonctive) est établie au niveau des sèmes nucléaires centraux; en revanche, une relation d'opposition (relation disjonctive) est établie au niveau des sèmes nucléaires périphériques.

A titre d'exemples, voici les isotopies métaphoriques qui articulent la superposition paradigmatique des deux isotopies sémémiques établies dans *Salut* :

---

17. Selon Greimas, ils manifestent « les seules combinaisons classématiques » (*Sémantique structurale*, p. 103).

Sémèmes		Sèmes redondants
i2	i1	
/avant/	/tête de table/	extrémité+antériorité
/poupe/	/bas-bout de table/	extrémité+postériorité
/tangage/	/titubation/	mouvement+itérativité
/se noie une troupe de sirènes/	/écume/ (de champagne)	multiplicité+mouvement de retombée
/timonier/	/président/	supérativité

Commentaire :

— sont en italiques les réalisations sémiologiques produites par la lecture.

— l'analyse en sèmes pourrait être poussée plus loin (pour « mouvement de retombée », par exemple).

— on vérifie par le dernier exemple que la relation d'isotopie métaphorique peut être établie entre des séquences linguistiques de dimension inégale; de même, l'étude des définitions (cf. I) a montré qu'une équivalence sémantique peut être établie entre deux séquences linguistiques inégales.

D'après les définitions ci-dessus, les éléments d'une typologie des isotopies métaphoriques peuvent être proposés :

a) elles sont plus ou moins fortes selon que le nombre des sèmes redondants est plus ou moins élevé : ainsi, par exemple, l'isotopie métaphorique /phallus/ : /parapluie/ est plus forte que l'isotopie /phallus/ : /bâton/, car, outre le sème *oblongité*, elle comporte le sème *expansivité*. Dans *Salut*, c'est l'isotopie /écume/ : /se noie une troupe de sirènes/ qui est la plus forte.

Il faudrait également, pour ce genre d'évaluation, tenir compte de la densité sémique des sémèmes en relation d'isotopie.

b) Pour rendre compte de ce que l'on appelait la justesse métaphorique, on pourrait préciser la situation hiérarchique, au sein des figures nucléaires, des sèmes redondants : par exemple, si l'on ne considère que /tête/, et si l'on admet que le sème *extrémité* y est hiérarchiquement supérieur au sème *sphéroïdité*, l'isotopie /tête/ : /sommet/ sera plus « juste », toute question de goût mise à part, que /tête/ : /citron/.

c) Enfin, pour rendre compte de ce que l'on appelait la distance métaphorique, il faut préciser la situation respective, dans le système axiologique de l'univers sémantique décrit, des champs sémémiques mis en relation par l'isotopie. En effet, chaque culture code par des prescriptions et des interdictions la mise en relation métaphorique des champs sémémiques qu'elle distingue. Le blasphème, par exemple, est la réalisation de la plus grande distance métaphorique dans l'univers sémantique de la société chrétienne.

Dans *Salut*, la grande distance des deux champs mis en relation est marquée métalinguistiquement par « loin » (v. 3); elle peut connoter l'humour prescrit aux présidents de réunions amicales.

> N.B. : Nous laissons évidemment de côté le problème de la manifestation linguistique des isotopies métaphoriques; il n'est pas pertinent au niveau d'analyse choisi. Ce que l'on appelle ordinairement la comparaison n'est qu'une structure morpho-syntaxique codée, qui peut recouvrir une isotopie métaphorique (*cf.* v. 3-4 : « Telle loin [...] »), mais peut aussi n'en pas recouvrir : « un locataire comme une imprimerie ».

La redondance, dans un texte ou un groupe de textes, de relations métaphoriques de même type permet au descripteur de constituer des classes de sémèmes : quand un sémème x se trouve en relation métaphorique avec une sémème y, et ailleurs avec un sémème w, lui-même en relation de même type avec un sémème z, ou y', on peut grouper dans une même classe x, y, w, z, y', etc. Par exemple voici une des classes construites [18] à partir des poèmes de Mallarmé publiés après 1866 :

Pages	Sémèmes-occurrences	Sèmes					
		norma-tivité	inféra-tivité	itéra-tivité	disconti-nuité	expan-sivité	dura-tivité
60	enflammant/					+	
	/sans trop d'ardeur/.	+	+				
62	/scintillement/ . . .		+	+	+		
	/sourire/.		+				
68	/caressé/.		+	+			
	/nonchaloir/		+				+
	/sans flambeau/ . .	+	+				
59	/touffe/		+		+		
71	/herbe/		+		+		
75	/territoire/	+					+
	/gazon/		+		+		

---

18. On trouvera le détail des procédures dans *Le niveau sémiologique (description des poèmes de Mallarmé)*, in *Poetics*, III, Mouton (à paraître).

Pages	Sémèmes-occurrences	Sèmes					
		norma-tivité	inféra-tivité	itéra-tivité	disconti-nuité	expan-sivité	dura-tivité
69	/souffle		+		+	+	
	/murmuré/		+	+	+	+	
71	/roucoule/		+	+	+	+	
61	/chuchoté/ (rien que)	+	+	+		+	
57	/battement/		+	+	+		
	/tout bas/	+	+				
	/se dégage/					+	
58	/coup prisonnier/ . .	+	+			+	
	/délicatement/ . . .	+	+				
72	/éventail/			+		+	
	/frais/		+				
	/source/		+			+	+
60	/renaît/			+		+	
	/grâce/		+				
	/native/		+			+	
	/monotone/			+			+
71	/sans tarir/					+	+
68	/verse/					+	

N.B. : Ce tableau ne prétend pas à l'exhaustivité. D'autre part, on sait que les procédures d'identification et de désignation des sèmes sont encore empiriques; une analyse plus poussée permettrait peut-être, par exemple, de regrouper *normativité* et *inférativité* d'une part, *expansivité* et *durativité* de l'autre, *itérativité* et *discontinuité* enfin.

La cohérence des résultats est remarquable; chaque item manifeste en moyenne deux des sèmes constitutifs de la classe de métaphores.

D'après le décompte, si l'on attribue une situation hiérarchique supérieure aux sèmes les plus fréquemment réalisés, on peut formuler ainsi le faisceau sémique constitutif de la classe :

inférativité (21) → expansivité (13) → itérativité, discontinuité (9) → → normativité (7) → durativité (5)

Cette cohérence peut être vérifiée, car l'on trouve des séquences étendues dont presque tous les sémèmes manifestent sans équivoque au moins un des sèmes constitutifs de la classe; soit par exemple :

> Ne te semble-t-il pas, disons, que chaque année
> Dont sur ton front renaît la grâce spontanée
> Suffise selon quelque apparence et pour moi
>
> Comme un éventail frais dans la chambre s'étonne
> A raviver du peu qu'il faut ici d'émoi
> Toute notre native amitié monotone. (p. 60)

où l'on peut lire :

Ne te semble-t-il pas	: inférativité (de l'assertion)
chaque	: itérativité
année	: durativité
front	: inférativité (par synecdoque)
grâce	: inférativité
spontanée	: expansivité
suffise	: normativité
quelque apparence	: inférativité (de l'assertion)
éventail	: itérativité + expansivité
frais	: inférativité
chambre	: inférativité (de l'espace)
s'étonne	: connote la naïveté (*cf.* native)
peu (... d'émoi)	: inférativité
émoi	: expánsivité
native	: inférativité + expansivité
amitié	: inférativité (dans le code des sentiments)
monotone	: itérativité + durativité

II.2.C. *Isotopies verticales et horizontales.* Quand dans un même texte des isotopies sémémiques sont enchevêtrées, elles peuvent être articulées entre elles par des isotopies métaphoriques permises par les codages partiellement isomorphes des champs sémémiques. Si, connaissant les champs, on a pu trouver leurs relations métaphoriques, on doit pouvoir identifier des isotopies sémémiques, en connaissant les isotopies métaphoriques possibles [19] (que l'on peut inventorier en constituant les classes du système paradigmatique de l'univers sémantique décrit, *cf. supra* II.2.B.).

Or, on présume la présence, dans *Salut*, d'une troisième isotopie sémémique, qui peut être désignée par le mot *écriture* : outre que ce poème — information extérieure au texte mais non négligeable — est destiné aux écrivains de la revue très métonymiquement

---

19. Ces deux opérations reconstituent la structure en « réseau » (nous empruntons ce mot à Nicole Belmont) caractéristique des univers mythiques. Cf. F. Rastier, « Situation du récit dans une typologie des discours », *L'Homme*, XI, 1.

intitulée *La Plume*, la lecture de *i*1 et *i*2 laisse quelques résidus qu'il faut maintenant mettre en évidence :

> /Rien/ : n'est pas lu sur *i*2, et n'a sur *i*1 qu'un sens de connotation.
> /vierge/ : même remarque.
> /vers/ : n'est pas lu sur *i*2.
> /solitude/ : n'est pas lu sur *i*1, où il ferait problème (solitude dans une assemblée de « divers amis »).

Ces quatre sémèmes pourraient être situés sur *i*3 ; c'est évident pour /vers/, moins pour les autres, sinon qu'ils sont isotopes entre eux, chacun manifestant l'effet de sens de *privation*, qui comporte le sème *négativité ;* or on sait que le sème *négativité* est redondant dans tous les textes de Mallarmé manifestant le champ de l'écriture [20].

> N.B. : A défaut d'interprétants métalinguistiques explicites dans le texte (comme par exemple le « et vous m'entendez bien » de la chanson populaire) et de la connaissance d'un code de métaphores (*cf. supra* II.2.D), il est peut-être nécessaire, pour établir la lecture d'une isotopie sémémique, d'identifier au moins un sémème appartenant sans équivoque au champ choisi.

Pour établir le rudiment d'un dictionnaire de métaphores, on dispose de textes où le champ sémémique de l'écriture et ceux du banquet et de la navigation constituent des isotopies sémémiques enchevêtrées ou successives :

a) *i*1 et *i*3 : *Toast funèbre* (p. 54) permet de lire un banquet comportant un « Salut de la démence et libation blême » dédiés à un écrivain. De plus, « ma coupe vide » (*ibid.*) peut être placé dans le même paradigme que « Rien, cette écume (...) la coupe », « le pur vase d'aucun breuvage » qui ne consent « à rien expirer » (p. 74), le ptyx « ce seul objet dont le Néant s'honore » (p. 68) et que « cette fiole de verre, pureté, qui renferme la substance du Néant », et « L'encrier, cristal comme une conscience, avec sa goutte, au fond, de ténèbres ».

Enfin, dans les *Noces d'Hérodiade*, l'envol de la tête, marquant « le bond de la pensée » (*Noces*, p. 115) a lieu au cours du banquet, or on sait qu'envol et écriture peuvent être en relation métaphorique : « une impatience de plumes vers l'Idée » (p. 305).

b) *i*2 et *i*3 : dans *Un coup de dés jamais n'abolira le hasard*, on trouve une collocation de l'écriture et de la navigation : outre « plume solitaire éperdue » (p. 468, *cf.* « Solitude »), on lit « l'écueil » (*ibid.*, *cf.* « récif »), « aux écumes originelles » (p. 473, *cf.* « cette écume »),

---

20. Cf. J. P. Richard, *L'univers imaginaire de Stéphane Mallarmé*, Éd. du Seuil 1961.

« cette voile alternative » (p. 461, *cf.* « notre toile »), « la coque/d'un bâtiment » (*ibid.*, *cf.* « la poupe », « l'avant fastueux »), « debout » (p. 471, *cf.* « debout »), « sa torsion de sirène » (*ibid.*, *cf.* « une troupe/De sirènes ») [21], « une constellation » (p. 477, *cf.* « étoile »). On lit aussi dans *Le Livre* : « Voile, un des aspects du livre yacht » (p. 53A).

Ces quelques notes, qui ne prétendent à aucune exhaustivité, permettent maintenant une lecture de *i*3 :

/Salut/ : salvation
/Rien/ : le texte (la littérature étant définie par la négativité)
/écume/ : plume (*cf.* « Choit /la plume/ rythmique suspens du sinistre /s'ensevelir/ aux écumes originelles », p. 473); sèmes communs : blancheur + discontinuité + itérativité + situation au ras d'une surface horizontale (*cf.* « ce très blanc ébat au ras du sol », p. 76, et *Le vierge, le vivace...* p. 67).
/vierge/ : idéal
/vers/ : la littérature
/ne désigner/ : absence de référence (*cf.* /Rien/; d'où réflexivité : désignation de l'encrier)
/coupe/ : encrier (*cf. supra*)
/sirènes/ : opposant à l'art (*cf.* « à l'envers », et *supra* p. 18, note); similaire de chimère, ou idéalité niée (*cf.* « Chimère au reflet de ses squames » p. 347, et « sirène (...) par d'impatientes squames ultimes » p. 470)
/naviguons/ : écrivons (*cf. supra*) [22]
/moi/ : écrivain
/amis/ : écrivains
/coupe le flot/ : dénie la matérialité (*cf.* « déchirer (...) ce lac dur », p. 67)
/ivresse/ : manifestation de la pensée (*cf. ibid.* « avec un coup d'aile ivre »; liée à la surrection, *cf. infra*, ou « bond de la pensée »)
/belle/ : définition de la pensée, *i.e.* de l'écriture
/tangage/ : mouvement de la plume (« la plume/rythmique suspens du sinistre » [p. 473], « aigrette de vertige » [p. 471])
/debout/ : dressé vers l'Idée (toute surrection est un mouvement vers elle, comme l'écriture : « Hiéroglyphes dont s'exalte le millier/A propager de l'aile un frisson familier », p. 71)
/salut/ : ces vers (dédiés à l'entreprise d'écrire; sur cette réflexivité, *cf. supra* : la plume [écume] ne désigne que l'encrier [coupe])
/Solitude/ : situation de l'écrivain (*cf.* « plume solitaire éperdue », p. 468)
/récif/ : échec (de l'écriture, *cf. ibid.;* le « prince amer de l'écueil », coiffé de la plume « cette blancheur rigide/dérisoire/en opposition au ciel » — donc n'atteignant pas l'Idée)

---

21. Ces similarités au niveau des sémènes intéressent les structures sémiotiques superficielles des textes; au niveau sémique, où se situent les structures narratives, on constate par exemple des inversions : alors que dans *Salut* les sirènes se noieraient, et qu'un homme est debout, dans *Un coup de dés*, un homme se noierait (« naufrage cela direct de l'homme » p. 462) et une sirène est debout (« une stature mignonne ténébreuse/en sa torsion de sirène debout ») — ce qui indique que l'homme et la sirène sont des actants opposés.

22. Comme pour beaucoup de déplacements linéaires, on trouve entre navigation et écriture mainte métaphore topique, de Virgile à Lautréamont.

/étoile/ : réussite (de l'écriture; production de la pensée, *cf.* « UNE CONSTEL-
LATION », p. 477)
/souci/ : entreprise d'écrire
/blanc/ : couleur du papier
/toile/ : papier (*cf. supra*)

Cette lecture repose explicitement sur une hypothèse forte : la cohérence entre eux de textes de Mallarmé écrits entre 1866 et 1899; mais la constitution d'un rudiment de dictionnaire des isotopies métaphoriques était nécessaire pour lire $i3$, qui manifeste une champ sémémique structuré de façon idiolectale, alors que l'on pouvait lire $i1$, connaissant le rituel du banquet littéraire, et $i2$ connaissant les topoi de la navigation.

Cette lecture n'en est pas moins productrice : c'est sur $i3$ que la disproportion entre le nombre de sémèmes manifestés appartenant sans équivoque au champ choisi et le nombre de sémèmes lus est la plus grande.

Si nous avions à décrire *Salut*, cette évaluation quantitative ne suffirait pas; il faudrait préciser l'inventaire des isotopies métaphoriques entre $i1$ et $i3$, et entre $i2$ et $i3$:

Sémèmes		Sèmes redondants
$i1$	$i3$	
/coupe/	/encrier/	englobant + négativité de l'englobé
/debout/ (porter)	/dressé vers l'Idée/	mouvement + supériorité
$i2$	$i3$	
/écume/ [23] . . .	/plume/	blancheur + discontinuité + itérativité + situation au ras d'un plan horizontal
/naviguons/ . . .	/écrivons/	déplacement + linéarité
/sirènes/	/opposant/	infériorité (fonctionnelle)
/récif/	/échec/	infériorité + transitivité
/étoile/	/réussite = Idée/	supériorité + clarté
/tangage/	/mouvement de l'écriture/	itérativité + déplacement

23. Ici placé, car dans le champ de *navigation* pour tous les contextes.

Si l'on compare ces résultats à ceux du tableau de la page 89, on remarque que les relations métaphoriques sont établies surtout entre $i1$ et $i2$ d'une part (5 items), entre $i2$ et $i3$ d'autre part. Si l'on admet que la lecture des métaphores permet la découverte des isotopies sémémiques, l'ordre de la lecture serait : $i1$, $i2$, $i3$; car $i1$ est imposé par la référence à la situation, et l'on ne pourrait lire $i3$ sans établir $i2$. Donc $i2$ est à la lecture un relais entre $i1$ et $i3$. Cette présomption se confirme si l'on se souvient que la tradition littéraire considère comme le plus « important » le plan de lecture le moins apparent, celui dont la constitution demande le plus d'opérations de réécriture. Le présupposé idéologique qui sous-tend cette hiérarchisation peut se formuler : la transcendance (ici l'écriture) est cachée.

Si $i2$ est une isotopie mythique, on voit qu'ici le mythique permet de passer de propos sur l'énoncé et sa situation ($i1$) à une mise en scène de l'énonciation.

On vérifie en tout cas la réflexivité du texte mallarméen, puisque l'on trouve une orientation métaphorique vers l'isotopie de l'écriture; elle traduit probablement une hiérarchisation, homologue à l'ordre de leur lecture, des trois champs sémémiques dans l'univers sémantique décrit.

Les trois lectures plates produites plus haut n'étaient séparées que par une fiction nécessaire à l'exposé. Il va sans dire que ces trois lectures ne sont pas les seules possibles, et que le principe de cohérence qui les a permises est lui-même discutable. Le sens proposé n'est lisible sur aucune des trois isotopies, mais dans l'interrelation de toutes trois.

II.2.D. *Description et lecture des isotopies sémiologiques.* La description scientifique des textes devrait permettre l'élaboration de techniques de lecture.

Outre cela, une description scientifique doit pouvoir rendre compte de toutes les lectures cohérentes possibles. Sans pour autant énoncer explicitement chaque lecture, elle définit les conditions de chacune.

Cela ne vaut certes pas seulement pour les isotopies sémiologiques, mais elles peuvent nous servir d'exemple. En effet, les principes de la description qui précède devraient permettre d'éviter les lectures réductrices (qui ont pour effet de résumer le contenu d'un texte pluri-isotope à une seule isotopie).

La plus simple consiste à ne lire que l'isotopie sémémique la plus apparente (comportant le plus de sémèmes manifestés non équivoques). Or nous avons vu en lisant $i3$ que les lectures les plus productrices (rendant compte d'un maximum de sémèmes) ne sont pas nécessairement celles des isotopies les plus apparentes. Les métaphores, qui font problème dans cette lecture réductrice, car elles peuvent indiquer la présence d'autres isotopies, sont réduites à des périphrases : « si

Achille est un lion, tout ce qu'il y a d'exclusivement *fauve* dans le lion, son pelage, par exemple, sera éliminé; le courage et la férocité seront exagérés : le code *lion* « homme » réorganise la représentation de l'homme de manière à en dégager l'aspect « héros » » [24]. A ce compte, les descriptions de la panthère dans *Une passion dans le désert* (Balzac) n'ont rien que de fort chaste ...

Une autre façon de réduire le contenu du texte consiste à postuler et/ou à construire un métatexte, dont le texte ne serait qu'une expression logomachique voilée. Cela reprend le postulat classique de la littérature comme représentation ornementale. Dans ce type de lecture, les métaphores ne sont reconnues que dans la mesure où elles conduisent le lecteur au métatexte qu'il postule; on introduit donc une hiérarchie entre les contenus en relation métaphorique : l'un serait le véhicule, et l'autre la teneur (le signifié du « véhicule » [25]); la lecture est orientée du véhicule à la teneur. Il est dommage que le métatexte choisi soit souvent une platitude quelconque; on entend toujours des explications de Mallarmé ou de Rimbaud par *le coucher de soleil*.

> N.B. : L'orientation métaphorique a un rôle très important dans l'idéologie de la poésie : non seulement les chaînes métaphoriques sont censées *représenter* des « correspondances », mais l'orientation qu'on leur suppose est la désignation d'un eidos : qu'on le nomme Nature, Dieu, Mal, ou « profonde unité », il s'agit du signifié transcendental que cherche la métaphysique; or, si l'on voit bien la fonction de cette orientation dans la littérature idéaliste, sa fonction dans une théorie descriptive est beaucoup moins claire.

En somme une théorie descriptive qui choisirait a priori de se limiter à une seule isotopie se confondrait avec une simple technique interprétative; elle lirait un effet de sens du texte, sans rendre compte des conditions structurales de la production de ce sens.

II.3. Les isotopies sémantiques

L'étude des isotopies sémiologiques qui précède intéressait le contenu comme substance (axes définissant les champs sémémiques; sèmes fondateurs des classes métaphoriques). Étudier les isotopies sémantiques reviendra à étudier les redondances d'unités formelles du contenu.

---

24. M. Riffaterre, *La métaphore filée dans la poésie surréaliste*, in *Langue française*, 3, p. 49.
25. *Ibid.* p. 47; ces termes sont repris de I. A. Richards, *The philosophy of rhetoric;* on peut discuter cette binarisation de la métaphore (une isotopie métaphorique peut être établie entre plus de deux sémèmes) et surtout son articulation sur le modèle aristotélicien du signe linguistique.

Quand les sémèmes appartenant à un même champ sont articulés entre eux par des relations logiques identifiables, on dit que le champ sémémique est structuré en code. Par exemple, on a pu [26] présenté ainsi le codage du champ de la « couleur » dans les textes de Mallarmé :

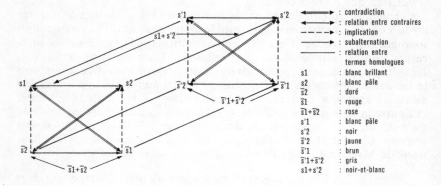

Pour peu que les différents codages des champs sémémiques soient partiellement ou totalement isomorphes (ce qui est caractéristique des micro-univers mythiques), des isotopies sémantiques peuvent être constituées par la redondance de sémèmes occupant le même poste logique dans ces codes isomorphes. Ainsi, une séquence comme :

> Le sépulcre solide où gît tout ce qui nuit,
> Et l'avare silence et la massive nuit.

> (p. 53)

manifeste une telle isotopie, puisque chaque sémème occupe un même poste (s'2) dans ces codes divers :

objets : /sépulcre/ (vs s1 : /astre/)
mouvement : /gît/ (= immobilité; *cf.* /avare/ = rétention, d'où immobilité)
procès : /nuit/
sons : /silence/ (vs s1 : /tonnerre/)
consistance : /solide/, /massive/ (vs s1 : /immatériel/)
moments du jour : /nuit/
couleurs : /noir/ (connoté par : /nuit/)

D'une façon comparable, les sémèmes de la classe métaphorique analysés en II.2.C. occupent le même poste, celui du neutre (s1+s2)

---

26. Cf. notre *op. cit.*, II. Pour des justifications théoriques, cf. A. J. Greimas et F. Rastier, « Les jeux des contraintes sémiotiques » in *Du sens*, Éd. du Seuil 1970, p. 135-155.

dans leurs codes respectifs (soient par exemple /frais/ dans le code de la température, /murmure/ dans le code des sons, etc.), si bien que la séquence citée p. 92 manifeste non seulement une isotopie métaphorique (sémiologique), mais aussi une isotopie sémantique (sans que nous puissions dire si ce redoublement est caractéristique de l'univers sémantique de Mallarmé).

III. Pour une stylistique des isotopies

Après la description rhétorique d'isotopies du contenu, nous adoptons maintenant une perspective stylistique, en étudiant les corrélations entre des isotopies relevant de niveaux différents du texte, sans du tout prétendre à l'exhaustivité, par quelques exemples.

III.1. Stylistique du contenu

On distingue les structures sémiotiques superficielles des structures sémiotiques profondes : elles s'opposent comme le niveau des sémèmes à celui des sèmes. Si nous avons surtout étudié les premières, des isotopies n'en existent pas moins au niveau des secondes : ainsi, dans un récit (le récit est défini comme une structure profonde), non seulement la redondance uniforme de certaines catégories sert de support à l'inversion des contenus, mais l'inversion des contenus elle-même peut se présenter comme la substitution d'une isotopie à une autre. Par suite, au passage de l'aliénation à la jouissance des valeurs peut correspondre (au niveau superficiel) le passage d'une redondance de termes négatifs (dysphoriques) de codes homologués, à la redondance des termes positifs (euphoriques) des mêmes codes : ainsi, dans *Toast funèbre* (p. 54-55), on lit une isotopie (sémantique et sémiologique) de type s1, manifestant la jouissance des valeurs, aux vers 39-50; et une isotopie de type s'2, manifestant l'aliénation, aux vers 58-60.

III.2. Stylistique du contenu et de l'expression

A. *La première articulation.*

a) *Isotopies lexicales.* Si l'on adopte une perspective onomasiologique, on voit qu'une même structure profonde, un récit par exemple, peut être manifesté par des suites linguistiques différentes, donc par des lexèmes différents. Si le *Virgile travesti* diffère des autres traductions ou adaptations de l'*Énéide*, ce n'est pas par une structure narrative originale, mais par son code lexical. Ce que l'on appelait le *ton* d'un texte correspond en général à un type d'isotopie lexématique. Ces isotopies sont produites par la redondance de lexèmes codés de la même façon par le système axiologique social qui connote par exemple *onde* comme *coursier*, et *flotte* comme *canasson*.

De telles isotopies peuvent correspondre à des isotopies sémiologiques. Ainsi, dans le poème de G. M. Hopkins intitulé *The Windhover* [27], aucun interprétant sémantique ne permet de lire autre chose que l'isotopie apparente que l'on peut résumer grossièrement par « un faucon s'élève, puis fond ». Mais la présence, unique dans toute l'œuvre, d'un grand nombre de lexèmes d'origine étrangère, française pour presque tous, marque une étrangeté à connotation aristocratique, pour un anglais, et sacrée, pour un jésuite (par l'origine latine); d'où la découverte d'une seconde isotopie résumée grossièrement par : « Christ va au ciel et vient sur terre », dont la présence est confirmée par la dédicace « To Christ our Lord ». Aux deux champs sémémiques correspondent deux champs lexicaux.

Autre exemple, dans *la Divine Comédie*, à chacun des trois livres semble correspondre une isotopie sémiologique et une isotopie lexicale : ainsi, on peut traduire par « vieillard »

> *vecchio* dans l'*Enfer*
> *veglio* dans le *Purgatoire*
> *sene* dans le *Paradis*

b) *Isotopies syntaxiques*. Des unités linguistiques qui ont une même fonction sont isotopes du point de vue syntaxique. Ainsi, des sémèmes en isotopie métaphorique peuvent être manifestés dans une isotopie syntaxique qui lui est homologue; soit par la parataxe de syntagmes : « Soleil cou coupé »; soit par la parataxe de phrases :

---

27. Nous soulignons les lexèmes qui ne sont pas d'origine anglo-saxonne :

THE WINDHOVER

To Christ our Lord

I caught this morning morning's minion, king-
    dom of daylight's dauphin, dapple-dawn-drawn Falcon, in his riding
    Of the rolling level underneath him steady air, and striding
High there, how he rung upon the rein of a wimpling wing
In his ecstasy! then off, off forth on swing,
    As a skate's helle sweeps smooth on a bow-bend : the hurl and gliding
    Rebuffed the big wind. My heart in hiding
Stirred for a bird, — the achieve, of the mastery of the thing!
Brute beauty and valour and act, oh, air, pride, plume, here
    Buckle! AND the fire that breaks from thee then, a billion
Times told lovelier, more dangerous, O my chevalier!
    No wonder of it : shéer plód makes plough down sillion
Shine, and blue-bleak embers, ah my dear,
    Fall, gall themselves, and gash gold-vermilion.

« Jasjón sokol zá gory zaljótyval
Vasílij k téremu prixážival » [28]

où « Vasílij » et « Jasjón sokol » sont en isotopie métaphorique.

Des isotopies sémémiques peuvent avoir également des corrélats au niveau syntaxique. Dans *Salut*, on constate une distribution particulière des isotopies selon les énoncés : l'énoncé 1 (v. 1-2) manifeste des contenus de *i*1 (entendons : d'abord lisibles sur *i*1, ex. /coupe/); les énoncés 2 (v. 3-4), 3 (v. 5-6), 4 (v. 7-8) manifestent des sémèmes de *i*2 (ex. /naviguons/, /sirènes/, /flot/); e.5 (v. 9) manifeste *i*1 (/ivresse/) e.6 (v. 10) manifeste *i*2 (/tangage/) mais avec anaphore vers e.5 (cf. « son »); e.7 (v. 11-13) manifeste *i*1 (« ce », « je » font référence à la situation) et *i*2 (« Solitude, récif, étoile »); enfin, e.8 (v. 13-14) peut manifester aussi bien *i*1 que *i*2, dans la mesure où il est ambigu (cf. « n'importe » et « toile »). En somme, dans les quatrains, aux différents énoncés correspondent tantôt l'isotopie *i*1, tantôt l'isotopie *i*2; alors que dans les tercets, ces isotopies sont conjointes dans la manifestation syntaxique d'abord par l'anaphore de e.6 à e.5, puis par leur juxtaposition à l'intérieur de e.7, conjonction achevée dans e.8 par l'ambiguïté lexicale.

Voici l'effet de sens de cette corrélation entre unités syntaxiques et isotopies sémémiques : on lit d'abord la disjonction syntaxique et sémantique (cf. « Telle *loin* ... », je souligne) de l'isotopie pratique *i*1 et de l'isotopie mythique *i*2; puis, dans les tercets, on lit leur conjonction syntaxique et sémantique (dans e.7 le destinateur est manifesté sur *i*1, et le destinataire sur *i*2). La conjonction du pratique et du mythique a un effet anagogique : elle indique une isotopie hiérarchiquement supérieure où pratique et mythique seraient confondus. La lecture de cette troisième isotopie est rendue possible, est ouverte par l'ambiguité du dernier énoncé.

N.B. : il s'agit évidemment de *i*3, de l'*écriture*, parce que le message, qui dans e.7 met en relation le destinateur défini sur *i*1 et le destinataire manifesté sur *i*2, est précisément « ce salut », c'est-à-dire, et d'après son titre, le texte lui-même.

Le texte comme énoncé, présent comme actant dans e.7, met ainsi en scène la conjonction du pratique et du mythique opérée de fait par sa propre énonciation.

B. *La seconde articulation.*

a) *Corrélations avec le niveau prosodique.* La distinction utilisée plus haut entre quatrains et tercets relevait déjà du niveau prosodique;

---

28. « Un clair faucon volait par delà les collines. Vasilij marchait vers le manoir », cité par R. Jakobson, in *Essais de linguistique générale*, p. 236-237.

elle correspond dans *Salut*, selon les règles du genre, à une opposition entre deux séquences syntaxiques-sémantiques.

A ce niveau également, la disjonction sémantique-syntaxique établie entre *i*1 et *i*2 est marquée par l'indication d'une pause entre e.1 et e.2 (point virgule au vers 2); la disjonction entre quatrains et tercets est redoublée par une pause au vers 8 (point-virgule); enfin la conjonction sémantique-syntaxique établie dans les tercets entre *i*1 et *i*2 est redoublée par l'absence, entre le vers neuf et le vers quatorze, de toute pause entre groupes syntaxiques.

b) *Corrélations avec le niveau phonémique.* Des lexèmes qui recouvrent des sémèmes en isotopie métaphorique et/ou en isotopie sémantique peuvent être en relation d'isotopie au niveau des phonèmes qui les manifestent : ainsi pour les deux dernières rimes de *Toast funèbre*.

On peut vérifier cela en faisant le décompte des phonèmes qui manifestent des sémèmes d'une même classe métaphorique. Ce décompte sera comparé au décompte d'une autre classe métaphorique, afin de repérer des écarts au niveau phonémique qui pourront être mis en corrélation avec des écarts au niveau sémantique.

Nous avons choisi, toujours chez Mallarmé, les deux classes s1 et s'2 [29], qui s'opposent contradictoirement au niveau sémiologique comme la Vie à la Mort [30]. Voici des occurrences qui recouvrent des sémèmes constitutifs de ces classes :

s1 :	s'2 :
« sais »	« ombre »
« étoile »	« marbre »
« vrai »	« roc »
« pur »	« lourd »
« astre »	« noir »
« Idées »	« pierre »
« sacre »	« obscur »
« diamant »	« tombeau »
« pluie »	« avare »
« fête »	« veuve »
« reste »	« silence »
« clair »	« massive »
« éternité »	« nuit »
« irradier »	« sépulcral »
« diaphane »	« gît »
« vers »	« plafond »
« génie »	« lave »
« vierge »	« basalte »

29. Constituées comme indiqué supra, p. 14.
30. Ces termes n'ont pas plus que les autres de contenu représentatif. Ils désignent des instances d'un modèle qualificatif (*cf.* Greimas, *Sémantique structurale*, p. 224).

Ces deux inventaires ont été arrêtés au total de 34 syllabes chacun, compte tenu des règles du décompte des syllabes dans la poésie régulière, et des élisions et diérèses contextuelles.

Voici l'inventaire des phonèmes :

Phonèmes	s1 (Vie)	s'2 (Mort)
Voyelles orales :		
[i]	10	7
[e]	6	1
[ɛ]	8	1
[a]	7	12
[y]	3	3
[œ]	0	1
[ə]	3	5
[u]	0	3
[o]	0	1
[ɔ]	0	3
Voyelles nasales :		
[ã]	1	1
[õ]	0	3
Consonnes :		
[p]	2	3
[b]	0	4
[t]	6	1
[d]	4	1
[k]	2	3
[f]	3	1
[v]	4	4
[s]	3	5
[z]	0	1
[ʒ]	2	1
[m]	1	2
[n]	3	2
[r]	8	9
[l]	3	7

Ces inventaires montrent des différences notables : ainsi dans Vie, le nombre des consonnes (41) est moins élevé relativement au nombre des voyelles (38) que dans Mort, où l'on compte respectivement 46 et 40 items.

Pour comparer les deux inventaires construits pour chaque phonème, nous avons choisi les traits articulatoires descriptifs qui font apparaître un écart supérieur à 2 items.

On peut résumer ainsi les corrélations entre l'opposition au niveau sémiologique et les écarts statistiques au niveau phonémique :

Niveau sémiologique	Vie (s1)	Mort (s'2)	Écart
Niveau phonologique :			
consonnes	−	+	5
v. antérieures	+	−	7
v. postérieures	−	+	10
v. non arrondies	+	−	10
v. arrondies	−	+	13
c. latérales ʿ	−	+	4
c. bilabiales	−	+	6
c. apico-dentales	+	−	5
c. prédorsales sifflantes	−	+	3

N.B. : 1. Avec les phonèmes les plus caractéristiques de *Vie*, (les voyelles antérieures fermées non arrondies, et les consonnes apico-dentales occlusives), on peut former les lexèmes *idée* ou *dé* [31], et dire qu'ils sont disséminés anagrammatiquement dans les occurrences de cette classe et dans les isotopies qu'elles constituent; mais on ne dispose pas encore de procédures scientifiques pour la lecture des anagrammes, et rien par exemple ne permet de dire qu'il s'agit de lexèmes, de morphèmes, de syntagmes, etc., ou qu'ils relèvent de la même langue que les textes.
De plus, c'est seulement en présumant une corrélation avec le contenu (connoté ici comme idéaliste), que l'on pourrait lire *idée* plutôt que *thé* ou *ide*.
2. Les décomptes ci-dessus sont trop restreints pour prétendre à quelque valeur statistique.

Comme les unités des classes métaphoriques peuvent par leur redondance constituer des isotopies sémiologiques, on trouvera des séquences comportant une isotopie sémiologique corrélée à une isotopie phonémique [32]. Mais ces corrélations ne sont pas toujours réalisées; voyons dans quels contextes. Prenons pour exemple le trait non arrondi, qui fait apparaître un écart de 13, et cherchons dans quels contextes les manifestations de Mort comportent des voyelles non arrondies.
Voici une séquence qui manifeste six des items de notre inventaire (ils sont soulignés), et dont tous les sémèmes appartiennent à la classe sémiologique s'2 :

31. D'ailleurs en relation métaphorique : « Toute Pensée émet un Coup de Dés ».
32. Par exemple les vers 39-50 de *Toast funèbre* manifestent une istopie sémiologique de type s1, et une isotopie phonémique constituée par la redondance des traits caractéristiques de s1, d'après le tableau.

> Le sépulcre *solide* où *gît* tout ce qui nuit,
> Et l'*avare silence* et la *massive nuit.*

Les lexèmes soulignés comptent 7 voyelles non arrondies. Le contexte phonémique est caractérisé par la redondance des voyelles non arrondies, qui constituent une isotopie phonémique : sur les 27 voyelles de la séquence, 16 sont non arrondies.

Pour définir le contexte sémantique des sémèmes, une paraphrase naïve suffira : « la mort est morte » [33].

En somme les contenus manifestés en isotopies sémiologique sont déniés sémantiquement *et* phonémiquement par une isotopie de voyelles non arrondies caractéristiques des manifestations de la classe sémiologique contradictoire s1 [34].

Loin d'en être affaiblie, la corrélation remarquée en est renforcée; et sans doute les écarts statistiques seraient nettement plus importants, si l'on avait tenu compte des contextes sémantiques dans la constitution des inventaires.

---

33. Cette négation de la mort est réitérée dans les vers qui précèdent, cf. p. 53-54.
34. Cet exemple n'est pas isolé; voir par exemple, p. 60, le contexte :

> « Que se dévêt pli selon pli la *pierre* veuve »

déniant sémantiquement et phonologiquement s'2, avant l'assertion sémantique et phonologique de s1 :

> « A prompte irradier ainsi qu'aile l'esprit »

Mallarmé pratiquait lui-même de telles lectures, comme la phrase illustre : « quelle déception, devant la perversité conférant à *jour* comme à *nuit*, contradictoirement, des timbres obscur ici, là clair » (p. 364).

On a vu que l'établissement des isotopies requiert une théorie de la lecture, qui sera rendue possible par la constitution de grammaires dépendantes du contexte.

Cette théorie devra rompre avec le présupposé de la linéarité du discours, discutable à tous les niveaux linguistiques. Par exemple, l'étude des isotopies sémémiques a montré que les isotopies sont syntagmatiques sans être séquentielles pour autant ; et qu'à un même niveau d'analyse, plusieurs lectures, réglées par une même théorie, peuvent être possibles (comme on l'a vu pour Salut).

Enfin, sauf hypothèse de travail particulière, la lecture ne peut se limiter à un seul niveau : par exemple, pour identifier les séquences de Salut, il a fallu définir des isotopies sémantiques, syntaxiques et prosodiques.

On voit ici comment une théorie des isotopies pourrait participer à une typologie des discours selon leurs structures stylistiques. La thèse du parallélisme entre son et sens, proposée par Jakobson pour définir le discours poétique, est une première suggestion dans ce sens, encore qu'elle convienne surtout à une certaine forme d'esthétique (comme celle de Hopkins, qui l'a d'abord énoncée).

Une telle théorie permettrait de définir à tous les niveaux linguistiques ce système de redondances instituant dans un texte les cohérences et les incohérences, réglées, qui le constituent en discours. A cela doit s'ajouter une théorie des transformations et conversions narratives et dialectiques qui constituent un texte en discours ouvert ou clos (selon le type des transformations et conversions). Ainsi l'analyse du discours pourra quitter les données empiriques (textes ou « énoncé suivis » selon l'expression de Harris) pour définir scientifiquement son objet.

« l'Impossible »
de Georges Bataille
essai
de description structurale

Cet essai correspond à une tentative et à des exigences théoriques qui ne vont pas sans contradictions internes. Il s'agissait d'abord, en octobre 1969, avec les moyens et les instruments d'alors (en l'absence, notamment, de la traduction française de la Morphologie du conte *de Propp), de voir comment l'analyse structurale pouvait permettre de rendre compte d'un texte littéraire : sa « littérarité » paraissait alors définitivement réglée par la théorie jakobsonienne des fonctions de langage. Rendre compte de* l'Impossible — *et ce titre donné par Bataille le donne aisément à entendre —, c'était un peu une gageure : ses résistances à la lecture, au moins en apparence, paraissaient supérieures à celles rencontrées par les analystes devant* Goldfinger, La Princesse de Clèves *ou* l'Étranger.*

Par « rendre compte », il faut entendre :
— dévoiler le fonctionnement propre à l'objet que l'on a choisi d'analyser et que, ce faisant, on a construit, ou dont on a accepté la construction ;
— rencontrer à ce sujet, après avoir communiqué à autrui le résultat de cette opération, un certain consensus.

Pour faire ce travail, les méthodes utilisées permettent de traiter le texte comme :
1° un objet linguistique, c'est-à-dire,
— comme un ensemble d'énoncés (on reconnaîtra ici les emprunts aux concepts construits par Benveniste) et
— comme un discours (sont utilisés ici, d'une part, la rhétorique traditionnelle et les concepts de Jakobson, d'autre part, les travaux des Formalistes Russes et de Greimas) ;
2° un objet sémiotique, avec une tentative, timide encore, d'analyse typographique.

I. Le choix du corpus

Il répond à plusieurs exigences.

I.1. *L'Impossible* a paru se prêter particulièrement à une recherche structurale pour avoir intégré dans une même structure finale trois textes séparés :

1) *L'Orestie* (Éd. des Quatre Vents, 1945)
2) *Histoire de rats* *(Journal de Dianus)*
3) *Dianus* *(notes tirées des carnets de Monsignor Alpha)*

publiés ensuite dans le recueil intitulé *La Haine de la poésie* (Éd. de Minuit, 1947), et enfin, avec des modifications de contenu et de distribution, dans *l'Impossible* (Éd. de Minuit, 1962). *L'Orestie* [1] contient même des éléments préalablement et séparément publiés dans des revues.

La prise en considération de cette histoire du texte place d'emblée la recherche devant le problème de la diachronie, mais n'implique aucun abandon de la perspective synchronique, dans la mesure même où l'objet de l'analyse est simplement défini comme un nombre fini de structures différentes qui entretiennent entre elles, du fait de leur combinaison en deux structures de rang supérieur, des rapports de type synchronique. Ne pas tenir compte de ces différences, c'est priver l'analyse de l'élément essentiel qu'est pour une structure la mobilité des unités dont le jeu la constitue; c'est, en se limitant au produit de la combinaison, fermer les yeux sur l'essentiel : la combinatoire. On devra donc considérer comme pertinent le fait que la distribution des textes soit :

$$HP : \begin{matrix} 1)\ OR \\ 2)\ HR \\ 3)\ D \end{matrix} \qquad IMP : \begin{matrix} 1)\ HR \\ 2)\ D \\ 3)\ OR \end{matrix}$$

Ce qui est mis en question, c'est non pas la perspective et la méthodologie synchroniques, mais la conception du texte comme un objet statique, monolithique, et invariant dans ses composants. La problématique doit admettre le concept de variabilité.

I.2. L'analyse rencontre ensuite le problème de l'*hétérogénéité* des structures à décrire. Bataille a posé ce problème dans *HP* en insé-

---

1. Les abréviations adoptées sont celles de B. Noël, dans son édition de *l'Archangélique* (Mercure de France, 1967) :

OR = *Orestie* (non le texte de 1945, mais celui qui figure dans les deux recueils que nous avons étudiés).
HP = *La Haine de la poésie.*
IMP = *L'Impossible.*
Nous y avons ajouté :
HR = *Histoire de rats.*
D = *Dianus.*

rant entre *OR* et *HR* la phrase suivante : « Sur la publication en un même livre de poésies et d'une contestation de la poésie, du journal d'un mort et des notes d'un prélat de mes amis, j'aurais peine à m'expliquer. Ces sortes de caprices toutefois ne sont pas sans exemple, et j'aimerais dire ici qu'à en juger par mon expérience, ils peuvent traduire aussi l'inévitable. »

Bataille a posé la question en termes de « genres littéraires ». On s'efforcera de la poser de façon plus rigoureuse : il s'agit pour l'analyse, de produire la structure en repérant, au moyen de sondages, la redondance, aux différents niveaux du texte, des signaux qui la désignent. Dans le type de message auquel nous avons affaire, le code étant à l'avance inconnu, puisque l'objet n'est pas purement linguistique, c'est en effet la redondance des signaux qui permet le décodage et qui, en somme, joue le rôle de « code a posteriori » [2].

L'hétérogénéité apparente des trois textes de *HP* ou de *IMP* nous a paru très propre au dégagement d'une problématique. On verra en effet qu'elle ne concerne que ce qu'on pourrait appeler les constituants immédiats, mais nullement la « structure profonde » de l'objet proposé à l'analyse.

I.3. Enfin, le choix du corpus a été influencé par l'existence d'un jeu référentiel permettant d'ouvrir la description à la théorie bakhtinienne de l'intertextualité [3]. L'agencement des trois structures « primitives » en deux structures parallèles de rang supérieur ne laisse intact qu'en apparence le concept de « clôture du texte ». *IMP* est certes, par le changement distributionnel de ses parties, un texte autre que *HP*, mais il ne l'est qu'en un sens, demeurant cependant « le même ». Procédant à la fois de l'identité et de l'altérité, le texte ne saurait être clos.

La notion d'ouverture demande à être précisée : au niveau lexical et au niveau sémantique, *HP* et *IMP* sont clos. Mais l'étude, dans l'un et l'autre texte, de la fonction référentielle du langage, subordonnée à sa fonction poétique, aboutit à leur « ouverture ». L'ouverture du texte est ce qui lui permet d'intégrer le discours d'autres textes ainsi que le discours non écrit de l'histoire. La citation et l'allusion — la référence — sont, dans le texte, la brèche ouverte à la violence extérieure dont l'irruption contribue à le constituer.

Qu'est-ce qu'une problématique qui se dit structurale et qui bouscule l'immobilité de la structure au profit de la variabilité, se plaît dangereusement au choix de textes disparates et semble renoncer au concept de clôture du corpus ? C'est par son caractère de *jeu* (non

---

2. Nous empruntons ce concept à M. G. Granger in *Essai d'une philosophie du style*, Colin 1968, notamment au chapitre VII, p. 187 *sqq*.

3. Cf. J. Kristeva, « Bakhtine, le mot, le dialogue et le roman », in *Critique*, n° 239, avril 1967, repris dans Σημειωτικη *Recherches pour une sémanalyse*, Éd. du Seuil, 1969.

pas *ludus*, mais, par une contradiction qui relève déjà de l'*Aufhebung* hégélienne, à la fois *aléa* et *combinatoire*) que le texte de Bataille nous a paru se prêter au dégagement d'une problématique : dans la double mesure où l'aléa ouvre ce que la combinatoire paraît clore.

II. Analyse de la structure prosodique

II.1. Dès ce niveau, on constate dans *IMP*, qui sera notre texte de base, une hérérogénéité des trois structures. Dans *OR*, on a la double opposition :

italique *vs* romain

continuité *vs* discontinuité

Cette double opposition se lit aussi bien verticalement qu'horizontalement : le texte en italique est continu, le texte en romain est discontinu.

Apparemment, dans *HR* et *D*, le cas est différent : dans *HR*, l'opposition « continuité vs discontinuité » ne semble pas représentée, et les italiques ont simplement une fonction de soulignement, entrant par là en concurrence avec d'autres marques de même fonction, par exemple les capitales : « ... ce SECRET — que le corps abandonne... » (p. 99). Dans *D*, l'emploi de l'italique semble fonctionner comme une redondance du sémème [épilogue] [4] (p. 133).

Cette analyse, située au niveau des constituants immédiats, fait donc apparaître une ligne de partage entre *HR* et *D* d'une part et *OR* d'autre part. Et de même, à l'intérieur de *OR*, elle recoupe la distinction de Bataille entre « poésie » (romain + discontinu) et « contestation de la poésie » (italique + continu).

II.2. Mais l'analyse peut dépasser ce stade. On peut constater par exemple que dans *HR*, le sème « discontinuité », pour n'être pas signalé, comme dans *OR*, par un blanc situé à droite de chaque ligne imprimée, est cependant introduit par d'autres signaux. Les blancs de la disposition syntagmatique jouent d'ailleurs sur ce plan un rôle non négligeable, bien qu'ils interviennent à un niveau supérieur à celui de la ligne, entre chaque séquence de plusieurs lignes. Le sème « discontinuité » est essentiellement marqué dans *HR* par les points de suspension placés soit en début de séquence (p. 68), soit en fin de séquence, soit, couvrant des lignes entières, en remplacement d'une ou de plusieurs séquences (p. 61-63).

---

4. Nous avons usé des sigles suivants :

[   ]   (crochets droits) = sémèmes;

«   »   (guillemets) = sèmes;

/   /   (barres obliques) = fonctions, dans l'analyse prédicative.

Il en résulte sur le plan syntaxique des interruptions qui interviennent

— à droite de la phrase :

« je ne sais si je ris de la nuit ou si la nuit... » (p. 34)
« Ce qui subsiste, il le domine quand je... » (p. 65)

— au centre de la phrase :

a) sans rattrapage du syntagme nominal ou verbal :

« Je demandai l'adresse du... à la patronne » (p. 75)
« Il est étrange qu'A., lui qui..., m'ait guidé dans mes démarches de rêve. » (p. 64)

b) avec rattrapage :

« Ces corbeaux sur la neige, au soleil, dont je vois les nuées de mon lit, dont j'entends l'appel de ma chambre, seraient-ils? (...) les mêmes — qui répondirent au cri de B. quand son père (...)? » (p. 83)

Dans cette phrase, la discontinuité est marquée par quatre signaux redondants : le point d'interrogation, l'alinéa, les points de suspension, le tiret.

Dans *HR*, le discours du texte comporte donc le double schéma sémique : continuité et discontinuité, les deux sèmes étant prosodiquement représentés. On peut représenter par la formule :

$$a + \frac{1}{a}$$

le caractère antinomique de cette structure prosodique.

II.3. Dans *D*, les oppositions de marques prosodiques ne portent qu'accessoirement sur le couple « continuité vs discontinuité » : les séquences sont séparées par des blancs, mais les autres signaux démarcatifs sont très rares. L'opposition porte sur « romain vs italique » : les deux premières parties du texte *(L'oiseau, L'Empire)* sont en romain, la dernière *(Épilogue)* en italique. On a donc une disposition syntagmatique fondée sur la succession de deux éléments de même rang, mais inversés, soit

$$b + \frac{1}{b}$$

II.4. Dans *OR*, les deux oppositions fonctionnent de façon redondante en affectant la disposition suivante :

p. 143-156 : discontinu + romain
p. 157-164 : continu + italique
p. 165   : discontinu + romain
p. 166   : continu + italique
p. 169-175 : discontinu + romain
p. 179-188 : continu + italique

qui constitue, en l'exploitant systématiquement, une structure d'entre-lacement combinant les deux structures dont l'ébauche se trouve dans *HR* et *D* :

$$\frac{a + \dfrac{1}{a}}{b + \dfrac{1}{b}}$$

Le mot *ébauche* appelle le commentaire suivant : il n'est bien entendu pas question d'un modèle chronologiquement antérieur, puisque aussi bien on sait que c'est justement *OR* qui, en diachronie, est antérieur à *HR* et à *D*. Mais sur le plan structural, *OR* présente un modèle plus complet que *HR* et *D*. D'où les sens différents que prennent *HP* et *IMP*, du fait que dans *HP*, *OR* occupe la première place, alors qu'il occupe la dernière dans *IMP*. L'objet de notre travail consistera maintenant à vérifier si la structure

$$x = a + \frac{1}{a}$$

peut être retrouvée aux autres niveaux de l'élaboration du texte.

III. Analyse syntaxique : structures « superficielles »

L'analyse, au niveau des constituants immédiats, des schémas actantiel et fonctionnel des trois textes fait de nouveau ressortir leur apparente hétérogénéité : les deux premiers apparaissent en effet comme des « récits » (notes, journal, écrit Bataille), le troisième comme des poésies, suivies de « réflexions sur la poésie ».

III.1. On constate en effet dans *HR*, comme dans la structure d'un récit, l'existence d'un schéma actantiel très complet : l'acteur *je* semble correspondre parfaitement à l'actant A1. B., la maîtresse de *je*, est l'actant A2. *Je* est aussi, comme il arrive très fréquemment, l'actant destinateur, au niveau du contenu du récit, où on le voit envoyer messages et messager, et au niveau du récit, en tant que scripteur. Au niveau du contenu, A3 correspond à l'actant destinataire A4, représenté par B. On a donc, selon le schéma de A. J. Greimas [5] :

$$\frac{\text{Lui}}{\text{Elle}} \simeq \frac{\text{Sujet} + \text{Destinateur}}{\text{Objet} + \text{Destinataire}}$$

La relation qui unit A1 et A2 est téléologique et fonde la fonction /quête/. Le jésuite A. est l'actant A5, le père de B. et Edron,

---

5. *Sémantique structurale*, Larousse, 1966, p. 177.

par un phénomène fréquent de polymérisation des actants, sont l'actant A6. La fonction /quête/ se voit adjoindre en cours de route la modalité transgression, qui intéresse d'ailleurs tous les actants du récit : il apparaît en effet dans la troisième partie de celui-ci que le père de B. ainsi que son concierge Edron se sont rendus coupables de viol sur la personne de B. enfant (p. 96), qu'en ce qui concerne le père, la transgression est double puisque le viol est aussi un inceste et que les amours parallèles de B. et de ses deux amants (*je* et A., le jésuite qui est aussi un « père »), ne sont que des répétitions dans l'ordre de la quête, de la transgression initiale : « *j'étais dans le cœur du château*, j'habitais la maison du mort et j'avais franchi les limites » déclare *je*. (p. 92)

III.2. Dans *D*, le schéma est moins complet. La /quête/ est représentée. A1 est assumé par l'acteur *je* c'est-à-dire Monsignor Alpha, prélat impie. A2 est E., la femme convoitée. Le mort, D., frère de Monsignor Alpha assume contradictoirement les actants A5 (sa mort laisse le champ libre) et A6.

III.3. Dans *OR*, le schéma est réduit à sa plus simple expression. De la /quête/, il ne reste apparemment que des témoins lexématiques tels que « faim », « désir », « recherche ». Parmi les actants, A1 est représenté par un *je* ou un *Moi* (p. 151) et les autres actants ne sont pas assumés par des acteurs humains.

IV. Analyse syntaxique : structures « profondes »

Une analyse plus approfondie des schémas fonctionnel et actantiel permet de dépasser cette apparente hétérogénéité :
— le procédé de la qualification contraire donne lieu à la représentation de l'actant A1 par la formule $A1 + \dfrac{1}{A1}$;
— l'actant A2 peut également être représenté au terme d'une analyse plus complexe, par la formule : $A2 + \dfrac{1}{A2}$;
— la fonction positive /quête/ est inséparable d'une modalité négative « transgression »;
— la réalisation de ces processus, partielle dans *HR* et *D*, a un caractère plus achevé dans *OR* qui fonctionne ainsi comme modèle de la structure.

IV.1. L'actant A1 comporte les deux qualifications contraires

intériorité *vs* extériorité
euphorie *vs* dysphorie

N.B. : ce couple d'oppositions ne peut se lire qu'horizontalement.

IV.1.1. Le sème « intériorité » (constituant qualificatif de l'actant A1) est très apparent dans les trois textes. Il se manifeste essentiellement par l'emploi très fréquent du *je* dans les syntagmes verbaux dont les verbes, au présent immédiat, expriment les modifications d'affects intéressant la totalité de l'acteur *je*, de façon à ne pas désintégrer celui-ci : « j'ai le vertige », « je suis en proie à la peur » (*HR*), « je tremble », « je suis si fatigué » (*D*), « j'ai faim de sang », « j'ai peur » (*OR*).

Le sème « extériorité » est signalé par les marques morphosyntaxiques et sémantiques opposées :

a) Au niveau morphosyntaxique
— dans la structure de la phrase
présence de nombreuses phrases nominales (vs phrases verbales) : « état de nerfs inouï, agacement sans nom » (p. 17); « courte échappée sur la folie » (p. 118)
— dans la structure du syntagme verbal
emploi de présents permanents (vs présents immédiats) : « aimer à ce point *est* être malade » vs « et *j'aime* être malade » (p. 17).
décrochages dans l'emploi des temps : présent/imparfait, présent/passé simple : « Je *deviens* fou moi-même à coup sûr, dans ma chambre... Je me *pliai* en chien de fusil dans mon lit : je *pleurais*. » (p. 57)
emploi du substitut de la non-personne (on, soi, il) pour désigner l'actant A1 : « Il est bizarre d'être à ce point au plus profond de *soi*, en accord avec le démenti donné à ce que l'*on* veut... » (p. 108) On remarquera la redondance des marques de l'extériorité : emploi du présent permanent + emploi du substitut de la non-personne.
— dans la structure du syntagme nominal
emploi de l'article (vs possessif) : « Mais *la* mémoire est vacillante. Je me souviens mal, de plus en plus mal. » (p. 30) Ou encore, dans *OR :* « Soleil invisible / tonnant dans *le* cœur » (p. 144).

b) Au niveau sémantique, les marques du sème « extériorité » sont manifestées au terme d'opérations de transfert métonymique et métaphorique.

Dans le domaine de la métonymie, des synecdoques comme « ma voix criait en porte-à-faux » (p. 74), « Mes yeux allaient du garde à l'ecclésiastique » (p. 97), en dédoublant l'acteur, introduisent l'extériorité.

Dans *HR*, la dépersonnalisation de l'acteur est également marquée par la métonymie liant *je* à ses ancêtres : la discontinuité, fondant l'individualité de *je*, et par là son intériorité, est en effet démentie par un effet de continuité : « Cela m'horripile enfin que mes grand-mères aient en moi la gorge serrée » (p. 40; *cf.* aussi p. 39 et p. 43). Inversement, la rupture qui s'instaure entre *je* et les ancêtres manifeste le sème « intériorité » : « Je faisais maintenant le pas que mes ancêtres n'avaient pu faire. » (p. 76)

Du côté de la métaphore, un procédé très fréquent est celui qui consiste à qualifier l'actant A1 (animé) par des abstraits inanimés : le résultat obtenu est un effet de dépersonnalisation connotant également le sème « extériorité » : « Étant une chute aveugle dans la nuit... », « Je suis le résultat d'un jeu... », « Je suis, dans le sein d'une immensité, un plus excédant cette immensité. » (p. 179)

Le cas de la métaphore du théâtre est complexe, le théâtre étant caractérisé par les deux connotations contraires du paradoxe sur le comédien : pouvoir unificateur et maîtrise du je sur lui-même, d'où « intériorité », et inversement ouverture au non-je, à l'altérité, à la folie. Dans *HR*, la métaphore du théâtre, liée dans ses contextes à d'autres marques de ce sème, signale l' « extériorité » : « En vérité, le comédien n'avait cure de B. On ne pouvait même dire exactement qu'il l'aimait. » (p. 55) De même le passage de « ma » comédie à « la » comédie dans la séquence :

« Je n'avais jamais eu jusque-là cette conscience claire de ma comédie : ma vie donnée tout entière en spectacle et la curiosité que j'avais eue d'en venir au point où j'étais, où la comédie est si pleine et si vraie qu'elle dit :
— Je suis la comédie. » (p. 99)

Dans *D*, la métaphore, apparaissant sous la forme partielle du masque consciemment porté, renvoie à « intériorité » :

« J'aimerais m'adresser à Dieu avec un faux-nez. » (p. 109)

Dans *OR*, l'antinomie « intériorité » vs « extériorité » apparaît nettement à l'intérieur même de la métaphore :

« J'ouvre en moi-même un théâtre
où se joue un faux sommeil
un truquage sans objet » (p. 156)

L'intériorité que présuppose le premier vers est en effet démentie par le second, le jeu du théâtre se jouant indépendamment du sujet. De même, dans la séquence : « Ou ne sachant plus, pour moi seul, jouer la comédie d'un délire, je devins fou encore mais intérieurement... » (p. 187) où la maîtrise par le *je* de la comédie est suivie de l'envahissement par le non-je : la folie.

IV.1.2. La structuration antinomique de l'actant A1 s'opère par un second processus de qualification contraire où intervient l'opposition sémique : « euphorie » vs « dysphorie ». Il ne s'agit nullement d'un procédé de description de type psychologique ou psychologisant qui aurait pour but de montrer que le plaisir « succède à » ou « est condition de » la douleur et inversement. Le parti pris par Bataille est théorique : la projection sur l'axe syntagmatique de paradigmes oppositionnels « lève » l'opposition « sans la supprimer » (de même que, écrit Bataille dans *L'Érotisme* [6], en se référant à l'*Aufhebung* hégélienne, « la transgression lève l'interdit sans le supprimer ». En effet, bien que ses termes soient juxtaposés sur le plan du syntagme, l'opposition sur le plan paradigmatique n'en demeure pas moins, fondant la contrariété inhérente à l'actant et signifiant « l'Impossible ».

L'opposition « euphorie » vs « dysphorie » affecte plusieurs formes dont la plus fréquente est « plaisir » vs « douleur » : « à me regarder morne et le pli des lèvres *angoissé*, personne n'imaginerait que je *jouis* » (*HR*, p. 20), « tu tirais de l'*angoisse* des *voluptés* si grandes » (p. 21), « la *douceur* de l'*angoisse* » (*D*, p. 105) et dans *OR* : « trop de *joie* / *retourne les ongles* » (p. 171).

L'opposition « plaisir » vs « douleur » admet des variantes de nature métonymique : « rire » vs « larmes » (voir pp. 50, 107, 109), ou métaphorique :

— « froid » *vs* « chaud » (p. 33)
— « lourd » *vs* « léger » (p. 74) : « je ne sais si j'étais *accablé* : les difficultés à la fin *m'allégeaient* » p. 136 : « cette *légèreté* du jeu est si bien donnée... que nous méprisons les anxieux, s'ils les prennent *lourdement* au sérieux. »
— « haut » *vs* « bas » (p. 21) : « la chance qui m'*élève* me mène à la *ruine* », « il importe peu, dans l'ampleur de ce mouvement, qu'il soit ambigu — que tantôt il *élève* aux nues, tantôt *laisse sans vie sur le sable.* » (p. 136)

Le procédé de la qualification contraire a un double effet : détruisant la cohérence de l'acteur, il opère sur l'actant une réduction logique que nous avons tenté de représenter par la formule $x = a + \dfrac{1}{a}$ et qui est de la plus grande conséquence quant à la structure de l'ensemble du ou des texte(s). Sans aller plus loin, à ce stade de l'analyse, disons que la formule qui rend compte du Sujet de la /quête/ est $A1 + \dfrac{1}{A_1}$.

IV.2. Devant l'actant A2, l'analyse retrouve la difficulté issue de l'apparente hétérogénéité des trois textes. On a vu que dans *OR*, à la différence de ce qui se passe dans *HR* et *D*, l'actant A2 n'est pas assumé par un acteur humain. Cette difficulté superficielle constituant un point de départ, l'analyse opérera dans un premier temps la réduction de l'actant A2 à la mort. On constatera alors que la nature de l'actant A1 s'en trouve affectée. Puis, dans un second temps, la règle de qualification contraire, appliquée à l'actant A2, opérera sa réduction définitive à vie + mort.

IV.2.1. Par une série de détours métonymiques et métaphoriques,

---

6. *L'Érotisme*, Éd. de Minuit, 1957, p. 42.

l'objet de la /quête/ se révèle progressivement comme étant la mort. Une première métonymie lie en effet la *femme* à la *nudité*, celle-ci apparaissant constamment et directement comme objet de la quête (pp. 40, 42, 43, 46, 48-49, 59, 62, 68, 80, 99, 100, dans *HR*).

Le lien entre *nudité* et *mort*, de nature complexe, emprunte les détours suivants : la métonymie *nudité* ≃ *nuit* est clairement exprimée dans *HR* et *OR :* « Chacun ne doit-il pas, bravant l'hypocrisie de tous..., retrouver la voie qui le mène, à travers les flammes, à l'ordure, à la nuit de la nudité? » (*HR*, p. 32; cf aussi p. 40 et passim), « La nuit est ma nudité » (*OR*, p. 169).

La métaphore *nuit* ≃ *mort* (« Je lâcherai le monde un jour : alors la nuit sera la nuit, je mourrai » (*HR*, p. 55-56) met ainsi en relation indirecte *nudité* et *mort*. Par ailleurs, l'équivalence *nudité* ≃ *mort* est l'objet de signaux abondamment redondants : ainsi, dans *HR*, la présence, parallèle à celle de B., de deux figures féminines, E. et M., qui sont liées à la mort par l'intermédiaire de la nudité (p. 32-35 pour E., et p. 68 où M. apparaît à la fois nue et morte). La nudité est liée à la mort comme chute et abîme : « Le pur et simple désir de l'abîme est peu concevable, il aurait pour fin la mort immédiate. Je puis au contraire aimer la fille dénudée devant moi... Mais s'il [le bas-ventre des filles] n'a pas le caractère immédiatement noir d'un ravin, il n'en est pas moins vide pour autant et n'en mène pas moins à l'horreur. » (*HR*, p. 43) La nudité est encore associée à la mort comme violence (viol : cf. « le sentiment de viol de la mort », *D*, p. 136) et meurtre : ainsi dans le rêve de *HP :* « A. se rue sur B., la dénude... dans le silence endormi de la neige une détonation retentit. » (p. 62-63). De même, le parallélisme, inscrit dans la structure de *D*, entre la femme E. (qualifiée partiellement par la nudité), et le mort D., fait encore apparaître ce lien. Enfin, celui-ci est le plus souvent exprimé directement et entre les termes abstraits : « naturellement la nudité est la mort » (*HR*, p. 68), « la nudité n'est que la mort » (*id.*, p. 100), « je ne pouvais pas ne pas ressentir une analogie gênante entre le charme de la mort et celui de la nudité. » (*D*, p. 125) et dans *OR :*

> Larmes de gel
>
> . . . . . .
>
> lèvres de morte
>
> . . . . . .
>
> absence de vie
>
> nudité de mort   (p. 154)

Ainsi s'opère la réduction à la mort de l'objet de la quête, éclairant en retour la signification de l'actant A1.

IV.2.2. Celui-ci, comme on peut s'en douter, n'est pas l'amoureux à la recherche de sa belle, ni davantage le scripteur ou destinateur des récits ou textes, bien que la fonction /écriture/ soit explicitement présente dans chacun des trois textes. A1 a cependant un double statut, situé au point de rencontre de l'érotisme et de l'écriture. De même que *je* se déclare « malade du désir de [se] perdre » (p. 21), on peut appliquer au scripteur ce que Bataille dit ailleurs de Sade écrivain : le destinateur du texte, c'est « le désir que l'auteur eut de disparaître » [7], formule qui demeure ambigüe en ce qu'elle omet de mentionner le caractère universel, et non seulement individuel de ce désir. A1 est, croyons-nous, ce désir de « se perdre », commun à l'érotisme, à la violence mortelle, et à ce que Bataille appelle « la poésie ». Le double registre où évolue l'actant A1 apparaît clairement dans *HR*, lorsque *je*, ayant découvert, au plan érotique, le « secret » de la nudité de B., en décrit la connaissance, manifestée par un texte écrit, en termes de nudité et de mort : « A la fin, je nouai de tous côtés ces liens qui lient chaque chose à l'autre en sorte que chaque chose est morte (mise nue). »

IV.2.3. A1 est donc le désir de la nudité, de la nuit, de la mort. Dans *OR*, ce désir est manifesté de façon particulièrement claire par la métaphore de la chute :

> « je tombai
> le champ aussi tomba
> un sanglot infini le champ et moi
> tombèrent » (p. 165)

Celle-ci apparaît liée à celle de la « mise en jeu », liée à son tour à celle du rejet : « Le tapis de jeu est cette nuit étoilée où je tombe, jeté comme le dé » (p. 179), « Ce que je suis... est... joué, jeté au hasard, mis à la porte dans la nuit, chassé comme un chien » (p. 180). Mais la règle de qualification contraire appliquée à l'actant A1, donne à la chute le sens supplémentaire et contraire, d'une élévation. Cette transformation est opérée par le lexème *chance*, lié par Bataille à la chute et au jeu. De la chance, Bataille écrit en rapprochant le mot de son étymon latin *cadentia*, qu'elle est « ce qui échoit, ce qui tombe... » [8]. Mais dans *IMP*, le lexème *chance* est porteur du couple sémique antonymique : « chute » + « élévation » : « La réalité de l'être est certitude naïve de la chance et la chance qui m'élève me mène à la ruine. » (*HR*, p. 21) Le sème « chute », élément constituant du sémème « ruine », étant, on l'a vu, un équivalent de « mort », il en résulte que « élévation » correspond à « vie ». La chance renvoie donc à la fois à

---

7. *La Littérature et le Mal*, Gallimard, « coll. Idées », p. 127.
8. *Sur Nietzsche, volonté de chance*, Gallimard 1945, 3e édition, p. 118.
9. Bataille a maintes fois énoncé cette double équivalence, ainsi : « La chance est le point douloureux où la vie coïncide avec la mort : dans la joie sexuelle, dans l'extase, dans le rire et dans les larmes. » (*Le Coupable, suivi de l'Alleluiah*, Gallimard, 2e éd., p. 106).

la mort et à la vie[9]. C'est ce que montre aussi, au moyen d'un autre couple métaphorique la séquence suivante :

« Chance nue
   chance aux longs bas blancs
   chance en chemise de dentelle » (*OR*, p. 144)

qui attribue à la chance la qualification contraire nudité ($\simeq$ mort) + vêtement ($\simeq$ vie). De même, dans la séquence de *OR :*

« La nuit est ma nudité
   les étoiles sont mes dents
   je me jette chez les morts
   habillé de blanc soleil » (p. 169)

On remarque l'effet de qualification contraire issu des oppositions : « nudité » *vs* « vêtement », « noirceur » *vs* « blancheur », « obscurité » *vs* « lumière ». Dans ce dernier cas, la qualification contraire intéresse à la fois les actants A1 (« *ma* nudité », « *je* me jette ») et A2 (« la nuit », « les morts »).

    Ainsi, par un jeu circulaire, les qualifications de l'actant A1 renvoient à celles de l'actant A2 et réciproquement. L'actant A2 est inséparablement la mort et la vie : « La vérité de la vie ne peut être séparée de son contraire et si nous fuyons l'odeur de la mort, l' « égarement des sens » nous ramène au bonheur qui lui est lié. C'est qu'entre la mort et le rajeunissement infini de la vie, l'on ne peut faire de différence... » (*D*, p. 136). Une séquence de *HR* résume de façon saisissante les réductions complémentaires de A1 au désir universel de perte et de A2 à la vie et à la mort : « B. elle-même est la nuit, aspire à la nuit. Je lâcherai le monde un jour : alors la nuit sera la nuit, je mourrai. Mais vivant, ce que j'aime est l'amour qu'a la vie de la nuit » (p. 55-56).

Ainsi et selon des procédés différents, on obtient les formules : $A1 = \dfrac{1}{A1}$ et $A2 = \dfrac{1}{A2}$.

IV.3. On retrouve sur le plan fonctionnel ce schéma oppositionnel lié à ce que J. Derrida a appelé « un hégélianisme sans réserves »[10]. Dans le schéma fonctionnel du conte russe[11], Propp a séparé les fonctions /quête/ et /transgression/ par l'intermédiaire de la fonction /interdiction/ : la /transgression/ constitue pour la /quête/ une source d'obstacles et de retards. Au contraire, dans *IMP* et *HP*,

---

10. In *l'Arc*, n° 32, 1967.
11. Cf. C. Brémond, « Le message narratif », in *Communications*, n° 4, 1964, p. 8, à compléter par V. Propp, *Morphologie du conte* suivi de *Les transformations des contes merveilleux*, et de E. Meletinsky, *L'étude structurale et typologique du conte*, Éd. du Seuil, 1970.

la transgression est une modalité de la /quête/ qu'elle contribue par là à négativer.

Dans *HR*, l'intégration de la transgression à la /quête/ s'opère par la mise en parallèle de celle-ci et de la transgression ancienne réalisée par l'actant A6 (le père et Edron) sous la forme du viol et de l'inceste. *HR* présente, dans l'ordre de la transgression, un second parallélisme : au double projet de meurtre formé par l'actant A6 (le père menace de tuer B., Edron de tuer *je*), correspond chez *je* d'une part le rêve, révélant son désir de voir assassiner son rival, d'autre part la mort, souhaitée aussi par lui, du père. Dans les deux cas, la transgression est présupposée par la /quête/ dont elle conditionne la réussite.

Sur le même plan, la parabole de l' « histoire de rats » fonctionne comme un modèle de la structure $x = a + \dfrac{1}{a}$. Le meurtre du rat, symbole phallique, figure la transgression mais aussi la /quête/, puisqu'il permet la jouissance (p. 44-45). Cependant la transgression s'introduit dans la /quête/ comme négation de celle-ci, puisqu'elle a pour effet de supprimer symboliquement l'organe de la jouissance.

De même, dans *D*, c'est la transgression (figurée entre autres par l' « intrusion inavouable » chez E.) qui permet l'accès à l'objet de la /quête/, nommé ici « ravissement », « extase », mais le lien entre /quête/ et transgression paraît dans ce cas inverse : c'est la /quête/ qui s'intègre au mouvement général de la transgression : « je ne puis qu'accorder à l'excès qui me détruira moi-même à mon tour. Mais l'excès qui me brûle est en moi l'accord de l'amour... » (p. 121).

La fusion de la /quête/ et de la transgression est, dans *OR*, totale, l'une et l'autre étant représentées (p. 143) par la figure unique d'Oreste. Etre Oreste (p. 177), c'est en effet être à la fois l'actant de la /quête/ (« Ébloui de mille figures où se composent l'ennui, l'impatience et l'amour. Mon désir n'a qu'un objet : l'au-delà de ces mille figures et la nuit. » [p. 188]), et celui de la transgression. Celle-ci a la triple forme de l'amour, du meurtre :

> « les fleuves de l'amour se rosissent de sang
>   les vents ont décoiffé mes cheveux d'assassin » (p. 143)

et de la poésie :

> « Je m'approche de la poésie : mais pour lui manquer » (p. 181).

La dernière phrase de *OR* manifeste l'échec de la /quête/ : « Cette existence par moi menée « dans la nuit » ressemble à celle de l'amant à la mort de l'être aimé, d'Oreste après le suicide d'Hermione. Elle ne peut reconnaître en l'espèce de la nuit ce qu'elle attendait. » (p. 188). Une variante de l'édition séparée de *OR* marque plus nettement le lien qui unit la transgression à la /quête/ et à son échec : « Mon existence dans la nuit ressemble à celle d'un amant placé devant la mort de l'être aimé (d'Oreste) apprenant que, par sa faute, Hermione s'est tuée. » L'intégration de *OR* dans une structure de trois textes où la conjonction de la quête et de la transgression est sans cesse exprimée permet d'interpréter la suppression de cette variante comme celle d'une redondance.

V. Problèmes de la vérification du modèle

La formule $x = a + \dfrac{1}{a}$ une fois reconnue sur le plan actantiel et sur le plan fonctionnel comme le modèle structural de *IMP*, la tâche de l'analyse serait de la vérifier par un retour minutieux sur le détail des textes. Les dimensions de ce travail interdisent de développer longuement cette procédure de vérification. On montrera seulement que la prédominance sur les autres figures de ce que la rhétorique traditionnelle appelle « oxymoron » projette en de très nombreux points du texte la structure que nous avons tenté de mettre en lumière. La projection sur le syntagme des deux termes d'un couple paradigmatique oppositionnel ne cesse d'introduire la discontinuité dans la continuité du texte, sous des formes diverses de présentation.

Les deux termes du couple sont le plus souvent proposés dans un syntagme qu'articule simplement la coordination par *et* : « Il nous faut apercevoir en même temps le mensonge et la vérité de l'objet » (p. 67), « ... la vie et l'impossibilité de la vie » (p. 115), la qualification épithétique : « amitié haineuse » (p. 113), « illumination noire » (p. 116). Dans le syntagme verbal, ils se trouvent fréquemment de part et d'autre du verbe : « ... la nuit éclairant la lumière... La nuit est la même chose que la lumière... » (p. 65-66).

L'opposition peut être plus complexe et procéder en deux temps : ainsi une séquence de *HR* établit une relation d'opposition *lueur* vs *obscurité :* « Étranges reflets dans une obscurité de cave des lueurs de la nudité... La furtive lueur entrevue dans l'obscurité... » (p. 32). Puis dans un second temps, cette opposition se trouve « levée » mais non « supprimée » dans la mesure où elle constitue la qualification contraire du lexème *nudité :* « Chacun ne doit-il pas,... retrouver la voie qui le mène... à la nuit de la nudité? ». On aboutit en effet à un couple final où la relation est à la fois : *lueur de la nudité* vs *nuit de la nudité* et *lueur de la nudité* $\simeq$ *nuit de la nudité*.

Enfin, les oppositions, au lieu de porter directement, au niveau de la manifestation, sur des couples de lexèmes, peuvent se situer au niveau de l'immanence et n'apparaître comme pertinentes qu'à une analyse classématique. Ce procédé contribue encore à l'introduction d'un effet de discontinuité. Soit par exemple la séquence : « le débris qu'à cette table je suis, quand j'ai tout perdu et qu'un silence d'éternité règne dans la maison, est là comme un morceau de lumière qui peut-être tombe en ruine, mais rayonne. » (*D*, p. 115). Les sémèmes « débris », « ruine » d'une part, et « lumière », « rayonnement » d'autre part comportent des sèmes hétérogènes : « construction » ne s'opposant pas à « lumière ». Mais « débris » et « ruine » s'opposent cependant à « lumière » et à « rayonnement » par l'intermédiaire du couple classématique immanent « contraction » *vs* « expansion ».

De même, l'hérérogénéité apparente des pemières lignes de *OR* :

> « Orestie
> rosée du ciel
> cornemuse de la vie... » (p. 143)

fait cependant apparaître sur le plan connotatif l'opposition « élevé » *vs* « vulgaire », repérable aussi en de nombreux points du texte : dans la référence au spectacle de Tabarin (*HR*, p. 41) et aux chansons vulgaires (« les chansons de faubourg pleuraient dans les gorges vulgaires », *OR*, p. 157). Une « analyse infinie », on le voit, répondrait seule à l'exigence de la vérification.

VI. Le problème de la référence

Du micro-contexte, il reste encore à revenir à l'articulation en deux structures parallèles des trois textes qui composent *HP* et *IMP*. Dès l'analyse du niveau prosodique, on a vu que *OR* présente d'une manière plus complète que *HR* ou *D* le fonctionnement structural. De même, au niveau actantiel, l'absence dans *OR* de l'intermédiaire des acteurs pour l'assomption des actants et, au niveau fonctionnel, la totale intégration de la transgression à la /quête/ ont pu témoigner du statut structural privilégié de *OR*. Celui-ci est enfin attesté par la présence simultanée dans *OR* de ce que Bataille appelle « la poésie et la contestation de la poésie ».

Bataille présente la poésie comme un « délire », un « dépassement » du monde, une infraction aux lois (« la vraie poésie est en dehors des lois », p. 180). Mais ce délire « a sa place dans la nature », ce dépassement n'est que « verbal », cette infraction se résout en acceptation et justification; c'est ce qui motive le refus de la poésie comme insertion et récupération de l'inintelligible : « m'insérer dans ce qui m'entoure, m'expliquer ou ne voir dans mon insondable nuit qu'une fable pour enfants... non! » (p. 180). D'où dans un même mouvement et dans un même texte, la poésie et son échec — que dénote la référence à Rimbaud et à Mallarmé : « les deux auteurs qui ajoutèrent à celui de la poésie l'éclat d'un échec » (p. 183) — la poésie et la « haine de la poésie ».

La présence simultanée des deux termes au sein du même syntagme fonctionne comme signifiant de « l'Impossible ».

Dès lors, l'opposition structurale entre *HP* et *IMP* nous paraît résider dans le rapport entre deux différences formellement signalées par les différences de titres et les différences de distribution. Dans *HP*, le titre semble ne concerner que *OR*, mais *OR* se trouvant en première place « donne », du fait du statut privilégié que nous lui avons reconnu, le sens de la structure. Dans *IMP*, le titre « couvre » les trois textes, mais l'accès au sens est retardé par la place dévolue à *OR*.

Que le sens du texte soit dit et fait par sa structure, c'est le principe de l'analyse qu'on a ici tenté de vérifier à propos du texte de Bataille. Mais dans ce cas particulier, le caractère même du sens qui est de « s'épuiser en son contraire », d'être « l'impossible », renvoie aussi et de manière parfaitement logique à la négation de la structure close elle-même par son ouverture à l'irruption de la référence.

L'irruption de la référence prend certes d'abord l'allure rassurante de n'être renvoi qu'aux propres œuvres de Bataille dont on a pu reconnaître au passage les thèmes favoris : la structuration antinomique des actants A1 et A2 renvoie dans *L'Érotisme* au passage de la discontinuité à la continuité par l' « approbation de la vie jusque dans la mort »; la fusion fonctionnelle de la quête et de la transgression est liée à l'inséparabilité de cette dernière et de l'interdit; l'épuisement de la poésie en son contraire est fréquemment proclamé : « La poésie est une flèche tirée : si j'ai bien visé, ce qui compte — que je veux — n'est ni la flèche ni le but, mais le moment où la flèche se perd, se dissout dans l'air de la nuit : jusqu'à la mémoire de la flèche est perdue. » [12] L'ouverture ne ferait donc que reculer les limites du texte jusqu'à une clôture un peu plus large [13].

Mais la référence n'est pas seulement la réalisation d'un circuit interne, elle est, avons-nous dit, irruption. Cette irruption ne fait en un premier sens que confirmer la structure sans la mettre le moins du monde en question. En effet, le double jeu de références (textuelles au sens strict et « historiques » : la guerre, pp. 42, 48, 49, 77) est en accord avec les principales isotopies du texte : dans *OR*, les références aux tragédies grecque et racinienne contribuent à assurer dans l'existence la paire amour/meurtre, l'allusion à Rimbaud et à Mallarmé a la même fonction par rapport au couple poésie/haine de la poésie, celle qui juxtapose Musset, Nerval et Tilly (p. 157) confirme l'opposition dépassée « élevé » *vs* « vulgaire », etc. Chaque irruption de l' « autre texte » dans le texte porte donc en guise de justification

---

12. *Le Coupable*, p. 131.
13. Celle-ci engloberait bien entendu non seulement les « essais » de Bataille que nous avons cités, mais aussi ses romans, notamment *Ma Mère* (Pauvert, 1966) où la série d'équivalences que nous avons dégagées en p. 117 se retrouve de façon particulièrement claire.

son rapport avec tel ou tel élément isolé du texte. Si chacune des références, prise isolément, a sa fonction, l'édifice formé par l'ensemble des références est un corps étranger qui tire sa valeur de son altérité : l'exercice consistant à dégager, par exemple dnas *HR*, les rapports entre « l'épée d'Iseut » (p. 22), les citations de la Bible (p. 27-28), la référence au libertinage érotique du XVIIIe siècle (p. 32), la parabole proustienne des rats (p. 44), Dom Juan (p. 54, 55, et *passim*) ne peut être tenté et la réduction opérée, qu'au prix de leur négation en tant qu'ensemble, ce qui nous paraît invalider, au moins partiellement, l'opération.

Certes l'envahissement, apparaissant ici, du champ de la connotation (la « littérarité ») par la dénotation (par exemple la dénotation de la guerre) n'en est pas moins subordonné à la fonction poétique du langage : il importe à la signification que cette guerre soit spécifiée au moyen des métonymies : « black-out », « déportés », etc., comme la deuxième guerre mondiale. Cependant l'ensemble des références a lui-même pour sens d'être la brèche qui ouvre la discontinuité du texte à la continuité de l'intertexte. La structure très particulière du texte de Bataille nous a paru, à chacun des niveaux que nous avons examinés, donner de cette problématique un exemple particulièrement net : notre conviction est que tout texte la propose.

Du strict point de vue de l'analyse structurale, cette tentative m'apparaît aujourd'hui comme un échec partiel.

A coup sûr, il serait possible de produire, pour chaque niveau de l'objet étudié, un modèle plus puissant, en utilisant les travaux, publiés depuis lors, de Greimas (Du sens, Seuil, 1970) : ainsi pourrait être dépassé le caractère incomplet d'une formule qui illustre surtout cet « hégélianisme sans réserve » dont parle Derrida, mais laisse encore trop d'éléments dans l'ombre.

N'en demeure pas moins le problème théorique de la référence et de son rapport avec la construction de l'objet de connaissance. Le texte est « la trace d'un désir d'écriture », que doit rencontrer le désir de lecture. Mon hypothèse de travail actuelle, sous l'influence notamment de Bakhtine, est que cette rencontre ne se situe pas sur le seul champ — fût-il multidimensionnel — de la structure. L'objet à structurer est en effet clos et ses limites, sans cesse envahies par la référence (situationnelle ou textuelle), me paraissent reculer à tel point que le texte et ses entours sont justiciables de cette « analyse infinie » dont parle Freud. La validité de celle-ci dépendra de la qualité des instruments conceptuels qu'elle se donnera pour construire ses objets.

Objets poétiques

« Littéralement et dans tous les sens»

essai d'analyse structurale d'un quatrain de Rimbaud

1. L'étoile a pleuré rose au cœur de tes oreilles,
2. L'infini roulé blanc de ta nuque à tes reins;
3. La mer a perlé rousse à tes mammes vermeilles,
4. Et l'Homme saigné noir à ton flanc souverain.

L'analyse structurale d'un texte poétique cherche à rendre compte de l'effet de sens qui est à l'origine de sa perception émotive. A travers l'apparente obscurité de l'étalement syntagmatique, elle permet de découvrir la cohérence et la clarté de son organisation paradigmatique telle qu'elle se manifeste sur tous les niveaux à la fois : phonémique, grammatical, sémantique, prosodique.

Une première lecture paradigmatique du quatrain montre bien comment sa matrice conventionnelle se trouve encadrée et consolidée par un jeu d'homologies phonémiques et grammaticales. L'identité de la construction syntaxique des quatre vers permet ensuite de procéder à l'examen successif de chacune des classes paradigmatiques du quatrain : on s'aperçoit alors que les symétries alternées qu'on y rencontre aux différents niveaux linguistiques sont en réalité des lieux de transformation, que les équilibres ne sont créés que pour que leur rupture, significative, permette au sens de progresser. Le poème apparaît ainsi comme une structure instable, en mouvement perpétuel qui pose et nie à la fois ce qu'il prétend signifier.

I. Préliminaires méthodologiques

L'œuvre en vers d'A. Rimbaud comprend un seul quatrain isolé [1] que nous soumettrons ici à l'analyse structurale. Sans vouloir sacrifier au « besoin d'interpréter » dont la vanité a déjà été soulignée [2], essayer de lire le poème « littéralement et dans tous les sens » peut sembler paradoxal. Apparence seulement, car c'est par cette lecture multiple que l'on peut espérer non pas dévoiler un sens caché, mais rendre compte de l'effet poétique perçu au-delà d'un sens qui se refuse, autrement dit passer « d'un objet auquel nous n'entretenons qu'un rapport intuitif à un autre objet qui définit l'ordre qui est le sien » [3].

Nous avons décidé d'étudier ce poème pour une double raison qui ne devrait pas voiler pour autant la contingence de notre choix : d'abord une certaine obscurité du poème lorsqu'il est lu dans l'ordre trompeusement superficiel de la chaîne syntagmatique, voire une apparente pauvreté de sens trop en contradiction avec ce que Rimbaud lui-même affirme si clairement ailleurs [4]; ensuite, l'espoir de mettre à jour quelques aspects de l'art rimbaldien par le biais d'un poème qui, réduit aux dimensions d'un quatrain, devait récupérer en densité poétique ce qu'il perdait en extension [5]. Il était alors tentant de s'efforcer de dégager le système des oppositions structurales rendues plus manifestes par l'apparente indigence du récit, équivalant ici à une incohérence comme tendraient à le faire croire les commentaires de la critique traditionnelle.

Avant d'entreprendre notre analyse, rappelons :

1. que, à la différence du mythe, chaque œuvre littéraire, quel que soit par ailleurs son genre, se constitue en un système clos sur lui-même, co-extensif à son propre groupe de transformations.

2. que, à la différence du roman qui prend son temps et dans lequel la composition se trouve privilégiée aux dépens des autres plans, chaque œuvre poétique, ramassée sur elle-même, joue sur tous les plans à la fois : phonique, grammatical, sémantique, prosodique, etc.

3. enfin que soumettre un poème à l'analyse structurale, c'est le reconnaître comme discours d'un langage au deuxième degré qui

---

1. Si l'on excepte celui que l'on trouve dans l'*Album Zutique* (Rimbaud, *Œuvres Complètes*, Gallimard, p. 111); c'est un pastiche d'Armand Silvestre que, pour cette raison même, il n'y a pas lieu de prendre ici en considération.
2. O. Mannoni, « Le besoin d'interpréter », in *les Temps modernes*, 1962, p. 1347-1361.
3. L. Sebag, *Marxisme et structuralisme*, Payot 1964, p. 218.
4. Rimbaud termine sa lettre du 13 mai 1871 à G. Izambard par l'envoi du poème « Le Cœur Supplicié », suivi de la mention : « Ça ne veut pas rien dire ». (Rimbaud, *Œuvres complètes*, Gallimard 1965, p. 268).

réorganise le signifiant et/ou le signifié d'un langage au premier degré en nouveau(x) signifiant et/ou signifié, selon le schéma suivant où les transformations sont indiquées par les flèches.

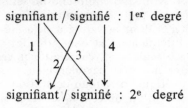

signifiant / signifié : 1er degré

signifiant / signifié : 2e degré

On n'aura guère de peine à reconnaître que tout discours littéraire se conforme à ces transformations d'une manière ou de l'autre, bien plus que le discours quotidien qui n'est cependant pas totalement incapable d'en faire autant. Alors que le mythe, comme le roman, se satisfait essentiellement (mais pas exclusivement) de la transformation 4, la poésie par contre utilise toutes les transformations à la fois [6]. L'analyse elle-même qui relève d'une confrontation dialectique des deux premiers degrés se constitue comme discours d'un langage du troisième degré.

II. Projection paradigmatique

Les quatre alexandrins du quatrain de Rimbaud peuvent être groupés en deux séquences [7] de deux vers chacune. La pause principale, soulignée dans la graphie par un point-virgule, est située à la fin du deuxième vers. Chaque séquence est composée de deux propositions. Une virgule à la fin du premier et du troisième vers marque les pauses secondaires. La structure apparente du poème suggère donc une double symétrie entre les séquences et à l'intérieur de chacune d'elles entre les propositions (v1/v2/ /v3/v4).

Nous commencerons par dégager les différents paradigmes mis en place dans le poème. Ils présentent à la fois des particularités d'ordre phonique, grammatical et sémantique. Nous verrons dans quelles conditions ils recoupent à certains endroits l'ordre prosodique des alexandrins. Ce n'est finalement qu'en confrontant, pour chaque terme, le modèle du paradigme auquel il appartient et les relations syntagmatiques qu'il entretient dans le récit, que nous parviendrons

5. Bien entendu, cela ne revient pas à dire que des œuvres poétiques quantitativement plus importantes ne sont pas susceptibles d'être analysées de la même manière, mais l'intrication des différents codes linguistiques y sera sans doute plus lâche.
6. Sur mythe et poésie on se reportera utilement à Cl. Lévi-Strauss, *Anthropologie structurale*, Plon 1958, p. 232 et à la note liminaire du même auteur à R. Jakobson et Cl. Lévi-Strauss, « Les Chats de Charles Baudelaire », in *L'Homme*, 1962, I.

à rendre compte de ce quatrain. Le tableau suivant a été établi en écrivant en séries (de gauche à droite) ce qui relève du récit dans le texte, en colonnes (de haut en bas) ce qui relève de transformations structurales. Les syntagmes ont été affectés de chiffres arabes qui correspondent à la numérotation des vers, les paradigmes de lettres capitales. Nous nous référerons éventuellement à n'importe quel élément du texte en le désignant par une lettre et un chiffre (par ex. : C3 pour *mer*).

	A	B	C	D	E	F	G	H	I	J	K	L	M
1		l'	étoile	a	pleur	é	rose			au		cœur	
									de		tes		oreilles
2		l'	infini		roul	é	blanc		de		ta	nuque	
										à	tes		reins
3		la	mer	a	perl	é	rousse			à	tes		mammes
								vermeilles					
4	et	l'	Homme		saign	é	noir			à	ton		flanc
								souverain					

Il n'y a aucune difficulté à reconnaître l'identité grammaticale pour chaque vers des syntagmes B + C + (D + E + F) + G : article + sujet + prédicat + attribut.

III. L'encadrement phonématique et grammatical

Dans le paradigme D, on trouve l'auxiliaire « a » en 1 et 3. Sur le plan grammatical, il est mis en facteur commun à l'intérieur de chaque séquence pour les deux propositions; il est sous-entendu en 2 et 4. La contradiction obligée entre sous-entendu grammatical et absence phonique est la première que nous rencontrons dans ce quatrain, nous verrons qu'il y en a d'autres. De plus, la présence de l'auxiliaire crée une assonance au troisième pied en 1 et 3 qui s'oppose à son absence en 2 et 4. L'homologie phonique est plus grande encore si nous remarquons que /a/ est suivi de /p/ et précédé d'une liquide : /l/ en 1 et /r/ en 3. L'assonance est alternée comme le sont les rimes en fin

129

de vers dont l'examen seul est révélateur d'un usage systématique de la contradiction. Les rimes en effet sont en relation de symétrie alternée quant à leur genre ($_1$fem. : $_2$masc. :: $_3$fem. : $_4$masc.), de symétrie droite quant à la classe grammaticale des mots qui riment ($_1$subst. : $_2$subst. :: $_3$adj. qual. : $_4$adj. qual.); enfin elles sont en relation d'égalité sous le rapport paronomastique ($_1r\varepsilon y \neq _2r\tilde{\varepsilon} \neq _3rm\varepsilon y \neq _4r\tilde{\varepsilon}$).

Mais dès le paradigme A, le même problème se présente. La conjonction de coordination *et* par laquelle commence 4, semble être là seulement pour annoncer le dernier vers, comme à la fin d'une simple énumération, mettant ainsi sur un plan d'égalité les quatres vers (1 $\neq$ 2 $\neq$ 3 $\neq$ 4). Il y a peut-être un ordre, une progression dans l'énumération, mais rien ne nous permet à ce niveau de le découvrir.

En passant au paradigme B, on s'aperçoit qu'il est constitué d'articles définis singuliers qui s'opposent par le genre en symétrie alternée comme les rimes ($_1$fem. : $_2$masc. :: $_3$fem. : $_4$masc.). Cependant les trois premiers vers assonnent à l'initiale en /l/ par opposition au quatrième dont le premier pied est vocalique : /e/. Ce qui sur le plan grammatical est conjonctif devient donc disjonctif sur le plan phonique, créant un déséquilibre où 1 + 2 + 3 s'opposent à 4. Or, sur le plan phonique, on retrouve un ordre symétrique double et inverse, mais transposé : en 4, /l/ est immédiatement précédé de /e/, alors qu'en 1, /l/ est immédiatement suivi de /e/. En 2, /l/ est suivi de /ɛ̃/; en 3, /l/ n'est bien entendu précédé de rien, mais le dernier phonème de 2 est précisément /ɛ̃/. Nous avons donc $_1$l$|$e : $_2$l$|$ɛ̃ :: $_2$ɛ̃$\overline{|3|}$: $_4$e$|$1 [8]. A l'inverse de *et* qui disjoint sur un plan ce qu'il prétend conjoindre sur l'autre, le contraste phonique $_2$ɛ̃$\overline{|3|}$ conjoint ce que la prosodie tendait à disjoindre.

IV. La classe des sujets

Tous les membres du paradigme C sont des substantifs sujets de nombre singulier mais dont le genre alterne. Nous chercherons leurs relations sur le plan sémantique. C'est précisément parce qu'il ne semble pas y avoir *a priori* de relation entre « étoile », « infini », « mer » et « Homme » que le quatrain refuse son sens. Les quatre membres du paradigme présentent pourtant une symétrie alternée, sous un double rapport : « étoile » et « mer » ont des référents concrets, « infini » et « Homme » abstraits. Inversement, les référents concrets sont très vagues (c'est n'importe quelle « étoile », n'importe quelle « mer »),

---

7. Pour une définition de « séquence » et « proposition », on se reportera à T. Todorov in « Qu'est-ce que le structuralisme? », Éd. du Seuil 1968, p. 133.
8. Nous avons utilisé les caractères suivants pour marquer les contrastes : $|$ entre phonèmes du même pied, $|$ entre phonèmes de deux pieds successifs, $\overline{|}$ entre phonèmes de deux vers différents.

les référents abstraits sont au contraire précis (il n'y a pas plus d'infini extérieur à l' « infini » qu'il n'y a d'autre « Homme »). Mais la symétrie alternée est niée par un autre biais. Car sous le double rapport de contenant/contenu et de partie/tout, « étoile » est en relation métonymique avec « infini ». Aucune opposition significative n'est décelable au point de vue où nous nous plaçons entre « Homme » et « mer ». Par contre, on ne manquera pas de se souvenir, à propos de la mer, du « déroulement infini de sa lame »; la relation métaphorique est suffisamment claire sans qu'il soit besoin d'insister davantage. Quant à « Homme », il est écrit avec une majuscule. Ce n'est ni « homme », ni « humanité », mais ces deux mots sont dans une relation paradigmatique avec « Homme », paradigme perpendiculaire à C et comme caché derrière le texte.

Que nous fassions appel à des relations « en absence » pourrait sembler inconséquent. Il n'en est rien. « Homme » est un collectif qui implique nécessairement sa relation à l' « homme » et à l' « humanité » tout en s'opposant à l'un comme à l'autre. « Homme » a pour métaphore l'abstraite « humanité »; il a pour métonymie l' « homme » concret. Ou plus exactement, il aurait, car, le paradigme étant en absence, il ramasse en lui-même ces oppositions; il est à lui-même sa propre métaphore et sa propre métonymie. « Homme » ne s'oppose donc pas seulement à chacun des termes du paradigme mais à leur ensemble suivant un modèle résumé dans le tableau suivant :

	« étoile »
« infini »	--------------
	« mer »
« Homme »	

Du privilège de se poser contre tout donné naturel, nous allons voir ce qu'il en coûte à l'Homme et ce qu'il y gagne.

V. La classe des prédicats

L'ensemble D + E + F forme l'archi-paradigme prédicatif du poème. Nous avons déjà évoqué le cas de D. Le paradigme F, constitué tout entier par le morphème du participe passé des verbes en -er, introduit une rime identique entre les quatre vers au cinquième pied, comme un accord arpégé en plein cœur du quatrain. Mais il y a plus. En effet, en 1 et 3, /e/ est suivi de /r/, et précédé des liquides /r/ dans le premier cas, /l/ dans le second. Sous ce rapport, le privilège assonantique des vers 1 et 3 évoqué plus haut se retrouve, ici transformé : la consonne suivant la rime est la liquide /r/ dans les deux cas, la consonne la précédant est une liquide également, mais /l/ et /r/ sont inversés. Ce n'est pas tout, car le paradigme E sur lequel s'appuient ces phonèmes présente une autre particularité sur le plan phonique, paronomastique cette fois : $_1$/plɔr/ et $_3$/pɛrl/ ont trois phonèmes en commun, deux seulement permutent; or $_2$[rul] joue en quelque sorte le rôle de médiateur phonique; il ne contient pas le phonème /p/ qui sera conservé à l'initiale en 1 et 3, il transpose déjà les phonèmes /r/ et /l/ qui sont encore séparés par une voyelle. Mais on ne retrouve dans le quatrième membre du paradigme aucune transformation équivalente. E4 s'oppose à E1 + E2 + E3; E2 s'oppose à E1 et E3 qui s'opposent entre eux. Nous sommes donc justifié à établir le tableau suivant où le modèle phonique de E paraît semblable au modèle sémantique de C.

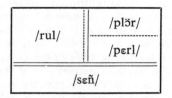

Du point de vue sémantique, le paradigme E introduit dans le poème l'évocation de déperditions de substance dont les trois premières sont absurdes et la quatrième seule possible. Si nous examinons le paradigme constitué par B + C + (D + E + F), c'est au sens figuré seulement que l'étoile peut pleurer, l'infini rouler et la mer perler. C'est l'homme d'autre part, et non l'Homme, qui peut saigner, mais le sang est au moins congru à l'Homme. La déperdition de substance entraîne la négation ou la mort. L'Homme meurt de saigner trop et/ou trop longtemps. S'il roule, l'infini se nie et donc se détruit immédiatement dans le même mouvement. Par contre, c'est à la limite seulement, à l'infini, que l'étoile peut épuiser sa substance à pleurer et que la mer peut se tarir à perler. On pourrait donc à nouveau établir pour E un tableau semblable au précédent s'il n'y avait plus. Pleurer et saigner sont humains; ni rouler, ni perler ne le sont. C'est ce qui oppose E1 à E3. Dès le premier énoncé du poème ($_1$BCDEF), E1 est le médiateur d'une transformation de C1 en quelque sorte oblique : « étoile » est déjà humanisée. Mais on notera qu'en passant du sens propre au sens figuré, « pleur— » passe d'un effet somme toute bénin qu'il aurait pour l'Homme à un effet à long terme mortel pour l'étoile. La fonction du paradigme E n'est autre que d'établir la transformation. Après quoi, l'accord phonique de F, qui précède immédiatement la césure dans chaque vers, ne fait que souligner la transformation initiée.

Au reste, il justifie formellement *a posteriori* l'emploi du passé composé dans le quatrain qui permet de résoudre, grâce à D, l'inégalité métrique des quatre syntagmes ABC, et que rien d'autre ne vient justifier par ailleurs. Le temps verbal ne s'opposant à aucun autre n'est pas plus marqué ici que ne l'aurait été un présent.

On peut rassembler le système des oppositions de E dans le tableau suivant :

	CONSÉQUENCE MORTELLE		
	IMMÉDIATE	A COURT TERME	A LONG TERME
SENS FIGURÉ	« roulé »		« pleuré » / « perlé »
SENS PROPRE		« saigné »	

humain

Nous reviendrons plus tard sur l'archiparadigme adjectif qualificatif G + H. Notons simplement pour le moment que G contraste avec H comme adjectif attribut avec adjectif épithète.

VI. La classe des circonstants

VI.1. Les prépositions

Les quatre syntagmes IJKLM constituent des compléments de lieu pour chaque proposition dont le développement contraste pourtant singulièrement avec le parallélisme grammatical des quatre syntagmes ABCDEFG. Les différences apparaissent dès l'examen de l'archiparadigme I + J des prépositions. Le mouvement en 1 et 2 s'oppose à son absence en 3 et 4. Au niveau de J, 3 et 4 ne sont pas distingués ; qui plus est, leur équivalence est soulignée sur le plan phonique par l'assonance de [a] suivi de [t] aux septième et huitième pieds. C'est le dernier effet sur le plan phonique dans l'ordre paradigmatique (mis à part les rimes et leur rapport paronomastique) ; l'équivalence sera niée ultérieurement comme on peut s'y attendre.

Mais les vers 1 et 2 s'opposent entre eux comme mouvement virtuel interne (par le détour de la locution prépositive « au cœur de » sur laquelle nous aurons à revenir) à mouvement réel externe (par l'emploi de deux prépositions « de... à... ». C'est cette opposition qui est neutralisée en J3 et J4. L'opposition est fortement marquée à plusieurs niveaux : construction chiasmatique ($_1$au...de/$_2$de...à). Cette opposition est soulignée sur le plan phonique : [o] est suivi de [k] (au cœur); [a] est précédé de [k] (nuque à). Et elle est d'autant plus marquée qu'il n'y a pas d'autre [k] dans le poème. Il y a plus : $_1$de et $_2$de ont le même signifiant mais non le même signifié (la même préposition signifie la possession en 1 et l'origine en 2); réciproquement $_1$au et $_2$à ont le même signifié (le lieu) mais deux signifiants différents ([o] et [a]).

VI.2. Les possessifs

Le paradigme K est composé d'adjectifs possessifs de la deuxième personne du singulier. Le deuxième vers est le seul à présenter un contraste entre $_2$ta et $_2$tes. En fait $_2$ta s'oppose bien plus à son absence devant $_1$cœur qu'aux autres adjectifs possessifs de K. On aura intérêt à le considérer à un double niveau contrastif et oppositif. De $_2$ta à $_2$tes, que se passe-t-il? Un premier renversement grammatical quant au nombre. Les trois premiers membres de K sont des pluriels, indéfinis quant au genre. En cela, le quatrième $_4$ton s'oppose à tous les autres comme singulier à pluriel ainsi qu'à $_2$ta comme masculin à féminin. Il renverse toutes les oppositions établies et introduit la distinction attendue entre 3 et 4. De plus, ce paradigme introduit l'élément personnel qui était totalement inexistant jusqu'ici; il s'oppose au paradigme B des articles définis, comme marqué à non marqué. Qui est ce « tu »? Nous ne le savons pas encore. Il est cependant explicitement posé et par-là même pose un « je » implicite dans le poème [9]. Nous sommes confrontés à une contradiction entre le « je » implicite et l'aspect impersonnel des quatre syntagmes ABCDE. C'est le lieu de tracer une sorte de diagonale entre le premier possessif $_1$« tes », avant-dernier mot du premier vers, et le deuxième mot du dernier vers $_4$« Homme » qui correspond à un *on* textuel objectivé. Autrement dit, cette diagonale neutralise l'opposition entre poésie subjective dont le texte « s'aveuglant sur lui-même, sur sa fonction et son action, sur son fonctionnement, se donne la comédie fantasmatique d'une représentation qui n'est autre que la façon dont il se représente à lui-même » et poésie objective dont « le texte pense celui qui croit le penser » [10].

---

9. « Le langage n'est possible que parce que chaque locuteur se pose comme *sujet*, en renvoyant à lui-même comme *je* dans son discours. De ce fait, *je* pose une autre personne, celle qui, tout extérieure qu'elle est à « moi », devient mon écho auquel je dis *tu* et qui me dit *tu*. » (E. Benveniste, *Problèmes de linguistique générale*, Gallimard 1966, p. 260).

10. J.-L. Baudry, « Le texte de Rimbaud », in *Tel Quel* 35, 1968, p. 57 et 60.

L'Homme est un *on* qui *me* représente. Plus que jamais, on le voit, et aux deux pôles du discours, « *Je* est un autre »[11] que je pense et qui me pense dans le texte du quatrain; leur complémentarité est explicitée sur le mode sexuel comme le révèle l'archi-paradigme L + M : tous ses membres signifient des parties du corps dont la féminité ne sera établie qu'au troisième vers avec le mot « mammes ». Le mot « cœur » employé dans une locution prépositive, (au figuré, mais dont le sens propre est une partie du corps), a un rôle de médiateur figuré qui permet le retour au sens propre en L + M que nous avions quitté depuis C. Médiateur sémantique et grammatical, mais aussi phonique : /kör/, introduit par /k/ le chiasme noté plus haut entre 1 et 2, annoncé par /r/ la paronomase notée à la rime (il n'y a, et pour cause, pas d'autres /r/ en HIJKLM que celui-ci et ceux qui sont en rapport paronomastique). Enfin, sur le plan sémantique, on peut tracer une nouvelle diagonale qui le relie à E4 « saigné »; mise en relation qui ne devrait pas paraître forcer le texte. Elle est corrélative de celle que nous avons tracée entre $_1$*tes* et $_4$*Homme*. Si nous avons pu tracer la première, c'est que K1 et C4 occupaient tous les deux une position privilégiée, symétrique par rapport à leurs paradigmes et à leurs syntagmes respectifs. Le moi objectif est séparé (paradigmatiquement en A) du monde et de toi (paradigmatiquement et syntagmatiquement en K). Or la complémentarité de ce *moi* objectif et de ce *toi* s'établira au prix d'une double séparation mais inverse : d'une part, paradigmatique et syntagmatique (L1/E4) pour le « cœur... saigné » qui de plus est le prix payé par l'Homme; d'autre part, syntagmatique entre l'$_4$« Homme » et $_4$« ton flanc » dont le résultat positif apparaîtra bientôt quand nous aurons dégagé les rapports entre « cœur » et « flanc ».

VI.3. Les substantifs

C'est seulement en considérant les contrastes $_1$« cœur-oreilles » et $_2$« nuque-reins », avant de voir comment ils s'opposent entre eux et à M3 et M4, que nous découvrirons la structure de L + M. Mais notons tout de suite la transposition qui s'effectue autour de M : $_1$« oreilles » et $_2$« reins » sont à la rime, ils sont précédés de $_1$« cœur » et $_2$« nuque », substantifs homogènes (parties du corps). Rien de tel pour $_3$« mammes » et $_4$« flanc » qui au contraire sont suivis de deux adjectifs hétérogènes (sans signifié corporel). Les paradigmes L et H sont en distribution complémentaire.

Examinons d'abord les rapports L + M : $_1$« cœur » constraste avec $_1$« oreilles » comme masculin singulier avec féminin pluriel. Avec

---

11. Rimbaud l'affirme deux fois, dans sa lettre à G. Izambard du 13 mai 1871 et dans sa lettre à P. Demeny du 15 mai 1871.

M3 et M4 une inversion permet de revenir au point de départ, cette fois en opposition et non plus en contraste : $_3$« mammes » s'oppose à $_4$« flanc » comme féminin pluriel à masculin singulier. Sur le plan sémantique, $_1$« cœur » et $_1$« oreilles » sont deux organes internes. L'oreille est bien considérée comme un organe interne, ou plus exactement c'est sa partie interne qui est pertinente. D'autre part, ils contrastent sous le rapport du haut et du bas, rapport qui se trouve inversé dans le cas de $_2$« nuque » et de $_2$« reins ». Par opposition, L2 et M2 sont tous deux des parties externes du corps. Il va de soi que $_2$« reins » ne renvoie pas aux viscères (internes), mais aux lombes (externes). En cela, $_2$« reins » s'oppose d'une part à $_1$« oreilles » puisqu'en M1 le sens est déplacé vers l'intérieur alors qu'en M2 il est déplacé vers l'extérieur, d'autre part à $_1$« cœur » puisque tous deux sont entendus au figuré, mais grammaticalement pour L1 (locution prépositive) et sémantiquement pour M2 (par extension). Avec $_3$« mammes » et $_4$« flanc » s'effectue un complet renversement : $_3$« mammes » est externe et du haut tout comme $_2$« nuque »; $_4$« flanc » est interne et du bas tout comme $_1$« cœur ». Donc, l'opposition M3/M4 est semblable à l'opposition L1/L2 mais inversée; la circulariré est complète, M4 renvoie à L1.

Entre temps, s'est opérée cependant une transformation qui n'aura pas échappé au lecteur. C'est avec le mot « mammes » qu'est introduite explicitement la féminité du corps évoqué. Ce mot n'est attesté ni dans le dictionnaire de Littré ni dans celui de Robert. Nous n'avons pas de peine cependant à reconnaître la sexualité féconde qui est impliquée par ce dérivé du latin « *mamma*, mamelle, organe glanduleux sécrétant du lait »; et plus explicitement encore, on trouve le mot « mamme » attesté en 1560 avec le signifié « maman » (*Robert* : art. « Maman »). S'il était employé au sens propre, comme « partie latérale du corps... », nous ne voyons guère pourquoi « flanc » serait ici au singulier alors que « oreilles », « reins » et « mammes » sont au pluriel. Mais par extension « flanc » signifie « la partie du corps où la vie semble profondément logée (*Robert* : art. « Flanc »).

$_3$« Mammes » et $_4$« flanc » sont donc codés sexuellement sur le mode de la fécondité. En ceci, ils s'opposent *a posteriori* pourrions-nous dire à $_2$« nuque » et $_2$« reins » marqués érotiquement et à $_1$« cœur » et $_1$« oreilles » marqués affectivement. Mais ce n'est pas tout. Ce qui était affirmé sur le mode majeur se trouve maintenant nié sur le mode mineur, instituant un mouvement dialectique au détriment de la circularité dégagée plus haut. En effet, $_3$« mammes » (externe), seins féconds sécrétant renvoie aux organes glanduleux internes et donc à $_1$« cœur » et $_1$« oreilles », tandis qu'inversement $_4$« flanc » (interne), sein fécond qui expulsera renvoie à son extériorité et donc à $_2$« nuque » et $_2$« reins». En cela M3 et M4 s'orientent vers le mouvement virtuel (mouvement de direction contraire pour l'un et pour l'autre), achevant ainsi, après coup, la série de transformations ébauchée sous ce rapport avec l'archi-paradigme I + J. De plus, ₄« flanc » est figuré comme ₂« reins », tous deux par extension de sens, mais M4 part d'un sens premier externe pour arriver à une extension interne, glissement inverse dans le cas de M2. On voit donc le progrès établi de « cœur » à « flanc », puisque « cœur » renvoie, nous l'avons vu, non seulement à « Homme », mais joue à nouveau le rôle de médiateur pour renvoyer, par toute une série d'intermédiaires, à « flanc ».

VII. La classe morphologique des adjectifs

VII.1. Les attributs

Il est temps de revenir à l'archi-paradigme G + H des adjectifs qualificatifs. Tous les membres de G sont des adjectifs de couleur qui se rapportent grammaticalement aux substantifs dont ils sont attributs, mais sémantiquement aux substantifs « corporels » avec lesquels ils n'entretiennent pas de rapport grammatical : rose est la couleur des oreilles, blanc celle de la peau, rousse celle des mamelons, noir celle du flanc considéré comme entrailles. Ainsi le paradigme G joue après l'accord F le rôle d'une plaque d'inversion entre C et M. A l'intérieur du paradigme lui-même, nous trouvons une symétrie inversée sur le plan sémantique. Le blanc s'oppose au noir comme la fusion des couleurs à leur absence. En même temps, c'est une manière de marquer noir sur blanc, pour ainsi dire, l'Homme par rapport à l'infini, ce qui renforce l'opposition majeure à l'intérieur de C.

Les rapports de ₁« rose » et de ₃« rousse » sont un peu plus délicats. Remarquons d'abord que « rousse » se rapporte sémantiquement à « mammes », mais implicitement, car celles-ci sont précisées explicitement comme « vermeilles ». Il n'y a pas là contradiction, mais simple précision. En effet, si nous suivons le dictionnaire de Robert, « vermeille » est « d'un rouge vif et léger » (art. « Verm(i) »), alors que « rousse » est « d'une couleur (éclatante ou terne) qui tire plus ou moins sur le jaune orangé : orangé, gris jaunâtre ou rougeâtre, brun clair, etc... » (art. « Roux, rousse »). Les deux adjectifs en rapport syntagmatique ne s'excluent pas, ils se précisent.

Par ailleurs, il est évident que pour passer de « blanc » à « rose », il faut du « rouge ». Le médiateur « vermeilles » est rejeté à la fin du troisième vers. Il serait tentant de voir dans « rousse » le mélange de « noir » et « vermeilles ». La relation est plus subtile; en effet, si « rousse » peut-être un gris rougeâtre, alors se trouve suggéré un mélange de « blanc » et de « noir » auquel est ajouté la couleur « vermeille ». En d'autres termes, « rose » joue le rôle de médiateur entre « blanc » et « vermeilles », tandis que « rousse » joue le même rôle entre « blanc » et « noir » d'une part, « (gris) » et « vermeille » d'autre part. Par là même, le paradigme G acquiert une nouvelle importance :

137

il est le médiateur entre l'homme coupé du monde exprimé dans C et l'Homme réconcilié avec l'autre et lui-même qui, pour ainsi dire, s'étale en blason dans L + M.

VII.2. Les épithètes

Il nous reste à rendre compte du paradigme H et particulièrement de l'adjectif $_4$« souverain ». Il n'est pas seulement membre de la même classe grammaticale que « vermeilles », il est en rapport sémantique avec lui : en effet, le substantif « vermeil » signifie un « argent doré recouvert d'une dorure d'un ton chaud tirant sur le rouge » et par extension « cette dorure, appliquée sur l'argent » (*Robert* : art. « Verm(i)- »); d'autre part, le substantif « souverain » est une « monnaie d'or anglaise de valeur égale à la livre sterling » (*Robert* : art. « Souverain, aine »). Le rôle médiateur de « vermeilles » entre le paradigme G et « souverain » apparaît aussitôt et permet d'établir sur le dernier mot du quatrain la souveraineté dont tout le poème ne dit que le procès. En effet, « souverain » contraste avec « l'Homme » qui s'opposait au monde.

VIII. L'ultime transformation

Enfin, il ne nous reste plus qu'à montrer comment $_4$« souverain » inverse complètement et sur tous les plans $_1$« l'étoile », achevant ainsi formellement le poème ou plutôt, comme nous allons le voir, le prenant dans un mouvement perpétuel qui pose et nie à la fois la contradiction.

Sur le plan phonique, le phonème [ɛ̃] par lequel se termine le poème renverse le phonème [l] par lequel il commence, non seulement comme voyelle opposée à consonne, mais parce qu'il contraste avec lui; on se souvient des rapports phoniques à l'initiale de chaque vers tels que nous les avons dégagés au début de cette analyse. A ce niveau au moins la boucle est fermée.

Sur le plan grammatical, tous deux semblables par le nombre, *étoile* et *souverain* s'opposent par le genre (fem./masc.) et par la classe grammaticale (subst./adj. qual.).

Sur le plan sémantique, de l'étoile, astre imprécis (à cause de l'article), soumis à l'infini (puisqu'il en est la métonymie) et qui pourtant dès le premier syntagme s'inclinait en pleurant vers l'Homme, nous sommes passés à la souveraineté vivante et devenue de l'Homme réconcilié.

Or, qu'est-ce que cette opposition ultime et distanciée entre l'initiale et la finale, sinon la chute du poème subtilement dotée d'une double discrétion : l'une, toute commune en ce que la chute reste imperceptible à l'œil nu du lecteur; l'autre, toute linguistique en ce que la chute complètement informée par la structure, saute aux yeux à la « microscopie ». Au lieu de porter ouvertement c'est-à-dire dans le récit, sur le dernier vers (comme souvent, par exemple dans *Le dormeur du val*), elle porte sur le dernier élément sémantique, grammatical et phonique du poème, et dans l'ordre du récit ne se dissimule que pour mieux s'affirmer dans l'ordre de la structure. En tant qu'aboutissement, l'ultime transformation structurale n'était pas imprévisible, une fois connues toutes les autres.

On comprend donc que la structure comme espace de l'écriture est *bouclée* en H4 par le dernier élément du dernier paradigme, alors que le récit, comme temps de l'écriture, *aboutit* en H4 avec le dernier élément du dernier syntagme. La synthèse progressivo-simultanée par laquelle le poème se crée, c'est-à-dire s'engendre poétiquement, ouvrant la boucle de la structure et incurvant la linéarité du récit, s'opère dans le quatrain qui *s'épanouit* en spire en H4, point-moment d'un espace temps orienté.

Au terme de cette analyse, nous croyons avoir montré comment dans ce quatrain tous les codes linguistiques sont utilisés et, en se chevauchant par l'emploi de termes, médiateurs sur un plan, médiés sur l'autre, s'encodent eux-mêmes au kaléidoscope de la création poétique. Ce que restitue ici l'analyse structurale, sous un fort grossissement, c'est la dynamique du verbe poétique dans son engendrement progressivo-simultané puisque nous avons rendu compte des dimensions multiples sur lesquels s'étagent le sens par-delà les sens et les formes réciproques qui lui servent de support. L'aspect systématique de la composition du quatrain lui-même saute aux yeux à première lecture. Il se trouve a fortiori amplifié démesurément dans l'analyse. Dans l'un et l'autre cas, en faisant écran à l'émotion au lieu de l'ébranler, cet aspect a pu rebuter le lecteur. Mais à traiter l'analyse comme le processus de la création même, l'émotion esthétique est réintroduite dans le moment où s'enclenchent les codifications multiples du poème. Par-là même se trouve justifiée, à nos yeux du moins, cette démarche, incomplète cependant, car à l'évidence, la structure du poème ne se confond pas avec le poème.

Un essai de lecture de Rimbaud :

« Bonne pensée du matin »

*Parmi les multiples problèmes posés par la poésie de Rimbaud, le premier est assurément celui de sa lisibilité. Le présent texte est une contribution ponctuelle à un travail déjà commencé, notamment par J.-C. Coquet dans « Combinaison et transformation en poésie » (Revue l'*Homme, *volume IX, 1969).*

*La consigne donnée par Rimbaud, lorsqu'il déclarait à sa mère à propos d'*Une Saison en Enfer : *« J'ai voulu dire ce que ça dit, littéralement et dans tous les sens », n'a guère été suivie. Des citations ont été réifiées, c'est-à-dire isolées de leur encadrement paradigmatique (système) et syntagmatique (procès), le reste étant avoué illisible.*

Les pages qui suivent sont un essai de lecture du poème « Bonne pensée du matin ».

A quatre heures du matin, l'été,
Le sommeil d'amour dure encore.
Sous les bosquets l'aube évapore
    L'odeur du soir fêté.

Mais là-bas dans l'immense chantier
Vers le soleil des Hespérides,
En bras de chemise, les charpentiers
    Déjà s'agitent.

Dans leur désert de mousse, tranquilles,
Ils préparent les lambris précieux
Où la richesse de la ville
    Rira sous de faux cieux.

Ah! pour ces Ouvriers charmants
Sujets d'un roi de Babylone,
Vénus! laisse un peu les Amants,
    Dont l'âme est en couronne.

    O Reine des Bergers!
Porte aux travailleurs l'eau-de-vie,
Pour que leurs forces soient en paix
En attendant le bain dans la mer, à midi.

Mai 1872

I. Établissement du texte

Il existe encore deux autres versions : celle dite du manuscrit II, sans titre, sans date, sans ponctuation et sans majuscule initiale à chaque vers. La troisième est insérée dans « Une Saison en Enfer » : elle compte de nombreuses variations d'ordre stylistique que nous récapitulons :

	Texte de 1872	Texte de « Une Saison »
vers 3	Sous les bosquets	Sous les bocages
vers 5	Mais là-bas dans l'immense [chantier	Là-bas, dans leur vaste chantier
vers 6	Vers le soleil des Hespé- [rides	Au soleil des Hespérides
vers 7 et 8	En bras de chemise, les [charpentiers Déjà s'agitent	Déjà s'agitent, en bras de che- [mise Les Charpentiers.
vers 9	Dans leur désert de mousse,	Dans leurs Déserts de mousse,
vers 11	Où la richesse de la ville	Où la ville
vers 12	Rira sous de faux cieux.	Peindra de faux cieux.
vers 15	Vénus! laisse un peu les [Amants	Vénus! quitte un instant les [Amants
vers 20	En attendant le bain dans [la mer, à midi.	En attendant le bain dans la mer [à midi.

Ces différences ne se situent pas toutes au même niveau : certaines appartiennent à la manifestation simplement stylistique du contenu; d'autres plus importantes intéressent certaines articulations de contenu. Quoi qu'il en soit, un examen a priori n'a guère de signification. Par ailleurs ce texte pose un problème pour l'établissement de corrélations spécifiques entre la forme du contenu (signifié) et la forme de l'expression (signifiant) puisque les variations rendent le vers tantôt pair, tantôt impair...

II. Découpage du texte

Le problème liminaire est celui du découpage du texte en séquences. En face d'un texte poétique, la solution semble aisée : il n'est qu'à recourir au découpage en strophes. Dans le cas présent, cette solution semble s'imposer puisque chaque strophe se termine par un point. Mais cette division ignore certaines caractéristiques formelles : il convient d'exploiter à des fins démarcatives les marques formelles ou les absences de marques qui jalonnent le texte. A cet égard, la division en cinq strophes fait place à une division tripartite :
— première séquence : première et seconde strophes
— seconde séquence : troisième strophe
— troisième séquence : quatrième et cinquième strophes.
La première et la seconde strophes sont cordonnées par « mais », c'est-à-dire que, contiguës sur le plan syntagmatique et formellement comparables sur le plan formel, elles sont disjointes à tous égards sur le plan paradigmatique. Les deux strophes forment en raison de leur disjonction même une unité.

La quatrième et la cinquième strophe offrent une situation analogue comme l'analyse détaillée le montrera plus loin. Observons simplement que les segments initiaux sont comparables :
— quatrième strophe : exclamation
— cinquième strophe : vocatif qui est lui-même une reprise.
Soulignons l'écart typographique qui fait que les deux strophes en question ne sont pas identiques, mais en quelque sorte symétriques.

La troisième strophe tire son autonomie du fait qu'elle est distincte, c'est-à-dire ni conjointe ni disjointe aux strophes qui l'encadrent. Occupant formellement une position centrale, elle aura également un rôle de pivot dans le schéma narratif.

III. Analyse de la première séquence

Elle se compose de deux phrases coordonnées par « mais », c'est-à-dire à la fois disjointes et conjointes.

— *niveau phonétique :* les deux strophes sont conjointes par la rime « *été* », « *fêté* », « *chantier* », « *charpentier* » et disjointes pour les deux autres paires de rimes qui vont fournir des thèmes phonétiques exclusifs à chacune des deux unités sémantiques que nous envisageons ici : la première strophe offre au point de vue consonantique un contraste *labial/dental* et au point de vue vocalique un contraste entre *voyelles d'arrière* [u] [o] [ɔ] et *voyelles d'avant* [ü] [e]. La seconde strophe présente au point de vue consonantique une dominante fricative (sifflantes et chuintantes) et au point de vue vocalique le

142

contraste entre voyelle ouverte [a] ou nasalisée et voyelles d'avant [i] et [e]; l'écart différentiel est la présence de [i]. Ces écarts ne sauraient avoir qu'un caractère tendanciel mais ils rendent compte de la substitution :

« sous les bocages » → « sous les bosquets »

en effet « bocage » appartient phonétiquement à la seconde strophe : au point de vue vocalique présence de [a]; au point de vue consonantique présence de la chuintante [ʒ].

La quatrième strophe qui confronte à nouveau les « Amants » et les « Ouvriers » maintiendra les mêmes exclusives.

— *niveau syntaxique* : les trois phrases déroulent le même ordre

circonstants	sujet grammatical	verbe	complément éventuel
à quatre heures du matin	l'été	le sommeil d'amour	dure encore
sous les bosquets		l'aube	évapore
			l'odeur du soir fêté
là-bas dans l'immense chantier	vers le soleil des Hespérides	les charpentiers	déjà s'agitent

l'écart syntaxique se résout, comme nous le verrons plus loin en une variation isotope.

— *niveau lexical* : examinons d'abord des circonstants : l' « été » constitue un élément de conjonction, mais qui est disjoint pour l'ensemble du texte selon

« quatre heures du matin »   vs   « midi »

cette disjonction assume deux fonctions : placés l'un en tête du texte, l'autre en fin de texte, ces termes ont un rôle démarcatif et assurent sa clôture. En second lieu, ils opèrent en vertu de leur opposition une dichotomie selon

« avant »   vs   « après »

qui est une des conditions, entre autres, de la narrativité [1]:

$$\frac{\text{« avant »}}{\text{contenu inversé}} \quad vs \quad \frac{\text{« après »}}{\text{contenu posé}}$$

---

1. Cf. A. J. Greimas, *Communications*, 8, 1966.

Le terme initial est à son tour disjoint selon l'opposition

« encore »   vs   « déjà »

susceptible de l'opposition modale très générale :

$$\frac{« \text{ encore } »}{« \text{ déjà } »} \simeq \frac{\text{conjonction}}{\text{disjonction}}$$

connotée dans le texte selon « euphorique » vs « disphorique ». Soit la structure suivante :

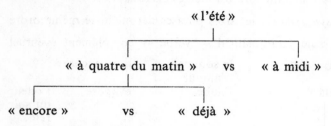

« l'été »

« à quatre du matin »   vs   « à midi »

« encore »   vs   « déjà »

Il s'agit d'articulations par elles-mêmes vides de contenu, mais qui par leur rigueur introduisent un élément de présivibilité important :

affirmation de « encore » → dénégation de « encore »
affirmation de « déjà » → dénégation de « déjà »

c'est-à-dire de la conjonction et de la disjonction que chaque adverbe recouvre.

Ce qui vaut pour les circonstants relatifs au temps, vaut pour les circonstants relatifs à l'espace; nous avons une opposition nette

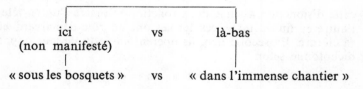

ici   vs   là-bas
(non manifesté)

« sous les bosquets »   vs   « dans l'immense chantier »

cette opposition permet d'esquisser l'isotopie propre à chaque unité :

« sous les bosquets »   → isotopie cosmologique
« dans l'immense chantier » → isotopie noologique

Bien que les fonctions et les qualifications déterminent les actants, la présentation recensera, pour des raisons de commodité, les acteurs; il s'agira d'abord d'un inventaire naïf des acteurs grammaticaux qui seront ultérieurement convertis en actants. Cet inventaire brut est le suivant :

> « le sommeil d'amour »
> « l'aube »
> « les charpentiers »

On s'aperçoit que cette classe d'acteurs grammaticaux est disjointe à d'autres égards :

première phrase	*seconde phrase*
acteurs non figuratifs	acteurs figuratifs
non qualifiés	qualifiés
singulier	pluriel

L'opposition se poursuit au niveau des fonctions :

première phrase	*seconde phrase*
F_1 = passion	F_2 = action

Au point de vue sémique, les sèmes appartiennent à deux ordres simples :

« amour » → affectivité (s_1)
« l'aube évapore l'odeur du soir fêté » → sensation (s_2)

La seconde caractéristique sémique de la première strophe est d'ordre structural : elle met en œuvre des termes complexes. La première phrase contient une opposition :

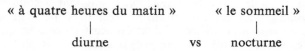

« à quatre heures du matin »   « le sommeil »

diurne   vs   nocturne

mais opérant à l'intérieur d'une même unité (ou sous-unité), cette opposition est convertie en terme complexe « diurne » + « nocturne »; la seconde phrase fait de même :

« l'aube »   « le soir »

diurne   vs   nocturne

qui vaut comme terme complexe : « *diurne* » + « *nocturne* ». Nous sommes en face d'une variation isotope de « dure » c'est-à-dire que le signifiant en est discontinu. Mais cette particularité structurale doit valoir également pour les autres axes sémantiques : elle vaut pour le lexème « évapore » que nous interpréterons comme terme complexe « chaud » (ou «sec ») + « mouillé » et également pour la combinaison « odeur » vs « fêté » : la liaison hypotaxique doit s'effacer devant une opposition très générale « cosmologie » vs « noologie » qui, parce qu'elle opère à l'intérieur d'une même unité, vaut comme terme complexe. Soit le schéma suivant :

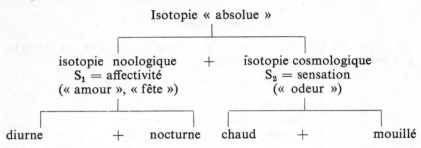

Donnés d'emblée comme tels, ces termes complexes définissent ce que nous appellerons un « absolu » qui est soit voué à l'éclatement — ce qui n'est pas le cas puisque la connotation est euphorique — soit destiné à servir de référence à un terme « relatif » de caractère déceptif. En raison de la clôture, ici très forte, du texte, tout terme consécutif à cette strophe ne peut avoir qu'un caractère déceptif, a fortiori s'il est posé formellement et sémantiquement comme opposé. Ce que nous avons noté sur le plan formel, et qui nous reste à établir sur le plan sémantique.

Nous connaisssons déjà les acteurs figuratifs et qualifiés de la seconde strophe; nous savons également qu'ils relèvent d'une fonction « action » qui les situe sur une isotopie noologique. Les segments « chantier », « en bras de chemise », « s'agitent » sont en relation hyperonymique avec cette fonction. Si certains éléments se situent sur l'isotopie cosmologique, ils marquent un écart en ce sens qu'ils représentent des termes simples et non plus des termes complexes. Or cette différence est pertinente : « le soleil » séparé de « mouillé » manifeste moins le sème « chaud » que le sème « sec ». Là encore, nous disposons d'un élément de prévisibilité : la transformation ne peut consister qu'en une réception du « mouillé ».

IV. Analyse de la seconde séquence

— *niveau phonétique* : elle possède son identité, c'est-à-dire ses dominantes; au point de vue consonantique notamment, les consonnes vibrantes dominent : vibrante apicale [r] et vibrante latérale apico-dentale [l] à la rime, en particulier « tranqui*lles* », « vi*lle* ».

— *niveau syntaxique* : elle maintient l'ordre

circonstant + sujet grammatical + verbe + complément

mais pose un écart net puisque la phrase se divise en

> prop. principale + prop. subordonnée

écart lourd de conséquences au niveau sémantique.

— *niveau lexical :* nous avons vu que la phrase maintenait en tête un circonstant « dans leur désert de mousse »; on notera qu'il se présente comme terme complexe « sec » + « mouillé » et se situe sur l'isotopie cosmologique; ce qui constitue une disjonction par rapport à l'unité sémantique précédente. Ce n'est pas la seule.

Nous retrouvons l'acteur grammatical « les charpentiers » mais avec deux différences :

première séquence	*seconde séquence*
forme nominale	forme grammaticale
fonction	fonction
	+ qualification

nous notons une première transformation :

> « agité » → « tranquille »

soulignée par la place de ces mots à la rime.

La fonction « action » est ici traitée selon les modalités « production »/« consommation » qui permet de poser un premier schéma actantiel.

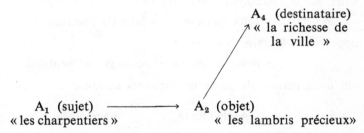

ce schéma appelle plusieurs remarques; il ne prend son sens que par rapport au schéma implicite de la première phrase, schéma que nous pouvons formuler puisqu'il est dénié dans la troisième séquence. Ce schéma se présente ainsi :

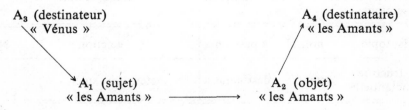

Ainsi la première séquence offre un syncrétisme $A_1 \cdot A_4$, tandis que la seconde séquence opère une transformation en dissociant formellement les deux rôles :

sujet	destinataire
personnel	non-personnel
qualifié	non-qualifié
actuel	ultérieur $\rightarrow$ futur de « rira »
« ici »	« ailleurs » $\rightarrow$ « la ville »

mais la dissociation est encore plus nette si l'on observe que le lieu sémantique du destinataire est « les faux cieux », en relation hypotaxique avec « la ville », de sorte que l'opposition concerne les termes :

« désert de mousse » vs « les faux cieux »

Deux remarques peuvent être faites : en premier lieu, l'écart structural est maintenu :

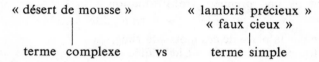

en second lieu, le texte propose une équivalence entre deux sémèmes situés sur des isotopies différentes :

« faux cieux » = « lambris précieux »

opposition de caractère modal :

cosmologie factice = noologie authentique

qui nous permet de poser les rapports suivants :

	Authenticité	Facticité
Isotopie C	sec + mouillé	« les faux cieux » non C
structure des articulations sémiques	terme complexe	terme simple
Isotopie	non N « passion »	« action » N
structure actantielle	acteur $\rightarrow$ destinataire	acteur $\rightarrow$ sujet

L'acteur grammatical « richesse de la ville » appelle deux remarques :

a) il est le destinataire de l'objet noologique « les lambris précieux »; la substitution de « la richesse de la ville », acteur déterminé, à « la ville », acteur indéterminé, appuie cette assignation.

b) sa fonction « rire » sera considérée comme opposée à celle des « charpentiers » et vaudra comme non-action; là encore cette interprétation est soutenue par la variante du texte de « La Saison » : « peindre » qui ne permettait pas la disjonction sur ce point alors qu'elle était posée à tous les autres niveaux. On voit qu'une utilisation sémantique des variantes est possible au lieu de l'exploitation stylistique — au sens traditionnel du terme — ou euphonique, à condition que soient reconnus les axes sémantiques du discours en question.

Les articulations de contenu peuvent être désormais précisées :

Première séquence

— « les Amants » = $C + non\ N$

cette synthèse représente dans le micro-univers du texte ce que nous avons appelé « un absolu »;

— « les charpentiers » = $non\ C + N$

Deuxième séquence

Elle opère une première transformation :

— « la richesse de la ville » = $non\ C + non\ N$
— « les charpentiers » = $C + N$

Cette transformation aboutit donc à la réunion de termes contraires. Ces opérations aboutissent au tableau suivant :

« *les Amants* ». . . $C + non\ N$
                              |
                         disjonction
                              |
« *les charpentiers* ». $non\ C + N$ $\longrightarrow$ $C + N$
                                    transformation |
                                                         disjonction
                                                              |
« *la richesse de la ville* » . . . . $non\ C + non\ N$

Nous sommes en face d'une particularité rhtéorique, à savoir que chaque étape de l'opération de transformation (initiale, centrale et, comme nous le verrons au cours de l'analyse de la troisième séquence, finale) est *ponctuée* par une disjonction de caractère paradigmatique : la transformation $non\ C + N \rightarrow C + N$ est *encadrée* par ses combinaisons opposées « à l'avant » et « à l'arrière ». Ceci n'est d'ailleurs qu'une vérification du principe posé par Jakobson selon lequel tout contraste dans la chaîne doit se résoudre en opposition dans le système.

V. Analyse de la troisième séquence

— *niveau typographique :* les acteurs « Ouvriers » et « Amants » sont affectés à l'initiale de la majuscule; autrement dit, d'une séquence à l'autre il y a différence formelle à vocation démarcative; ce qui donne en intégrant une marque grammaticale :

— première séquence : minuscule + forme nominale
— seconde séquence : minuscule + forme pronominale
— troisième séquence : majuscule + forme nominale

« La preuve » en est l'hésitation au sujet de la minuscule de la seconde séquence puisque le texte de la « Saison » offre : « Dans leurs Déserts de mousse, ... » et diffère de celui du manuscrit I sur deux points : il maintient le singulier face au pluriel de « lambris précieux » et de « faux cieux »; il n'introduit pas encore la majuscule.

— *niveau phonétique :* la quatrième strophe est absolument fidèle aux schémas de la première séquence et maintient les mêmes contrastes.

A la rime, « bergers » et « paix » reprennent les rimes de la première strophe, tandis que les rimes « eau-de-vie » et « midi » reprennent le thème vocalique dominant [i] des « charpentiers ». Il y a donc clôture.

— *niveau syntaxique :* comme nous l'avions annoncé, les deux dernières strophes se séparent des précédentes et forment une unité distincte dans la mesure où elles débutent toutes deux par une exclamation, qui rentre dans l'ordre de l'affectivité, propre à la première strophe, d'où, là encore, clôture. Les trois phrases maintiennent le même ordre syntaxique :

acteurs + définition qualificative
définition fonctionnelle

acteurs	définition
« Ouvriers »	« charmants sujets d'un roi de Babylone »
« Amants »	« dont l'âme est en couronne »
« Vénus »	déf. qual. « Reine des Bergers »
	déf. fonc. « porte aux travailleurs... »

Mais la dernière phrase présente des éléments de disjonction par rapport à l'avant-dernière puisque nous retrouvons l'opposition :

proposition indépendante vs proposition principale
+ proposition subordonnée

150

disposition qui la rattache formellement à la seconde séquence, ce qui ne surprend guère puisqu'elle est également le lieu de transformation.

— *niveau lexical :* Nous avons vu dans la première séquence que la modalité « encore » qui caractérisait la fonction « passion » appelait sa dénégation. La qualité de « destinataires » qui caractérisait « les Amants » est déniée, ce qui constitue une première transformation de type déceptif :

$$C + non\ N \rightarrow C + N$$

Ce renversement de situation entraîne logiquement une refonte du modèle actantiel.

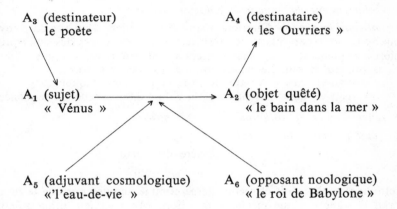

Les opérations de transformation sont confiées à « Vénus »; comme tout médiateur, elle doit se proposer comme terme complexe :

— elle est par convention congrue aux « Amants » et véhicule le sème « affectivité »;

— mais elle est formellement liée aux « Bergers », eux-mêmes médiateurs sur le plan fonctionnel entre les « Amants » et les « Travailleurs » :

$$\frac{\text{« Amants »}}{\text{« passion »}} \quad \text{vs} \quad \frac{\text{« Bergers »}}{\text{« action passive »}} \quad \text{vs} \quad \frac{\text{« Travailleurs »}}{\text{« action »}}$$

« Déesse de l'amour » et « déesse de la mer », elle rend viable la nouvelle synthèse

$$C + N \longrightarrow C + non\ N$$

puisqu'elle-même constitue un terme complexe, figurant la conjonction des « travailleurs » et de « la mer ».

La première séquence laissait prévoir ce double de renversement de situation :

« les Amants »	conjonction $\longrightarrow$	disjonction
	« encore »	« laisse un peu... »
« les charpentiers »	disjonction $\longrightarrow$	conjonction
	« déjà »	« en attendant »

VI. Schéma narratif

On peut proposer la succession des syntagmes narratifs :

1° *établissement du manque : contenu inversé*

aliénation : « Les Ouvriers » sont dits « sujets d'un roi de Baby-lone », terme récapitulatif des résultats acquis au cours des deux pre-mières séquences; « les charpentiers » ont été posés comme sujets déçus puisqu'ils ont été posés comme non-destinataires
— vis-à-vis des « Amants » dans la première séquence,
— vis-à-vis de « la richesse de la ville » dans la seconde séquence.

2° *renversement de situation : contenu posé*

établissement du contrat :

$$\text{contrat} = \frac{\text{prière du poète}}{\text{acceptation}}$$

Cette acceptation doit être considérée comme acquise puisque le refus serait le signe « d'une méchanceté » dont Montesquieu dirait qu'elle est « injustifiable puisqu'elle serait sans intérêt ». (*Lettres persanes*, LXXXIII).

épreuve qualifiante :
réception de l'adjuvant — objet bénéfique « l'eau-de-vie »;

épreuve principale :
liquidation du manque = obtention du terme complexe
« soleil des Hespérides » + « eau-de-vie » = sec+mouillé;

épreuve glorifiante :
accomplissement des « travailleurs » :
— sur l'isotopie noologique : « la paix »
— sur l'isotopie cosmologique : « le bain dans la mer ».

Tout semble se passer comme si le schéma narratif ne manifestait que les conséquences des différentes épreuves puisque le couple « affron-tement » vs « réussite » n'est pas manifesté directement.

VII. Conclusion

Nous sommes en mesure de compléter le schéma esquissé à la fin de l'analyse de la seconde séquence :

« les Amants » $C + non\ N$ $\xrightarrow{\text{T}}$ $C + N$
                            $\downarrow$ $\downarrow$
                      disjonction   disjonction
                            $|$ $|$
« les Ouvriers » $non\ C + N$ $\xrightarrow{\text{T}}$ $C + N$ $\xrightarrow{\text{T}}$ $C + non\ N$
                                                                $\downarrow$
                                                          disjonction
                                                                $\uparrow$
« la richesse de la ville » $non\ C + non\ N$

Chaque séquence est donc bien ponctuée par une disjonction qui sanctionne soit la transformation à accomplir comme dans le cas de la première séquence, soit les transformations accomplies pour les autres séquences. Les diverses opérations portant sur le contenu peuvent figurer dans le tableau suivant :

Contenus	inversés		posés	
	corrélés	topiques	topiques	corrélés
Opérations	$C + non\ N$	$non\ C + N$	$non\ C + non\ N$	$C + non\ N$
axes sémantiques	passion	action $+$	non-action	passion
structures	synthèse	contradiction		synthèse

Une dernière remarque : le renversement de situation peut être assimilé à la succession « aliénation » vs « suppression de l'aliénation », mais cette « victoire » a lieu dans un univers mythologique et constamment signifié comme tel, de sorte que l'on est en droit de poser :

contenu inversé	contenu posé
aliénation réelle	suppression mythique

confirmant la validité de « la grammaire » proposée par J.-C. Coquet. Ce renversement de situation est formellement marqué par l'inversion des destinateurs :

contenu inversé	contenu posé
destinateur : la société	destinateur : le poète

La lecture du texte exige son découpage en séquences, c'est-à-dire la projection d'une organisation paradigmatique sur le déroulement syntagmatique du discours poétique. Ce découpage est effectué, une première fois, à l'aide d'éléments syntaxiques considérés comme marques formelles : la conjonction « mais » disjoint et conjoint à la fois les deux premières strophes, le caractère exclamatif et communicatif des deux dernières strophes les réunit en une seule séquence conférant l'autonomie à la troisième strophe. L'individualité de chacune des trois séquences ainsi dégagée se trouve ensuite confirmée par la reconnaissance des dominantes phoniques aisément opposables. Il ne reste plus que de s'assurer de leur autonomie sémantique.

L'examen du niveau lexical permet de dégager les coordonnées spatio-temporelles qui constituent l'armature sémiotique du poème : la dimension temporelle révèle l'existence d'un avant et d'un après logique, l'opposition d'ici et de là-bas les isotopies cosmologique et noologique. L'analyse sémique explicite les contenus propres à chaque isotopie et les articule en un modèle dominé par l'opposition authenticité vs facticité. Les contenus complexes ainsi reconnus sont identifiés avec les différents termes de la structure actantielle manifestés dans chaque séquence et y subissent des transformations qui, réunies en une suite logique, permettent de reconstituer le schéma narratif qui organise l'ensemble du texte.

Si le poème peut se lire comme la suppression mythique de l'aliénation réelle, cette double inversion des contenus ne se fait que grâce à la substitution, en qualité de destinateur, du poète à la société.

Essai de lecture réflexive d'un texte de Michaux à ses différents niveaux d'énonciation

Cette étude se donne pour but l'analyse des différentes significations produites dans le texte retenu, à la fois à chacun des niveaux de ce texte et dans les rapports d'interdépendance entretenus par ces différents niveaux. Les concepts employés se réfèrent pour l'essentiel à la méthodologie de l'analyse structurale en linguistique et en sémiotique, en particulier à celle de A. J. Greimas. En ce qui concerne les problèmes qui n'ont pas manqué de se poser au cours de l'analyse, on a été amené à faire référence aux travaux d'Émile Benvéniste et à ceux de Julia Kristeva.

> Un ciel de cuivre le couvre. Une ville de sucre lui rit. Que va-t-il faire? Il ne fera pas fondre la ville. Il ne pourra pas percer le cuivre.

> Renonce, petit Meidosem.
> Renonce, tu es en pleine perte de substance si tu continues ...

I. Un texte comme fragment

Même si référence n'était pas donnée à l'œuvre [1] dont ce texte est extrait, son aspect *fragmentaire* n'en serait pas moins manifeste, pour deux séries de raisons au moins :

a) on notera d'emblée l'indétermination des premiers énoncés (*Un* ciel de cuivre, *une* ville de sucre) : les syntagmes nominaux ainsi

---

1. *Portrait des Meidosems*, d'Henri Michaux, in *La vie dans les plis*, Gallimard; on citera dorénavant ce fragment selon la numérotation de la page où il est reproduit dans l'édition de 1947, soit le chiffre 146.

désignés ne prennent valeur déterminative (fondre *la* ville, percer *le* cuivre) que dans le temps très bref d'une énonciation (celle du fragment 146), qui n'en demeure pas moins suspendue à son indétermination première. En outre, on pourra se reporter aux autres textes constituant le *Portrait des Meidosems*, pour constater qu'à aucun moment les syntagmes « ville de sucre » ou « ciel de cuivre » ne seront repris, tout au moins sous la forme où ils sont explicitement manifestés dans 146. On relèvera également l'indétermination de la « fin » du fragment, liée à un contenu hypothétique (« si tu continues... ») dont rien n'indique s'il sera, ou non, effectivement réalisé.

b) Fragmentaire, ce texte ne l'est pas seulement dans sa *négativité* : il l'est tout aussi bien, et exactement dans le même temps, dans sa *positivité*. La présence manifestée d'un actant dénommé « Meidosem » implique que tout ce qui est énoncé dans 146 renvoie aux autres textes où se trouve manifesté le même type d'actant; inversement ces autres textes ne peuvent manquer d'agir à l'intérieur même de l'espace fragmentaire arbitrairement chiffré « 146 », déterminant une partie au moins des significations qui le constituent. L'ensemble forme ainsi ce qu'on a appelé un univers ou un micro-univers sémantique (Greimas), tel que chacun de ses fragments ne le redit nullement dans la totalité de ses significations, mais au contraire le produit chaque fois partiellement, et ainsi le fait d'ores et déjà *varier* au moment même où il l'énonce, en des contenus nécessairement différents, dans leur manifestation, des contenus manifestés dans les autres textes.

Deux remarques peuvent alors être formulées :

1. Ouvert en son indéterminable début, tout aussi ouvert en sa fin laissée en suspens, fragment d'un micro-univers sémantique qu'il ne contient que partiellement et qui varie en lui dans la mesure même où il y est produit, le texte occurrentiel 146 ne saurait donc être considéré, dans son occurrence même, comme un texte clos : on précise bien qu'on entend ici par texte occurrentiel le texte *productif* des significations propres au fragment 146; prise en elle-même dans son mouvement propre, cette production ne peut qu'avoir déjà commencé, dès avant le début effectif du fragment, tout comme elle se poursuit au-delà de sa fin toute provisoire, et dans le cas présent, même pas marquée comme « fin » à proprement parler.

2. En même temps, dans l'espace relatif que délimite le fragment 146, sont lisibles un certain nombre de significations, dont l'appartenance à un univers sémantique plus vaste n'empêche nullement qu'on puisse les isoler par un artifice de méthode rendant possible à la fois leur identification et leur intégration future dans une combinatoire générale qui pourra être elle-même comprise comme procès de transformation.

Ce sont ces différentes significations qu'on se propose ici d'analyser, en tant qu'*effets* produits, lisibles dans le texte 146. On ne cher-

156

chera donc pas à étudier le mouvement même de la production textuelle dans 146, étude qui ne serait d'ailleurs possible qu'à la condition de déterminer le rapport *intertextuel* que 146 écrit et lit à sa manière, ainsi que le rapport des énoncés de ce même fragment à la langue dans laquelle ils s'inscrivent. On peut remarquer cependant que, dans cet essai de lire les *effets de sens* produits par 146, on sera nécessairement conduit à envisager les différents niveaux où ils sont effectivement produits, jusques et y compris dans l'interdépendance qui fait agir dialectiquement ces niveaux les uns sur les autres : ce qui est déjà, dans le cadre d'une analyse demeurant fondamentalement structurale, amorcer l'examen du mouvement productif lui-même, dont la présente étude pourra ainsi être considérée comme une première approche sans doute aussi indispensable qu'incomplète.

On envisagera donc plusieurs niveaux d'analyse, se partageant selon le rapport hjelmslevien de « plan du contenu/plan de l'expression », qu'on appliquera sur le rapport plus traditionnel, saussurien, de « signifiant/signifié »; ce qui implique qu'on ne traitera pas ces deux types de rapports comme homologues l'un à l'autre. Signifiant, le texte poétique, en effet, ne l'est pas, selon nous, au seul niveau de son expression phonique : il l'est tout aussi bien dans la forme de son contenu, forme syntaxique principalement, mais aussi, et ce sera le cas dans 146, dans l'organisation narrative de ses contenus proprement sémantiques.

Ce mode d'analyse demanderait sans nul doute à être longuement interrogé, dans la théorie même qu'il implique : en particulier en ce qui concerne la conception « expressionniste » liée fondamentalement, nous semble-t-il, à la problématique hjelmslevienne, et qui s'oppose radicalement, en ce point précis, à une théorie de la production signifiante (d'une *écriture*, selon le sens donné à ce terme par Jacques Derrida ou Philippe Sollers), telle que Julia Kristeva a commencé de la définir par le concept de *sémanalyse* [2]. C'est donc en toute connaissance de cause, et dans l'exacte perspective qui vient d'être définie, d'une lecture des effets de sens produits dans 146, qu'on a choisi d'utiliser plusieurs concepts hjelmsleviens : il nous est apparu, en effet, qu'en fonction même de l'objet lu ici (c'est-à-dire en fonction de la réalité textuelle qui est la sienne), un certain nombre de résultats intéressants pouvaient ainsi être obtenus, à partir desquels il devenait possible d'examiner les relations qui lient entre eux les différents niveaux d'énonciation du fragment.

---

2. On sait que c'est dans ce concept méthodologique général que s'intègrent pleinement les concepts déjà indiqués, d'intertextualité et de rapport du texte à la langue : ce qui leur donne d'ailleurs une tout autre dimension que celle à laquelle on entend parfois les réduire. Sur ces différents points, cf. les travaux de Julia Kristeva, et plus particulièrement *Pour une sémiologie des paragrammes* (in *Tel Quel* 29), *La productivité dite texte* (in *Communications* 11), et *L'engendrement de la formule* (in *Tel Quel* 37 et 38).

On commencera donc l'analyse de 146 par l'étude de ces différentes structures signifiantes ; ce qui d'ailleurs ne pourra s'effectuer sans que surgissent certains problèmes, tant à propos du rapport qui devra être établi entre ces structures signifiantes et le signifié (relativement) global du fragment, qu'en ce qui concerne la problématique « littéraire » qui règle la production des différents effets constitutifs de ce signifié : on s'efforcera de poser ces problèmes à mesure qu'ils apparaîtront dans le cours de l'analyse, tout d'abord sous la forme de remarques en quelque sorte marginales, puis d'une manière plus généralisée, particulièrement dans la dernière partie.

II. La structuration interne

On procédera tout d'abord aux remarques suivantes, qui concernent la structuration générale du fragment. Celui-ci est constitué de deux paragraphes, disposés graphiquement d'une manière distincte dans la page, et possédant en effet respectivement une structuration propre.

Le premier (qu'on notera dorénavant P I) est constitué d'énoncés manifestant une série de fonctions/qualifications investissant un actant marqué par le déterminant « il », présent dans tous les énoncés sous forme (grammaticale) de sujet (il) ou d'objet (le, lui). Cette présence d'un « il », à partir duquel s'organisent les différents contenus fonctionnels et qualificatifs manifestés, semble conférer à P I la structuration d'un récit, ou tout au moins d'une séquence narrative fragmentaire, dans laquelle devront être intégrés d'autres actants (ciel de cuivre, ville de sucre) eux aussi donnés sur le mode d'un « il ».

Cette structuration fait place dans le second paragraphe (qu'on notera dorénavant P II) à une autre, fondée sur le rapport « Je/Tu ». Cette structuration doit être considérée comme une transformation de la première, dans la mesure où le « Tu » de P II n'est autre que l'actant « Il » de P I, dénommé « Meidosem », le « Je » n'étant que le sujet même de l'énonciation, marqué implicitement dans P II par l'impératif « Renonce ». En même temps, la séquence narrative inaugurée dans P I est reprise sémantiquement dans P II, aussi bien dans l'objurgation « Renonce », qui marque le rapport du « Je » au « Tu » (le « Il » de P I), que dans l'énoncé « tu es en pleine perte de substance si tu continues... », lequel ne peut se rapporter qu'au contenu narratif manifesté dans P I.

Le passage de P I à P II peut donc être considéré comme le passage de la structuration d'une *séquence narrative* (P I) centrée sur la présence, manifestée en différentes fonctions/qualifications, d'un « Il », à la structuration d'un *dialogue* (P II) par lequel s'établit un rapport entre un « Je » sujet de l'énonciation et un « Tu » qui n'est autre que le propre sujet des énoncés de P I; ce qui implique que dans la structure même du dialogue propre à P II se prolonge, d'une manière ou d'une autre, la séquence narrative inaugurée dans P I. On remarquera, à ce propos, que ce prolongement est lui-même marqué par l'emploi, dans les deux paragraphes, du même temps verbal de référence (le présent), qui semble donner à l'ensemble du fragment le statut d'un discours, à modalité narrative dans P I, à modalité dialoguée dans P II [3].

Il est clair que divers effets de signification doivent être produits par ces différentes variations : ils seront analysés en tant que tels le moment venu.

III. La composante narrative : diversité des niveaux

III.1. Le niveau syntaxique

On commencera par étudier le premier paragraphe, qui s'avère particulièrement riche en significations, produites aux différents niveaux de son énonciation. On analysera tout d'abord P I au niveau de la forme de son contenu global. Celui-ci est constitué de cinq énoncés qu'on traitera comme autant de segments désignés selon leur ordre d'énonciation par les chiffres [1], [2], [3], [4], [5].

Les segments [1] et [2] présentent une même structure syntaxique : tous deux sont constitués d'un syntagme nominal (« Un ciel de cuivre », « une ville de sucre ») et d'un syntagme verbal (« le couvre », « lui rit »), dont la conjonction forme un groupe syntaxique de type Sujet-Prédicat. On notera chacun des constituants SN et SV de ces deux segments par les lettres A1-B1, A2-B2.

On trouve ensuite un segment central [3] de forme interrogative, dans lequel le pronom objet (le, lui) des segments [1] et [2] devient sujet (il). On notera ce segment [3] par la lettre C.

Les deux derniers segments [4] et [5] présentent également une même structure syntaxique l'un par rapport à l'autre, puisqu'ils sont composés du même type de syntagme nominal sujet (« Il ») et d'un syntagme verbal présentant dans les deux cas un noyau verbal à forme négative (« ne fera pas », « ne pourra pas ») accompagné d'un syntagme objet également construit d'une manière identique (« fondre la ville », « percer le cuivre »). Par rapport aux deux premiers, ces segments offrent d'autre part la double particularité suivante : le pronom objet (le, lui) manifesté dans les deux syntagmes verbaux B1 et B2 est devenu, comme dans C, le sujet des nouveaux syntagmes verbaux (« Il ne fera

---

3. On précise à nouveau que ces premières remarques demeurent approximatives. En elles s'annoncent plusieurs problèmes qui ne pourront être pleinement posés qu'une fois l'étude de P I et de P II suffisamment avancée.

pas », « Il ne pourra pas »); et les syntagmes nominaux sujets (A1 et A2) dans les segments [1] et [2] deviennent objets dans les segments [4] et [5] (« fondre la ville », « percer le cuivre »). En outre, l'ordre d'énonciation de ces syntagmes objets est inversé par rapport à celui des syntagmes sujets manifestés dans les deux premiers segments.

Remarque. On pourra objecter que cette reprise des syntagmes nominaux dans [4] et [5] n'est pas complète : y manquent les lexèmes « ciel » et « sucre ». A quoi on répondra que ces lexèmes n'en sont pas moins implicitement présents dans [4] et [5], dans la mesure où une première analyse sémique montre que le contenu investi dans « fondre » ne peut renvoyer qu'au contenu investi dans « sucre » (et non à celui investi dans « ville »), de même que « percer » à « ciel » (et non à « cuivre ») [4]. On a conscience, ce faisant, de faire appel dans une analyse concernant la forme (syntaxique) d'un contenu, à la substance de ce même contenu : il convient alors de rappeler que le texte étudié étant un texte poétique, dans lequel tous les niveaux d'énonciation sont en étroite relation les uns avec les autres et producteurs de significations en raison même de leur interdépendance, l'analyse d'un niveau ne peut s'effectuer sans utiliser, au moins à titre d'indication provisoire ou de confirmation d'hypothèse, des données relevant d'un autre niveau, lequel sera lui-même analysé par la suite. Il s'agit là d'une circularité qu'on a bien souvent évoquée en linguistique générale [5], et qui ne désigne rien d'autre que le procès d'analyse produisant en différentes phases la connaissance de son objet.

Au niveau de la forme (syntaxique) du contenu manifesté dans P I, on peut donc proposer une structuration générale, dans laquelle on marque la transformation du syntagme nominal objet de [1] et [2] en sujet dans [4] et [5] et des syntagmes nominaux sujets dans [1] et [2] en objet dans [4] et [5], par l'inversion des mêmes symboles A1-B1, A2-B2 déjà mentionnés. Soit la structuration suivante :

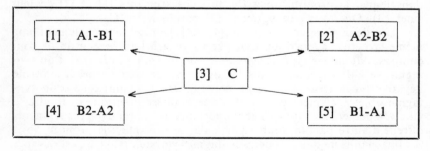

---

4. Le second rapport pourra paraître moins évident que le premier. Cf. cependant, plus loin, notre analyse complète des contenus des deux premiers segments, en particulier dans la conjonction « ciel de cuivre » et « ville de sucre ».

5. Cf., entre autres, E. Benveniste, in *Problèmes de Linguistique générale* (en particulier, chapitre X, pp. 122-128).

On reconnaît aisément la structure croisée propre au *chiasme*. Or, que cette structure croisée soit ici, en tant que telle, productrice de signification, c'est ce qui apparaît d'emblée, sitôt qu'on considère la position du segment [3] C, et sans qu'il soit encore besoin d'envisager le contenu proprement sémantique des énoncés ainsi ordonnés : il est en effet important de remarquer que le segment [3] C, par lequel s'opère la transformation du pronom objet (le, lui) en sujet (il), est placé à l'exact entrecroisement des lignes de forces du chiasme, dont les quatre énoncés se répondent par couples les uns aux autres, enserrant ainsi l'avènement (syntaxique) du sujet dans un espace fermé; comme on le verra, ce n'est sans doute pas pour rien que cet espace fermé (le segment [3] C) est en même temps le lieu où se manifeste une interrogation portant sur l'activité de l'actant-sujet face à la situation dans laquelle il se trouve pris.

III.2. Le niveau métrique : la distribution syllabique

Il semble alors que cette structuration, ici déterminée au niveau de la forme syntaxique du contenu global de P I, régisse toute la production des effets de sens propres à ce premier paragraphe. A ce titre on la retrouve, et comme démultipliée selon des modalités diverses, aux autres niveaux d'énonciation et à l'intérieur même de plusieurs segments.

> *Remarque.* La diversité de ces modalités n'est pas à mettre au compte d'une imprécision de langage; elle nous semble tenir, au contraire, au fait évident qu'un texte poétique n'a pas pour but de mettre du contenu (du sens) dans les formes (vides) d'une rhétorique. Producteur de son propre espace textuel, d'une manière qui reste essentiellement fragmentaire, un texte poétique doit sans doute être compris beaucoup plus comme système de trans-formation [6], ce qui implique un double mouvement de (re-)structuration et de dé-structuration, pour lequel la rhétorique peut effectivement fournir des instruments de lecture, à la seule condition que ceux-ci ne soient pas appliqués mécaniquement sur le texte en le réduisant à un inventaire de figures figées. On ne s'attendra donc pas à trouver des chiasmes à tous les niveaux de 146! Concernant cette figure, on l'analysera d'ailleurs selon ses deux facteurs définitionnels : (1) redondance d'éléments identiques quelconques (phonèmes, groupe de phonèmes, syntagmes, etc.); (2) position croisée de ces éléments les uns par rapport aux autres [7]. Seul le second facteur est sans doute caracté-

---

6. Cette transformation n'est bien sûr pas à comprendre dans le seul rapport à des formes de rhétorique : beaucoup plus importants sont les rapports, déjà indiqués, qui relient le texte au système de la langue dans laquelle il s'inscrit, ainsi qu'à l'espace intertextuel qu'il reprend dans son écriture.
7. A cette définition correspond, dans l'axe de la chaîne syntagmatique, toute distribution de type « a b-b a », lue comme croisement dans l'axe paradigmatique.

161

ristique du chiasme; il n'en reste pas moins qu'une redondance d'éléments quelconques, et telle qu'elle délimite un intervalle central occupé ou non par un autre élément *x*, sans être un chiasme pour autant, n'en entretiendra pas moins avec cette figure un certain rapport en ce qui concerne l'effet de sens ainsi obtenu.

Si on considère en effet le déroulement même des ρhrases tout au long de P I, on remarque que cette structuration de base s'en trouve constamment réactivée. En faisant le décompte des syllabes dans chacun des cinq segments [8] on constate qu'on a affaire à cinq énoncés s'énumérant selon la série suivante : 8/7/4/9/10. Ce développement peut être lu de deux manières différentes quoique évidemment liées dans leur conjonction textuelle :

— l'une, plus proprement structurale, fondée sur l'opposition « pair » vs « impair », qui redouble la disposition mise en place dans le tableau I, puisque [1] et [5] pairs croisent avec [2] et [4] impairs.
— l'autre plus directement rapportée au déroulement même de la phrase qui traverse en la re-(dé-)structurant la disposition précédente, puisque la place du segment [3] C y est à nouveau nettement marquée à la fois par sa brièveté relative par rapport aux autres énoncés (8-7/4/9-10) et, dans cette mesure même, comme lieu où se rejoignent contradictoirement le mouvement d'un rétrécissement (8 --→ 7/4) et celui d'une expansion (4/9 → 10).

III.3. Le niveau phonémique et graphémique

On peut également examiner les segments [1] et [2] (particulièrement importants pour nous dans la mesure où ce sont eux qui signifient la situation globale propre à 146 [9]), à la fois dans la forme de leur contenu et au niveau de leur expression phonique; on tiendra compte également de leur expression proprement graphique, dans la mesure où cette forme d'expression nous semble jouer un rôle incontestable dans une lecture qui prend connaissance du texte aussi bien en le lisant dans sa graphie littérale que dans sa prononciation phonique.

Soit le segment [1] :

Un ciel de cuivre le couvre
[œ̃ sjɛl də kɥivʀ lə kuvʀ]

---

8. Dans le découpage des énoncés en syllabes, on a suivi le critère classique selon lequel il y a « autant de syllabes dans un énoncé que de sommets dans une courbe de sonorité » (Martinet, *La Description phonologique*, éd. Droz, p. 33; Cf. aussi *Éléments de linguistique générale*, 2-16, p. 50). On a donc compté pour une syllabe les groupes de phonèmes du type [yn] ou [vil]; par contre, [sy-kʀ], [kɥi-vʀ], [ku-vʀ], [fɔ̃-dʀ], ont été comptés chacun pour deux syllabes en raison du rôle de voyelle joué par [r] en position postérieure par rapport aux consonnes [v], [k], [d].
9. Cf. plus loin l'analyse du contenu de ces deux énoncés.

Au niveau de la forme (syntaxique) du contenu manifesté par un tel énoncé, on remarquera tout d'abord la place centrale occupée par le pronom objet « le », entre le syntagme nominal « un ciel de cuivre » et le noyau verbal du syntagme verbal « couvre ».

Si on passe au niveau de l'expression phonique de l'énoncé, cette place centrale se trouve considérablement renforcée, par le redoublement, au voisinage immédiat du pronom « le », de deux mots dont la structure consonantique est rigoureusement la même ([k/v/ʀ]), et dont les voyelles placées au même endroit dans chacun des deux mots (après la sourde [k]) agissent comme l'élément différentiel seul capable de faire ressortir l'identité de structure manifestée dans les consonnes. Si on replace le monème [lə] dans la chaîne phonique de l'énoncé, on peut également remarquer l'inversion dans la position de la liquide [l], en finale dans [sjɛl] et en initiale dans [lə], inversion d'autant plus intéressante qu'elle porte comme on le verra plus loin, sur des lexèmes désignant les actants opposés au niveau sémantique.

Enfin, si on tient compte de l'expression graphique du même énoncé, il est facile de constater que les remarques précédentes peuvent être toutes reprises, en y ajoutant une remarque supplémentaire concernant la lettre « c », initiale de « ciel », qui disparaît au niveau phonétique ([s]), et qui pourtant, dans la graphie du texte, et par sa triple réitération dans les syntagmes nominaux et verbaux (« *c*iel », « *c*uivre », « *c*ouvre ») n'en joue pas moins son rôle dans la structuration de l'énoncé, tout comme la lettre « u », trois fois répétée, elle aussi dans « *u*n (ciel) », « c*u*ivre », « co*u*vre ».

On rassemble dans le tableau ci-dessous ces différents résultats concernant la structuration syntaxique, phonique et graphique des différents constituants du segment [1], et tels que le déterminant objet « le » y apparaît bien en position centrale entre deux groupes structurés d'une manière relativement identique, tandis que lui-même entretient en même temps, au niveau de son expression phonique ou graphique, une relation de type « chiasme » avec l'un des éléments du groupe nominal sujet.

Forme (syntaxique) du contenu	SN sujet	Objet	Verbe
Expression phonique . consonnes . . . . . voyelles	k vʀ —l ɥi	*lə* l-	k vʀ u
Expression graphique .	c c vr u u e —el	*le* le	c vr u e

III.4. La possibilité d'une lecture paragrammatique

Le segment [2] présente une structuration dont on peut dire qu'elle offre à la fois des points d'homologie avec celle du segment [1], mais aussi des différences fort intéressantes. Soit donc l'énoncé : « Une ville de sucre lui rit » [yn vil də sykʀ lɥi ʀi].

Il est facile de voir qu'au niveau de la forme (syntaxique) du contenu, la structuration est exactement la même que dans le segment [1] : le pronom objet « lui » occupe bien toujours la même position centrale, entre le syntagme nominal sujet et le noyau verbal du syntagme verbal. Au niveau de l'expression phonique, quoique la récurrence des phonèmes de chaque côté du pronom objet « lui » ne soit pas le fait d'éléments aussi nombreux que dans [1], il n'en reste pas moins que la vibrante [ʀ] se retrouve au voisinage immédiat de « lui » en formant un chiasme parfait puisque, en position finale dans [sykʀ], elle est placée en position initiale dans [ʀi]. De même on peut noter la récurrence de la voyelle [i] dans le groupe nominal sujet ([vil]) et dans le verbe ([ʀi]); enfin, comme dans [1], la liquide [l] qui en position initiale dans le pronom objet [lɥi], est en position finale dans un monème du groupe nominal sujet ([vil]), lequel se trouve d'ailleurs exactement à la même place dans la chaîne phonique que [sjɛl] dans [1]. On rassemble ces premiers résultats dans le tableau suivant :

Forme (syntaxique) du contenu	SN sujet		Objet	Verbe
Expression phonique .		—ʀ	*lɥi*	ʀ—
consonnes	—l		l—	
voyelles	i			i
Expression graphique .		—r	*lui*	r—
	i			i

Cependant, si on considère le pronom objet dans son expression phonique ([lɥi]), on remarque que son opposition au reste de l'énoncé est beaucoup moins nette que dans le segment [1] : le groupe phonémique (semi-voyelle [ɥ] et voyelle [i]) se retrouve même décomposé en ses deux éléments à la fois dans le groupe nominal sujet ([yn vil də sykʀ]) et dans le verbe ([ʀi]). En outre si on compare les éléments de la chaîne phonique du segment [2] à ceux du segment [1], on constate aisément qu'on est en présence d'un matériau en grande partie identique, soumis dans [2] à une structuration différente au niveau des monèmes (et donc des lexèmes ainsi manifestés), mais qui emprunte à [1] des éléments identiques au niveau des phonèmes. A partir du matériau ainsi mis en œuvre dans [2], il est possible de produire une lecture paragrammatique [10], en lisant à l'intérieur du segment [2] le rappel du monème [kɥivʀ] disséminé en ses différents éléments tout au long de l'énoncé, et plus particulièrement dans le groupe nominal [yn vil də sykʀ] de même que dans le pronom objet lui-même [lɥi]; on remarquera d'ailleurs que deux consonnes de [sjɛl] se retrouvent également dans l'énoncé du groupe nominal ([vil, sykʀ]), et que cette dissémination générale est encore plus nette au niveau de l'expression graphique.

Il est impossible, pour l'instant, de pousser plus avant l'analyse sur ce point, mais on peut d'ores et déjà penser que ce paragrammatisme produira un certain nombre d'effets, dans sa relation au niveau du contenu proprement sémantique du segment [2].

C'est ce niveau qu'on étudiera maintenant, selon ses différentes manifestations tout au long de P I, en s'efforçant d'articuler les résultats déjà obtenus sur ce nouveau plan d'analyse.

IV. La composante narrative : le niveau sémantique

On procédera tout d'abord à l'analyse sémique des deux premiers segments; cette analyse portera en premier lieu sur chaque constituant lexémique de l'énoncé, et en second lieu sur les deux groupes syntaxiques dans lesquels s'intègrent ces constituants, c'est-à-dire ici syntagme nominal sujet et syntagme verbal; il apparaît, en effet, que des effets de sens supplémentaires sont produits par la conjonction des différents constituants (« ciel de cuivre », par exemple), qui seraient inanalysables si on en restait au seul examen des deux lexèmes séparés l'un de l'autre (« ciel » et « cuivre »).

IV.1. Analyse sémique du premier segment

On présente ainsi les deux séries de résultats de l'analyse du segment [1] :

(1)
« ciel » : spatialité + immensité + position élevée selon un axe de verticalité (Haut → Bas)
« cuivre » : matière (métal) + dureté relative
« (le) couvre » : clôturer (par le haut) + aspect de durativité

---

10. Cf. Julia Kristeva, *op. cit.*, et en particulier *Pour une sémiologie des paragrammes* (in *Tel Quel* 29), ainsi que *Poésie et Négativité* (in *L'Homme*, VIII-2, 1968).

(2)

La conjonction des sèmes investis dans les lexèmes « ciel » et « cuivre » provoque, par l'immensité de la masse de métal ainsi désignée (effet qu'on pourrait également noter par un aspect de superlativité), le changement du sème « dureté relative » en un sème d'« impénétrabilité ». Enfin la conjonction, dans l'énoncé lui-même, des syntagmes nominal sujet et verbal produit un effet supplémentaire qu'on peut noter comme « pesanteur » d'une matière en position de « Haut » par rapport à un « Bas » marqué dans l'objet « le ».

Remarque. Problème : A partir de quel critère (théorique) peut-on considérer comme terminée une analyse sémique, en particulier dans un texte « littéraire »? Ce qui est aussi poser la question plus générale de la pertinence des sèmes retenus dans l'analyse de tel lexème donné. Par exemple, ici, pourquoi ne pas retenir le sème « couleur » (rouge... cuivré), qui peut à bon droit être lu dans le syntagme « ciel de cuivre »?
On ne peut donner ici que de brèves indications de réponse, qui sont d'ailleurs plutôt des manières de spécifier le problème posé :
(1) il apparaît que tout lexème manifesté dans un texte entretient un rapport (à préciser) avec le lexique de la langue dans laquelle ce texte s'inscrit; lexique qui est à entendre, selon nous, non seulement sous la forme d'un « dictionnaire fondamental » de la langue, mais comme inventaire (de *lecture*) des énoncés occurrentiels dans lesquels le dit lexème a été manifesté, selon des investissements sémiques plus ou moins différents. Ce qui revient — cet inventaire (cette lecture) ne pouvant être considéré(e) comme clos(e), par principe — à poser le problème du rapport d'un investissement sémique à « l'infinité potentielle » du code de la langue (*cf.* J. Kristeva, *Poésie et négativité*, p. 55);
(2) il convient également de tenir compte du contexte précis dans lequel le lexème en question est manifesté et de la possibilité de systématisation relative qui est ainsi offerte. Pourront être déclarés pertinents les seuls sèmes qui sont dans un rapport quelconque les uns avec les autres dans l'ensemble des énoncés constituant le texte donné.
Pour en revenir à notre exemple, c'est à cette position qu'on s'est très modestement tenu; le sème de « couleur » investi dans le lexème « cuivre » n'a pas été retenu dans la mesure où rien, dans les énoncés du fragment 146, ne semble lui faire écho, par opposition au sème « dureté », par exemple, auquel se rapporte le lexème fonctionnel « percer », manifesté plus bas. Peut-être aurait-on pu extraire du lexème « sucre », manifesté dans le segment [2], un autre sème de couleur, « blanc », et ainsi établir un couple « rouge vs blanc ». Il n'en reste pas moins que le caractère opératoire de la disjonction ainsi introduite ne peut être vérifié dans les seuls énoncés de 146 (ni les segments [4] et [5], ni le paragraphe II ne manifestent cette disjonction), et que les sèmes de couleur y sont la marque fragmentaire d'une systématisation recouvrant l'ensemble du corpus (le *Portrait des Meidosems*).

166

En opérant les indispensables réductions [11], et par exemple en intégrant les sèmes « spatialité + immensité + matière » dans la qualification générale « massivité », on aboutit alors à la définition des sémèmes qualificatifs et fonctionnels suivants :

Q 1   F 1

massivité   clôture
impénétrabilité   (par le haut)
pesanteur

Ces sémèmes investissent le contenu d'un premier actant (qu'on note A_c) qui se trouve en rapport avec un second, manifesté sous la forme du pronom « le », et dont on sait qu'il est l'anaphorique du « Meidosem » nommément désigné dans P II (on note ce deuxième actant A_M). Étant donné les sémèmes qui définissent le premier actant, le rapport qui le lie au second peut être défini comme un rapport « englobant/englobé ». Le fait que le pronom « le » n'ait ici d'autre statut que celui d'un anaphorique, dont la dénomination n'apparaîtra que dans P II (accompagnée d'ailleurs de la qualification « petit »), le fait donc que l'actant ainsi désigné ne possède dans [1] d'autre qualification que le contenu inversé « Il est couvert par un ciel de cuivre », produit un effet de disproportion entre l'actant englobant et l'actant englobé, tel qu'un aspect de *menace* peut être déterminé comme spécifiant l'accomplissement de la fonction [F_1 (A_c (Q_1))].

IV.2. Analyse sémique du second segment

Le segment [2] peut être analysé de la façon suivante :

« ville » : volume + compacité + immobilité
« sucre » : matière + douceur (vs amertume) + solubilité relative
« (lui) rit » : bienveillance (+ aspect de durativité et de superlativité) + position de « face » selon un axe d'horizontalité.

Si on compare ces premiers résultats à ceux obtenus dans l'analyse du segment [1], on est tenté d'établir une opposition entre tous les sèmes participant du caractère menaçant de l'actant englobant (A_c) et les sèmes de « douceur » ou de « solubilité », et surtout de « bienveillance superlative », investis dans les lexèmes du segment [2]. De ce point de vue, il nous semble indéniable que cette opposition existe.

Mais, *en même temps* qu'elle se trouve donc implicitement marquée du segment [1] au segment [2], cette opposition est *transformée*,

---

11. Cf. A. J. Greimas, *Sémantique structurale*, pp. 158 sq.

d'une part, par la conjonction même des lexèmes du segment [2], d'autre part, par les effets de sens produits aux niveaux de la forme du contenu et de l'expression, effets qui ont déjà été analysés et qui agissent sur le contenu proprement sémantique du segment [2].

Remarque. On objectera peut-être que cette opposition est de pure forme, et que ce qui est lu dans le segment [2], ce n'est point le lexème « ville », puis le lexème « sucre », mais bien leur conjonction dans le syntagme « ville de sucre », et que c'est donc ce syntagme, et lui seul, qu'il convient d'analyser.

A quoi on répondra qu'on ne songe nullement à nier cette lecture, qu'on se propose justement de produire dans ce qui suit; mais il n'en reste pas moins que cette conjonction est effectuée sur (à partir d') un matériau lexémique qui entretient un certain type de rapport avec la langue (et ici avec le lexique de la langue) dans laquelle s'inscrit la dite conjonction; c'est bien d'ailleurs la raison pour laquelle cette conjonction est, *en tant que telle*, productrice de *nouveaux* effets de sens. L'énoncé « Une ville de sucre lui rit » nous semble donc à lire à la fois au niveau de ses constituants lexémiques et au niveau des transformations que produit leur conjonction. La logique qui sous-tend une telle lecture (et inversement l'écriture poétique elle-même) nous semble être de type *dialectique*, le premier niveau apparaissant comme *limite* dont le second niveau se présente comme le *franchissement* [12]. C'est dans ce franchissement (constant dans le langage poétique) d'une limite constituée par les contenus dénotatifs de la langue, que seraient produits, selon nous, les effets notés par Hjelmslev sous la dénomination de « connotations ».

La conjonction des sèmes investis dans les lexèmes « ville » et « sucre » semble donc produire un double effet :

— d'une part, la massivité d'une matière douce, et donnée selon le même aspect de superlativité déjà noté dans le segment [1], provoque le changement du sème de « solubilité relative » investi dans le seul lexème « sucre », en son contradictoire de « non-solubilité », investi dans le syntagme « ville de sucre ».

— d'autre part, cette même massivité d'une matière douce, sucrée, produit, selon nous, un effet supplémentaire qui fait de cette douceur donnée sur le mode d'une profusion particulièrement grande (« une *ville* de sucre »), une douceur *écœurante*. Ce deuxième effet est marqué plus nettement encore dans la phrase entière, par la conjonction du syntagme verbal « (lui) rit » [13].

On conjuguera alors les nouvelles remarques suivantes, concernant :

a) le plan du contenu :

— aspect de superlativité affectant aussi bien le sème qualificatif

---

12. Sur ce problème, cf. l'essai déjà cité de Julia Kristeva, *Poésie et négativité*.
13. Nous permettra-t-on de lire dans la partie de l'énoncé « ... sucre (lui) rit » le mot « sucre[-]rie » ?

de « douceur écœurante », investi dans le syntagme « ville de sucre », que le sème fonctionnel « bienveillance » investi dans « (lui) rit », tel que ces déterminations sont lues dans *l'excès* (de bienveillance, de douceur) qu'elles désignent, rendant ainsi possible leur *renversement* en des significations contraires à celles qu'elles semblent dénoter.

— conjonction du sème fonctionnel « faire face » investi dans le syntagme « lui rit », avec le sème qualificatif « immobilité » investi dans le lexème « ville ».

b) la forme du contenu : on rappellera à ce propos les différents résultats obtenus précédemment, concernant plus particulièrement la position centrale du déterminant « lui », pris entre le groupe nominal sujet et le noyau verbal du syntagme verbal.

c) le plan de l'expression de ce contenu : on rappellera également ce qui a été dit quant à la dissémination, sur un mode paragrammatique, des éléments phoniques de [kɥivʀ] dans le syntagme [vil də sykʀ] ainsi que sur toute la longueur de l'énoncé, y compris dans l'anaphorique [lɥi]; par cette dissémination, c'est une partie importante du sémantisme propre au segment [1] qui agit sur le sémantisme propre au segment [2].

A partir de la conjonction de ces différentes remarques, on produira une lecture dans laquelle s'opère la transformation de la « bienveillance », marquée dans notre première analyse, en une « menace », redoublant celle déjà exprimée dans le segment [1], mais sur une modalité qui est propre au segment [2], du fait même de l'ambiguïté de son énoncé, et qu'on marquera par l'aspect « insidieux ».

Remarque. On notera à ce propos le problème posé par le statut des opérations paragrammatiques dont on a tenté l'analyse, telles qu'elles sont réalisées dans 146 : d'une part, en effet, la présence disséminée dans le segment [2] d'un matériau phonémique déjà manifesté dans le segment [1] provoque bien un certain nombre de transformations affectant le plan du contenu propre à [2]; d'autre part, cependant, ces transformations portent essentiellement non pas tant sur l'énonciation elle-même de [2] que sur les effets de sens manifestés dans ce même segment. Ce qui implique que si le segment [2] apparaît bien ainsi comme une séquence « au moins double », selon l'expression de Julia Kristeva (*Poésie et négativité*, p. 47), son rapport au segment [1] ne saurait être défini sur le seul mode d'une « alterjonction » (*op. cit.*, p. 46) destructrice ou annulatrice : non seulement les effets de sens investis dans la première séquence (dans le segment [1]) ne sont nullement détruits ou annulés par la seconde (le segment [2]), mais les significations investies dans celle-ci, tout en étant changées (le contenu de [2] est transformé), n'en finissent pas moins par se conjoindre aux significations de [1], sur le mode d'une unification subsumant et effaçant (à titre d'effets de sens non-contradictoires) le dédoublement paragrammatique. Il est clair que commencent à poindre ici une série de problèmes qui ne pourraient être pleinement posés que du point de vue d'une *sémiotique* traitant de la pratique « littéraire » dans son rapport à la problématique idéologique qui règle, en les surdéterminant, ses effets.

On peut alors aboutir, par réduction de ces différents résultats, à la définition des sémèmes qualificatifs et fonctionnels suivants :

Q_2	F_2
massivité de douceur (écœurante)	menace (insidieuse)
non solubilité	de face

Ces sémèmes investissent le contenu d'un actant « ville de sucre » (qu'on note A_v), en rapport d'opposition avec le même actant A_M manifesté dans [1]. Ce rapport peut être précisé, on l'a vu, comme rapport d'une opposition spatiale selon laquelle A_v et A_M sont face à face. Il convient cependant de tenir compte, en plus, de la conjonction des deux segments [1] et [2], aux différents niveaux de leur énonciation, qui définissent la situation globale dans laquelle est placé l'actant Meidosem.

On énoncera alors les propositions suivantes :
— la conjonction de F_1 et de F_2 détermine une fonction générale d'« encerclement » (notée dorénavant F_E), dont les sujets sont les opposants A_c et A_v, et dont l'objet est l'actant A_M; ce qui implique que le rapport « Englobant/englobé », déjà lu dans le segment [1], est également à lire dans le segment [2], dans l'action que ne peuvent manquer d'opérer la forme et l'expression (phonique et graphique) du contenu sur la substance de ce contenu lui-même.

> *Remarque*. En fonction de toutes les remarques déjà formulées à ce propos, cette action nous semble manifeste : en effet, à s'en tenir au seul plan de la substance du contenu manifesté dans les segments [1] et [2], la position de l'actant A_M dans l'univers ainsi *représenté* ne saurait être définie comme celle d'un être « encerclé » au sens strict de ce mot; la conjonction des deux axes de l'opposition « $A_c + A_v/A_M$ » n'empêche nullement que l'opposition « A_v/A_M », sur l'axe horizontal, laisse vide, ou libre, au moins une direction dans l'espace représenté, vide, ou liberté, dont tout le reste du texte montre avec évidence qu'il est en fait inexistant. La fonction F_E est donc à lire dans l'interaction des différents niveaux d'écriture du texte, en marquant dans ce cas précis, le rôle surdéterminant joué par la forme du contenu et l'expression phonique et graphique (*cf.* les diverses structurations en chiasme étudiées précédemment), par rapport au niveau du contenu représenté dans [1] et [2].

— cette fonction générale F_E est également reliée aux deux séries de qualifications Q_1 et Q_2, déterminant, l'une, une massivité impénétrable, l'autre, une massivité non-soluble.

170

IV.3. Le décor narratif

Ainsi se trouve mis en place ce qu'on pourrait appeler un *décor narratif* :

— décor, puisque les syntagmes « ciel de cuivre » et « ville de sucre » désignent un certain type d'entourage, au sens d'un « Umwelt » dont le centre est occupé par l'actant A_M.

— narratif, puisque ces syntagmes désignent en même temps deux actants sujets d'une fonction générale d'« encerclement », dont l'accomplissement est manifesté, on l'a vu, dans un aspect de durativité présente.

Quant à savoir s'il s'agit là d'une séquence narrative à proprement parler, et telle que le texte d'un *récit* puisse être envisagé, seul l'examen des trois derniers segments au niveau de leur contenu proprement sémantique devrait permettre d'en décider.

IV.4. La transformation impossible

Ces trois derniers segments manifestent une série de contenus fonctionnels, se rapportant au décor narratif décrit dans [1] et [2], et tels qu'ils ne font que développer la même situation axée sur l'opposition des deux groupes d'actants ($A_c + A_V/A_M$), mais cette fois du point de vue de l'actant englobé, qui passe du statut syntaxique d'objet (« le », « lui ») au statut de sujet (« il »).

Or on remarquera que ce nouveau développement s'effectue selon deux types d'énoncés : dans [3], l'actant « il » est sujet d'une *interrogation*, portant sur l'activité qui doit être la sienne, selon une modalité de futur immédiat, dans la situation précédemment décrite. A cette interrogation font suite deux énoncés ([4] et [5]) dont on a vu qu'ils étaient de même structuration quant à la forme de leur contenu, et qui manifestent, sous une forme *négative*, l'impossibilité pour l'actant englobé de trouver une issue dans l'encerclement où il se trouve pris : non-libération par impossibilité d'annulation (dissolution) de la masse opposée (« fondre la ville »), non-libération par impossibilité de pénétration dans la masse qui le couvre (« percer le cuivre »). Là encore cette double impossibilité est énoncée sur le mode d'un futur (« fera », « pourra »). Un double effet de sens semble ainsi produit :

a) le décor narratif mis en place dans les deux premiers segments acquiert une dimension temporelle, par la disjonction « présent/futur », et telle qu'est introduite la possibilité d'une performance (faire fondre la ville, percer le cuivre) dont le sujet serait l'actant englobé, performance opposée à la fonction F_E manifestée dans [1] et [2].

b) dans le même temps où est posée la possibilité de cette performance, la possibilité de son succès est niée et manifestée comme impossibilité de fait (« il ne fera pas », « il ne pourra pas »), ce qui referme la situation dans sa dimension temporelle elle-même, c'est-

171

à-dire dans sa forme narrative possible, laquelle est annulée du même coup.

Si on formalise les différents résultats obtenus dans la perspective d'une définition de la narrativité propre au contenu du paragraphe I, on obtient alors la structuration générale suivante, dans laquelle l'algorithme transformationnel, qui désigne habituellement la fonction (ou l'ensemble de fonctions) assurant le passage des contenus de l'*avant* aux contenus de l'*après*[14], est marqué d'un signe négatif attestant son impossibilité même. Les actants A_c et A_v ont été notés dans cette formalisation selon leur statut d'actants-sujets (A_1), et l'actant A_M comme objet (A_2) :

$$\frac{\text{AVANT}}{F_E\ [A_c\ (F_1Q_1) + A_v\ (F_2Q_2),\ A_M]} \overset{\overline{\text{A.T.}}}{\Longrightarrow} \frac{F_E\ [A_c\ (F_1Q_1) + A_v\ (F_2Q_2),\ A_M]}{\text{APRÈS}}$$

> *Remarque*. La différence de statut des deux actants A_c et A_v, malgré les remarques qui ont été précédemment formulées à son sujet, ne peut être marquée en tant que telle dans le modèle narratif qu'on vient d'écrire, en raison de la brièveté du fragment et de l'absence de récurrence suffisante dans les énoncés. Pourtant, l'aspect « insidieux », qui nous a semblé spécifier la menace de l'actant A_v par rapport à l'actant A_c, fait penser à la possibilité d'envisager ici le rôle de A_v comme étant celui du traître ou du décepteur des récits mythiques. La spécificité de ce rôle ne pourrait être pleinement définie que dans le rapport de 146 aux autres fragments du *Portrait* (dans ce rapport pourrait d'ailleurs intervenir la disjonction « rouge vs blanc » relevée dans une remarque précédente).

De cette analyse, deux conséquences peuvent être tirées, qui intéressent directement la signification générale du fragment 146 y compris sans doute dans son paragraphe II :

a) ce que raconte tout d'abord à sa manière 146, c'est l'impossibilité même d'un récit qui viendrait transformer la situation mise en place dans les segments [1] et [2]. A sa manière : c'est-à-dire qu'on retrouve, dans la narrativité même du contenu, la même structure croisée du chiasme, qui referme le décor narratif sur lui-même, en lui interdisant toute transformation, vouant ainsi l'actant « Meidosem » à son irrémédiable position d'*encerclé*.

b) ce que raconte aussi 146, et à l'intérieur même de ce récit représenté comme impossible, c'est la performance nécessairement vouée à l'échec, et cependant mise en œuvre par l'actant « Meidosem ».

---

14. Sur tous ces points, cf. A. J. Greimas, *Sémantique structurale*, pp. 192 sq. et *Communications* 8.

L'accomplissement de cette performance n'est nullement contradictoire avec la remarque précédente : la structure en chiasme n'en continue pas moins de délimiter, dans le croisement même de ses redondances, cette place que dessine en creux, au niveau de la forme syntaxique du contenu, le passage du présent des deux premiers segments au futur nié des deux derniers, et que vient occuper, en son suspens angoissé (futur immédiat), l'interrogation centrale : « Que va-t-il faire? » Lieu vide dans le développement proprement sémantique du chiasme (c'est-à-dire selon la disposition structurelle des contenus), et que désigne tout aussi bien, au niveau de la narrativité de ce même contenu, l'impossibilité d'un algorithme transformationnel.

C'est précisément dans ce lieu vide, marqué par le contenu de ce qui s'y énonce (une interrogation), que vient *déjà* s'inscrire la vaine performance de l'actant « Meidosem ».

Il convient donc maintenant d'analyser le paragraphe II, dans lequel en effet, cette performance est implicitement marquée à plusieurs reprises.

V. La composante dialoguée

V.1. Passage de l'énoncé à l'énonciation

On a déjà signalé le changement de structuration opéré par le passage de P I à P II. On passe en effet d'une structuration à caractère narratif, à la structuration d'un dialogue fondé sur une relation « Je/Tu » : le sujet de l'énonciation y prend à partie l'actant-sujet de l'énoncé, qui devient ainsi le destinataire (A_4) d'une communication ayant pour objet la situation décrite dans P I, c'est-à-dire celle précisément de l'actant « Meidosem ». Cette différence, déjà constatée, est encore renforcée si on considère qu'au niveau de la forme (syntaxique) du contenu, comme à celui de l'expression (phonique), toute structuration en chiasme est abandonnée pour laisser place à un énoncé dont la linéarité (ou la cursivité) semble totale, et peut être mise en rapport avec la structuration générale de P II : celle d'une communication.

Un des premiers effets de sens produits par ce changement de structuration semble être de provoquer ainsi un certain décalage (une disjonction) par rapport au décor narratif énoncé dans P I, et tel que celui-ci est comme vu de l'extérieur, dans son statut d'univers représenté, et traité, on vient encore de le souligner, comme objet de la communication.

Deux structures étroitement mêlées l'une à l'autre semblent donc implicitement marquées dans P II :

— celle d'une communication;
— celle du récit représenté comme impossible dans P I et qui est cependant repris dans le dialogue institué par P II, par la mise en

cause d'une performance dont l'actant-sujet est le « Meidosem », qui est, en même temps, comme on l'a dit, le destinataire de la communication.

V.2. La performance du sujet

On commencera par déterminer le contenu de la performance accomplie par l'actant « Meidosem » englobé.

Le fait que soit manifesté l'impératif « Renonce » implique que cette renonciation ne soit pas encore accomplie : on peut alors en déduire l'accomplissement actuel d'une fonction implicite de *lutte*, qu'on note F1 ; son objet se confond avec les actants opposants déjà analysés dans P I ; le contenu de F1 ne peut qu'être : « faire fondre la ville », « percer le cuivre ».

On rappellera alors que l'accomplissement de F1 reste, dans son statut logique, intérieur aux limites structurales précédemment définies : F1 doit donc être spécifié par une modalité d'échec (vs réussite), ce qui implique que lui soit liée, dans l'hypothétique durativité de F1 (« si tu continues »), et par une relation de cause à effet, une autre fonction qu'exprime le syntagme « en pleine perte de substance », et qu'on peut noter comme « déperdition de soi » (Fd). Il convient cependant de préciser davantage le contenu de cette dernière fonction, et surtout son statut par rapport à l'accomplissement de F1 : à cet effet, on rapprochera du syntagme « en pleine perte de substance », le lexème « petit » qualifiant l'actant englobé, et qui ne fait que dénommer l'effet de disproportion (déjà reconnu dans l'analyse de P I) entre les deux groupes d'actants en présence, l'un défini par sa « massivité », l'autre par sa « petitesse » ; si on conjoint cette opposition, qui ne peut jouer qu'au détriment de l'actant « Meidosem », à l'impossibilité pour l'actant-englobé de briser son encerclement, il en résulte alors que l'accomplissement de F1 signifie *en même temps* l'accomplissement de Fd ; ce qui implique que la relation de cause à effet qui lie Fd à F1 n'instaure à proprement parler aucune successivité entre les deux fonctions, mais reste intérieure au contenu même de la fonction F1, dont une double lecture doit être ainsi produite dans ses deux contenus simultanés : lutter, se perdre.

Et c'est bien sur cette simultanéité que porte toute l'indécision de l'issue, laquelle ne peut plus intéresser que le statut de l'actant-sujet lui-même, puisque l'accomplissement ou le non-accomplissement de sa performance ne peut avoir désormais d'autre signification que sa vie même, ou sa mort.

Il convient donc de reprendre le modèle narratif établi plus haut, et de lui adjoindre la définition de la performance de l'actant « Meidosem », qui ne fait que représenter, sous la forme d'une double alternative non tranchée, l'impossibilité d'une transformation positive des contenus manifestés dans P I. :

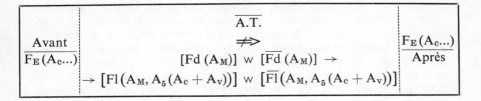

Avant $\overline{F_E(A_c...)}$	$\overline{A.T.}$ $\Longrightarrow$ $[Fd(A_M)] \; w \; [\overline{Fd}(A_M)] \rightarrow$ $\rightarrow [Fl(A_M, A_5(A_c + A_v))] \; w \; [\overline{Fl}(A_M, A_5(A_c + A_v))]$	$F_E(A_c...)$ Après

V.3. La prise en charge du récit

On ne peut cependant en rester à ce stade de l'analyse; il convient en effet de tenir compte de la structuration en dialogue qui est propre à P II, et qui vient à la fois s'intégrer dans la structure narrative et la transformer, selon nous, de fond en comble.

a) Elle s'y intègre, dans la mesure où la communication du destinateur au destinataire (« renonce ») intéresse le déroulement même du récit : l'objet communiqué n'est autre que l'impossible transformation des contenus manifestés dans P I, et l'alternative « vie w mort » qui en résulte pour l'actant-sujet « Meidosen »; de ce point de vue l'absence de réponse du destinataire est même à proprement parler le seul indice qui permette de poser cette alternative dans son indécision finale [15].

b) En même temps, il semble incontestable que cette instauration d'un dialogue bouleverse toute la structure narrative dans laquelle celui-ci est intégré, dans la mesure même où le statut de « Il » actant sujet de la performance se transforme en celui d'un « Tu », qui introduit, par son nécessaire rapport à un « Je », une « corrélation de subjectivité » [16] non justiciable d'un récit à proprement parler.

VI. La parole « réelle »

Il reste alors à préciser les effets ainsi produits qui ne peuvent pas ne pas retentir, rétroactivement, sur la structuration tout entière de 146, et en particulier sur son statut de texte se développant tout d'abord sur le mode d'une *fiction* représentant un certain type d'univers, pour se changer ensuite en une *parole* communiquée de sujet à sujet, sur le mode d'une communication *réelle*, ou *se présentant comme telle*.

VI.1. Une redistribution des éléments structuraux

Si on continue en effet de suivre la leçon d'Émile Benveniste [17], il apparaît que cette mise en corrélation du « Je » sujet de l'énonciation

---

15. Celle-ci est également marquée graphiquement par les points de suspension signalant la « fin » de 146.
16. Cf. Émile Benveniste, *Problèmes de linguistique générale*, p. 235.
17. *Op. cit.*, p. 227-236.

et du « Tu » sujet de l'énoncé, « institue un rapport vécu » [18] entre les deux personnes ainsi mises en présence; ce qui implique que, dans le cas présent, au « Il » (« Meidosen ») pleinement objectivé du récit [19], « Il » qui demeure une « non-personne » située sur le même plan que les autres actants (« ciel de cuivre », etc.) —, est substituée une *personne*, telle qu'entre le sujet de l'énoncé (puisque le « Tu » du dialogue n'est autre que le « Il » du récit) et le sujet de l'énonciation de cet énoncé s'instaure un rapport, qui est celui d'une *parole* échangée entre les deux sujets, sur le mode d'une communication effective, présente, et non plus simplement racontée, relatée dans un récit. Au caractère fictif du « Il », acteur du récit, succède le caractère « réel », ou du moins *présenté comme tel* (puisque la « personne non-je » ne désigne rien d'autre que le sujet de l'énoncé), d'un « Tu » à qui « Je » parle.

Ce qui implique plusieurs conséquences :

a) d'une part, il est difficile de ne pas reconnaître, selon nous, dans cette transformation de la fiction représentative (développée principalement dans P I) en une parole communiquée de sujet à sujet, une forme de la technique littéraire étudiée par Julia Kristeva sous le concept de « vraisemblable ». La transformation du « Il » sujet de l'énoncé en un « Tu » auquel le « Je » sujet de l'énonciation est censé pouvoir lancer son appel, fait de ce « Tu » (et donc aussi du « Il » sujet de l'énoncé) une personne aussi vraisemblablement réelle que n'importe quel autre interlocuteur de n'importe quel autre dialogue. Du coup, tous les effets de sens déjà notés quant à la dramatisation de la situation narrative précédemment décrite doivent s'en trouver accrus dans leur intensité, et être intégrés dans un effet général de « pathétique », produit par cet appel final laissé sans réponse, quand il y a va de la vie, ou de la mort, de la « personne » à laquelle « Je » s'adresse.

b) D'autre part, si on rappelle que l'une des caractéristiques de la corrélation « Je/Tu » est que les deux termes y sont « inversibles » [20]; si on rappelle également, et une fois de plus, que le « Tu » en question dans 146 n'a d'autre statut d'existence que d'être le sujet de l'énoncé convoqué, dans une parole dite, par le sujet même de l'énonciation de cet énoncé : on est alors en droit de définir le rapport du sujet de l'énonciation à son propre énoncé comme un rapport *fantasmé*, effaçant, en dernière analyse, la fictivité du « Il » au profit de son assomption au rang d'une personne fantasmatique. Ce qui implique une redis-

---

18. *Op. cit.*, p. 232.

19. Toutes les analyses précédentes, concernant le contenu narratif de 146, reposent justement sur cette objectivation par laquelle seule est possible la définition des actants et des contenus qui les investissent. On remarquera d'ailleurs que dans P II, la présence de « Je » n'est marquée qu'implicitement dans la communication même qui le relie au « Tu » auquel il s'adresse. Le « Je » dont il est question ici est donc bien, comme dit Benveniste (*op. cit.*, p. 232), *intérieur* à son propre énoncé, et *transcendant* par rapport au « Tu ». Comme tel, il ne peut être objectivé au même titre que les actants précédemment définis.

20. Cf. E. Benveniste, *op. cit.*, p. 230.

tribution générale de tous les éléments structuraux qu'on a été amené à définir progressivement dans l'analyse du contenu narratif du fragment : si on note par « R (A$_M$) » ce contenu narratif tel qu'il a été précédemment analysé selon les différentes relations qui le structurent, y compris dans son indécision finale, par où il se rattache d'une manière essentielle au dialogue « Je/Tu (Il) », on aboutit alors au modèle suivant dans lequel « R (A$_M$) » constitue le contenu (le message) de la parole communiquée de « Je » à « Tu » (lui-même inversible en un « Je ») :

$$R\,(A_M) \; / \; «\,Il\,» \Longrightarrow «\,Tu\,»$$

« Je » · message · «Tu» («Je»)

↓

parole (sans réponse)

VI.2. Vers une nouvelle problématique

Si on cherche alors, dans une dernière remarque, à revenir sur la définition des rapports qui lient entre eux les différents niveaux d'énonciation du fragment 146, il semble évident que la nouvelle structuration, à laquelle on vient de procéder, conduit à se poser un ultime problème. En effet, les résultats obtenus au cours des analyses portant sur la forme des contenus autant que sur le plan de leur expression, tendaient à mettre en valeur des structures proprement *signifiantes* (au sens actif de ce mot) et les procès de transformation qui ne pouvaient manquer de s'ensuivre dans le jeu de ces structures les unes sur les autres; ce qui équivalait à définir un certain type de *travail signifiant*, ou de langage poétique, à l'œuvre dans le fragment 146; ce travail était tel, on a pu le constater à plusieurs reprises, que le rapport entre les différents niveaux d'énonciation du texte devait être, selon nous, déterminé, non pas comme un rapport d'isomorphisme (incapable, par exemple, de rendre compte de la lecture paragrammatique tentée sur le segment [2] de P I), mais bien comme un rapport *dialectique*, propre à permettre la lecture des différents modes de production du sens.

Or, si on tient compte des derniers résultats obtenus, il apparaît que ce travail proprement signifiant ne peut aucunement être intégré dans le dernier modèle décrivant le déploiement d'une parole adressée par le sujet de l'énonciation au sujet de son propre énoncé, si ce n'est à titre de conditionnement matériel *obligé* (il faut bien des lettres, des sons, des mots, des phrases pour que le déploiement de la parole soit lui-même possible), mais qui n'en reste pas moins, en dernière analyse, confiné à l'extérieur de cette même parole, en laquelle, au contraire, viennent se rassembler, détachés de leur production signifiante à proprement parler, les différents effets de sens intégrés dans l'ultime signifié du fragment (une parole pathétique). C'est en ce point précis que pourrait venir s'articuler une lecture sémiotique de l'idéologie dans laquelle se trouve pris tout entier, selon nous, le développement textuel du fragment 146; les brèves indications qui viennent d'être formulées (travail signifiant, rapport dialectique entre les différents niveaux d'énonciation, etc.), tout comme les remarques précédemment données dans le cours de l'analyse, n'ont en effet d'autre rôle que de marquer la nécessité d'un *autre* type de logique et/ou de problématique [21], à partir desquelles seulement une telle lecture (sémiotique) pourrait être produite : on pense, entre autres, au rapport « parole/écriture » tel qu'il a été défini par Jacques Derrida, et dont l'application au texte analysé ici serait sans doute particulièrement pertinente [22].

Ce qui semble ainsi mis en question, au terme très provisoire de cette étude, c'est tout le statut *théorique* d'une pratique (la « littérature », la « poésie »), dont on a été progressivement, et nécessairement, conduit à tenter ici une lecture, à travers les analyses du fragment 146. Peut-être est-ce d'ailleurs le propre de tout langage poétique que d'obliger celui qui s'efforce de le lire, à interroger constamment, et les fondements de sa propre lecture, et ceux du texte qu'il lit selon la pratique qui le produit et l'idéologie qui s'y investit.

> *La lecture de ce fragment détaché du texte plus ample d'Henri Michaux a consisté, tout en s'assurant de son autonomie relative, à en saisir l'articulation interne. Deux paragraphes, constitutifs de l'ensemble, ont pu être aisément distingués. Le premier, ayant toutes les caractéristiques d'un micro-récit, est apparu comme particulièrement riche en signification, disposées à des niveaux d'articulation différents : le niveau syntaxique comportant la structure du chiasme, le niveau métrique caractérisé par la distribution des syllabes significatives et, enfin, le niveau phonémique et graphémique permettant de distinguer des éléments d'un paragrammatisme sous-jacent. Le second paragraphe, dialogué et non plus narratif, se trouve relié au premier à la fois par des transformations syntaxiques — le « il » étant pris en charge par le « tu » de la communication directe — et par des transformations narratives — l'énoncé-récit étant repris et assumé par l'énonciation. A la suite de ce changement d'instance de réalité, le fragment lui-même apparaît ainsi comme la « parole pathétique » du sujet de l'énonciation.*

21. Sur ce point, cf. Julia Kristeva, *Poésie et négativité* (*op. cit.*, p. 58-63).
22. Cf. notamment la distinction opérée par J. Derrida, dans sa lecture de *Nombres* de Ph. Sollers, entre « polysémie » et « dissémination textuelle » (*Critique*, nᵒ 262, « La dissémination », p. 234).

Efforts théoriques

Aspects d'une Théorie Générative du Texte Poétique

A partir de l'acquis des théoriciens formalistes et structuralistes, certains aspects préliminaires d'une théorie explicite du texte poétique sont élaborés ici en utilisant l'analyse d'un texte de Roubaud. La partie formelle d'une telle théorie est constituée par une grammaire générative « textuelle », dont les règles spécifient la description structurale d'une infinité de textes poétiques possibles. A cet effet la grammaire de Chomsky a besoin d'être élargie sur plusieurs points : des règles de formation sémanticologiques engendrent la (macro-)structure profonde du texte ; des séries de transformations manifestent cette structure à la surface textuelle ; des structurateurs enfin, définissent, aux différents niveaux, la cohérence textuelle et les corrélations spécifiquement littéraires du poème.

Au niveau sémantique du texte, cette cohérence, qui rappelle la notion greimassienne d'isotopie, s'articule comme une structure « thématique » fort abstraite de configurations sémiques, analogue en principe à la structure profonde d'une phrase. La définition explicite du texte poétique est ainsi donnée par des règles et des transformations qui manifestent cette structure profonde à la surface phrastique. Contrairement au texte narratif, ce sont surtout les micro-opérations (phoniques, syntaxiques, graphiques) qui dominent dans ce type de textes littéraires.

I. La notion de « théorie » et ses implications

L'analyse et la théorie des *textes*, communément appelés « littéraires », s'approfondissent, semble-t-il, dès qu'une des sciences « auxiliaires » accomplit des progrès. On a pu constater ce fait assez paradoxal non seulement à propos des apports de la psychanalyse, de la sociologie, de l'anthropologie, de la théorie de l'information, etc., mais aussi et surtout lors de l'entrée dans le domaine « littéraire » de la sémiotique et de la linguistique. Cette situation, déjà très connue, n'étonnera personne si l'on songe qu'il s'agit toujours, pour ces dernières disciplines, d'expliciter le « système » sous-jacent aux « textes » (messages, discours) transmis dans une communication de type sémiotique.

Cependant, nous sommes frappés par le fait que, malgré l'influence décisive de la linguistique structurale, nous ne possédions pas encore une *théorie* générale, ni même partielle, du texte « littéraire ». Et quand nous disons « théorie », nous pensons à un système cohérent et relativement simple d'hypothèses (règles) qui, d'une façon explicite et adéquate, « expliquent » (les propriétés d') un certain objet d'étude ayant un but épistémologique pertinent. Ce ne sont là que quelques critères de la méthodologie scientifique qui doit guider l'élaboration d'une théorie du texte (« littéraire » ou autre).

Ce n'est pas seulement à cause de leur caractère partiel que les idées pourtant importantes des formalistes russes et des structuralistes actuels sont inadéquates en regard des critères méthodologiques; un certain nombre d'exigences — parmi lesquelles celle de l'*explicitation* est fondamentale — n'ont pas été remplies. Ceci n'amoindrit aucunement l'apport indispensable de la théorie littéraire des formalistes russes (il suffit de mentionner Jakobson), des structuralistes de Prague (Mukařovský), des glossématiciens de Copenhague (Hjelmslev, Sørensen, Johansen), des stylisticiens (Riffaterre), des théoriciens de l'information (Bense, Walther), de Propp et de tous ceux qui se sont inspirés de lui (Lévi-Strauss, Barthes, Greimas, Bremond, etc.). Le fait de mentionner les noms des « écoles » d'une même tendance formaliste-structuraliste indique combien la « théorie de la littérature » est loin d'être unifiée. Une nouvelle théorie du texte littéraire intégrant les acquis de ces structuralistes devra ordonner ce cadre théorique. La sémiotique de Morris [1] à Kristeva [2] vise une telle « unification » des approches (unification qui est d'ailleurs en même temps une « critique » des sciences) à l'aide d'une terminologie et d'une méthode qui demandent encore des précisions; elles entendent rendre compte aussi bien du fait sémiotique général qu'est la pratique textuelle appelée « Littérature » que des ensembles structurés de signes que sont les textes et des mécanismes linguistiques qui sont à la base des diverses opérations sémio-poétiques.

C'est surtout sur ces derniers aspects d'une « sémiotique littéraire » que nous allons concentrer l'attention dans ce *méta-texte*, afin d'essayer

---

1. *Foundations of the Theory of Signs*, Chicago, International Encyclopedia of Unified Science, 1938.
2. « La Sémiologie, science critique et/ou critique de la science », in *Théorie d'ensemble*, Paris, Le Seuil, coll. « Tel Quel » 1968, p. 80-93.

de dégager les résultats provisoires d'une théorie du texte de visée *générative*.

Mettant ainsi le texte et son engendrement formel au centre de nos préoccupations, nous négligerons pour l'instant les aspects socio- et psycho-sémiotiques du conditionnement et de l'environnement de ce texte. L'écriture, dans son faire productif, sera l'objet d'une démarche régressive qui se fera à partir de sa réalisation linguistique concrète dans le texte. Ce procédé ne constitue aucunement une induction faussement empirique. Au contraire, la théorie et la méthode déductives guideront cette enquête. La taxinomie et le « modèle » du corpus (clos) ne seront considérés que comme une première approche vers la compréhension de l'objet de connaissance qu'est le texte. En rester là, comme le dit Chomsky [3], constitue une méthode inadéquate. Il est donc souhaitable d'introduire, dans la théorie de la « poétique » (ou « science de la littérature »), quelques-uns des critères formulés dans sa théorie de la grammaire.

Rappelons que, pour les transformationnalistes, la « grammaire » est un ensemble restreint de *règles* (intériorisées par tout locuteur) qui, sous leur forme explicitée dans la théorie grammaticale, rendent compte de l'engendrement d'un ensemble *infini* de phrases, obtenues par transformation à partir d'un ensemble relativement restreint de phrases abstraites plus « simples » [4]. De la même manière nous demanderons à notre théorie d'être *productive*, c'est-à-dire d'engendrer (formellement) un ensemble infini de textes à partir d'un ensemble fini de règles et d'éléments lexicaux. La théorie visée ici rendra compte d'une *compétence textuelle*, et c'est ici que s'esquisse une différence essentielle par rapport à la théorie de Chomsky. Celle-ci est construite pour engendrer des phrases, et non des structures transphrastiques. A tort, semble-t-il. Pour Katz et Fodor [5] le texte est une longue phrase dont les propositions (représentant les « phrases profondes ») sont pronominalement et conjonctionnellement liées. Toutefois, la grammaire générative n'est pas en mesure, pour l'instant, de donner des règles pour la structuration de cette « phrase » (texte) : comment déterminer, par exemple, sa « cohérence » ?

Mieux vaut, inversement, considérer la phrase comme un texte (minimal). De cette manière une théorie des textes inclut la grammaire

3. *Aspects of the Theory of Syntax*, Cambridge, Mass., The M.I.T. — Press, 1965, p. 15.

4. Nous appellerons ici « phrase profonde » la suite syntagmatique formellement dérivée dans la base de la grammaire (indicateur syntagmatique). Nous n'approfondissons pas ici. Pour d'autres précisions, cf. N. Ruwet (*Introduction à la grammaire générative*, Paris, Plon, 2ᵉ éd. 1968) et Chomsky (*op. cit.*). L'importance des « règles » pour la production des textes a été reconnue déjà par Barthes (« Introduction à l'analyse structurale du récit », *Communications*, 8, 1-27, 1966.) qui nous précède sur bien d'autres points encore.

5. « The Structure of a Semantic Theory », in *Language*, 39, 170-210, 1963. Voir aussi Katz J. J. et Fodor J. A., *The Structure of Language. Readings in the Philosophy of Language*, Englewood Cliffs, N. J., Prentice Hall, Inc., 1964, p. 479-518.

(linguistique) de la phrase. Certains linguistes transformationnalistes, comme Hendricks, Isenberg, Bellert, Petöfi, Sanders, Rieser, Ihwe, Drubig, Palek, et d'autres, ont d'ailleurs critiqué l'attention exclusive accordée à la phrase [6] et optent pour une extension de la grammaire prônée déjà par Harris [6], Hartmann et Harweg [6]. Ces approches structuralistes du texte restent cependant limitées au plan superficiel des morphèmes, à la détermination des co-occurrences syntagmatiques des « mots » d'un texte se manifestant à des « places » formellement équivalentes. Cette position a conduit à l'élaboration de différentes théories de « couplages » dans le texte (surtout poétique) de Levin [6] et de Jakobson [66]. Pour Harweg (*op. cit.*) les seuls *structurateurs* « formels » du texte sont constitués par les lexèmes de type pronominal, les autres liens (sémantiques, par exemple) n'étant pas formalisables. Cette conception limitée de la grammaire (qui caractérise aussi les premiers stades de la grammaire transformationnelle) n'est abandonnée qu'avec l'élaboration d'une sémantique formelle [11] pouvant rendre compte de la structure d'un texte et de sa cohérence sémantique. Nous verrons qu'une extension « sémantique » et « textuelle » de la grammaire générative implique une distinction entre la structure « profonde » et la structure morphématique « superficielle » du texte.

Ce n'est pas seulement la productivité de la grammaire qui a été mise en relief par les théories transformationnelles, ce sont surtout les concepts étroitement liés de *théorie* et de *règle* qui sont devenus de la plus haute importance et qui doivent retenir notre attention. Toute phrase dérivée (formellement décrite) selon les règles de la théorie est dite « grammaticale » — ce qui ne veut pas dire « acceptable » (ou « compréhensible »), concept qui relève de la performance et non pas de la compétence linguistique. Aujourd'hui la grammaire générative distingue également des *degrés de grammaticalité* (d'une phrase), selon le nombre et l'importance des règles qui ont été enfreintes, et ceci afin de remédier à la conception initiale trop stricte de la grammaticalité. Les suites « déviantes » de morphèmes peuvent être caractérisées désormais par l'analogie structurale avec les suites « bien formées » engendrées par la grammaire.

Or, c'est ici qu'on rencontre une deuxième insuffisance de la grammaire générative devant la théorie du texte à élaborer : les « déviations » grammaticales (phonologiques, syntaxiques et surtout sémantiques) n'y sont pas décrites dans une optique positive, elle se borne

6. Hendricks, W. O., "On the Notion 'Beyond the Sentence'", in *Linguistics*, 37, 12-51, 1967.

7. "Discourse Analysis" in *Language*, 28, 1-30, 1952.

8. *Pronomina und Textkonstitution*, Munich, Fink Verlag, 1968.

9. *Linguistic Structures in Poetry*, La Haye, Mouton and Co., 1962.

10. « Poésija grammatiki i grammatika poésiji », in *Poetics. Poetika. Poetyka*, Polska Akademia Nauk, Mouton, 1961. p. 397-417.

11. Greimas, A. J., *Sémantique structurale, Recherche de méthode*, Larousse, 1966.

à constater les ruptures de règles et ne cherche pas à découvrir les mécanismes (les règles) linguistiques qui sous-tendent ces déviations. Une des tâches de la théorie du texte littéraire consiste à isoler non des « fautes de grammaire » mais une « grammaire des fautes » [12]. Remarquons tout de suite que ce n'est là qu'une démarche complémentaire qui se base sur des *règles admises* de la grammaire « normale ». Il va sans dire, d'autre part, que le concept de *grammaticalité* doit s'étendre également à des structures transphrastiques. Les règles d'une théorie textuelle opèrent donc à deux niveaux, que nous appellerons ici *micro-structurel* et *macro-structurel*. Les règles macro-structurelles opèrent surtout dans des textes narratifs [13] et dans une moindre mesure — sous son aspect thématique — dans des textes « poétiques » brefs, tandis que les règles (complémentaires) micro-structurelles se font surtout valoir au niveau des « phrases » du poème.

Nous avons déjà fait remarquer que les notions abstraites de « productivité » (créativité) et de « règle » sont étroitement liées. La règle n'est pas seulement, comme dans les sciences naturelles, le reflet théorique d'une *régularité* (c'est-à-dire la formulation hypothétique d'une loi) constatée sur l'objet de connaissance qu'est l'infinité des textes, elle constitue en même temps un *instruction* pour la production dérivative — la description formelle déductive — et contribue donc au caractère algorithmique de l'engendrement des textes. La règle possède aussi un aspect « économique » qui réside dans sa ré-applicabilité : l'opération qu'elle définit peut toujours avoir lieu si « les entrées » ainsi que les conditions spécifiées restent identiques. Soulignons qu'il n'y a pas de relation directe entre cet engendrement formel et la « création » (écriture)/« interprétation » (lecture) concrète de la performance (qui est déterminée par des paramètres psychologiques et sociologiques).

Il s'avère que les rapports entre les règles spécifiées dans la grammaire générative « normale » (partant du concept intuitif de « discours habituel » — pour un *fluent native speaker*) et les règles complémentaires, toujours hypothétiques, formulées par une théorie du texte littéraire sont fort complexes. Celles-ci déterminent le type de productivité linguistique (textuelle) qu'on a appelé « rule changing », par opposition à la productivité qui est « rule governed » de la grammaire idéale. La règle complémentaire peut, notamment au plan micro-structurel de la phrase, soit changer une règle grammaticale, soit se substituer à elle. Dans les deux cas nous avons affaire à des *transformations* de règles. L'ensemble des règles normales fait ici fonction de base axiomatique relativement constante. Au plan de la performance,

12. Van Dijk, T. A., « Des fautes de grammaire à la grammaire des fautes », in *Manteia*, 7, 29-36, 1969.
13. Van Dijk, T. A., « Metateoria del racconto », in *Strumenti Critici*, 12, 1970, p. 141-164. Pour des détails et des données bibliographiques sur cette grammaire textuelle, *cf.*, du même auteur, *Some Aspects of Text grammars*, La Haye, Mouton (à paraître).

on dira que le texte normal (comme abstraction idéalisée et intériorisée) sert de cadre de référence linguistico-psychologique. C'est par rapport à ces ensembles d'habitudes et d'attentes (et ici la théorie de l'information devrait intervenir) qu'opèrent les mécanismes *stylistiques* du texte littéraire. Ces mécanismes, on le sait, sont conditionnés aussi par des facteurs contextuels extra-linguistiques (environnement socioculturel, fréquentation des textes littéraires, etc.).

II. Structure profonde et structure de surface du texte

Aux concepts fondamentaux de théorie, de règle et de productivité, il faut maintenant ajouter un autre couple de notions mises en relief par la grammaire générative, notions qui sont de la plus haute importance pour la théorie du texte : celles de *structure profonde* et de *structure de surface* (d'une phrase). Les deux parties de la grammaire qui rendent compte de ces deux aspects de la phrase sont appelées respectivement la *base*, qui est la partie proprement génératrice et formatrice, et la partie *transformationnelle*. Nous croyons qu'il est possible d'établir la même distinction bien définie pour le texte, ce qui était déjà suggéré plus ou moins implicitement par quelques structuralistes, par Greimas par exemple. On peut, éventuellement, après Julia Kristeva [14], qui à son tour s'inspire de Šaumjan et de Kuryłowicz, parler de géno-texte et de phéno-texte. Pour passer de la structure profonde (abstraite) à la structure de surface d'une phrase, on a besoin de *règles de transformation*, règles dont il faudra se servir également — et probablement d'une façon plus large — pour changer la suite des « phrases simples » (suites terminales engendrées par la base) en *un texte superficiel complexe*. L'infinité des combinatoires textuelles ainsi engendrables est encore plus marquée que celle du nombre de phrases « possibles » dans une langue. Il va sans dire qu'une telle diversité, infinie, n'est « maîtrisable » (Barthes) que lorsqu'on essaie de déterminer un certain nombre de structures profondes abstraites (et de règles) à partir desquelles tous les textes de surface sont engendrés ou engendrables. Nous voyons que la différence entre le texte et la phrase longue n'est qu'une différence de degré, les deux sont des produits d'une (ou de plusieurs) transformations, dites « généralisées », qui opèrent les divers enchâssements et enchaînements des suites profondes dans une seule phrase complexe de surface.

La distinction théorique entre la structure profonde et la structure

---

14. « L'engendrement de la formule », I, in *Recherches pour une sémanalyse*. Coll. « Tel Quel », 1969.

de surface d'un texte peut résoudre bien des problèmes traditionnels de la théorie littéraire, des problèmes d'ordre stylistique notamment. Il devient possible d'envisager qu'une même phrase de surface possède plusieurs phrases sous-jacentes, c'est-à-dire plusieurs *interprétations* formelles, et inversement qu'une même phrase profonde peut se manifester de plusieurs manières à la surface du texte à l'aide de transformations différentes. Cependant, à l'opposé de la grammaire générative actuelle, il faut supposer que le « sens » des suites transformées ne reste pas identique lorsque se produit leur « passage » à la surface. Il y a plus. Ce sont précisément les différences micro-sémantiques qui opèrent les variations stylistiques, car toute suppression, toute substitution ou addition, modifie d'une façon ou d'une autre la structure sémique totale des phrases profondes. Ces changements sémiques, dans le texte non-littéraire ou dans les macro-structures d'un récit par exemple, peuvent être négligeables ou redondants et donc éliminés par la réduction théorique que constitue toute grammaire. Notons que pour Chomsky [15] les changements stylistiques ne sont pas à proprement parler des transformations, mais relèvent d'un niveau moins profond encore, probablement même du stade de la performance.

La notion de redondance (relative) de la surface du texte est impliquée dans cet aspect stylistique de la distinction entre structures profondes et superficielles. Cette surface, on l'a dit, peut en effet couvrir, dans toute sa complexité, une structure profonde très simple. La redondance, qui est complémentaire de la redondance normale caractéristique de tout texte d'une langue naturelle, peut être considérée comme une des bases formelles d'une interprétation « esthétique » qui n'est qu'une composante de la performance réceptrice. Toutes les formes de répétition : rimes, allitérations, couplages, parallélismes, etc. relèvent de cette redondance (par rapport aux textes « quotidiens »), redondance qui, dans le texte « littéraire », peut toutefois devenir fonctionnelle, c'est-à-dire signifiante.

Les modèles narratifs simples, postulés à la base d'un grand nombre de récits populaires par Propp, Lévi-Strauss, Greimas, Hymes, Bremond, etc., sont le résultat d'une réduction théorique faisant abstraction des redondances. L'on remarquera une fois de plus que le système formel sous-tendant la phrase ne diffère pas essentiellement de celui qui est à la base d'un texte entier. Ce fait est particulièrement bien illustré dans le système actantiel de Propp-Greimas où les catégories (fonctions) majeures du récit « miment » en quelque sorte les fonctions sémantico-syntactiques de la phrase. Nous verrons que dans des textes poétiques (lyriques) — qui nous préoccupent actuellement — on a plus souvent affaire à une structure profonde de type paradigma-

---

15. *Op. cit.*, p. 126.

tique, constituant un ensemble de catégories équipollentes (ou homologuées) binairement structurées où la syntaxe est réduite au minimum. La possibilité formelle d'une typologie des textes se présente à partir de ces observations.

Dans la même perspective de la distinction entre un niveau profond et un niveau superficiel, l'on retiendra, sur le plan lexical, l'idée fondamentale pour l'analyse des textes selon laquelle les mêmes structures sémiques profondes se projettent (selon la langue, l'idiolecte, l'écriture, le style) dans plusieurs lexèmes différents [16]. C'est cet investissement, cette « couverture lexicale » qui reflète le travail stylistique qu'est l'écriture. C'est ici qu'on voit se rapprocher la théorie (qui produit et décrit des régularités) d'une part, et l'interprétation (la lecture, l'analyse, l'herméneutique) d'autre part; rapprochement qui s'orientera justement vers les différences idiosyncrasiques du texte individuel.

III. Préliminaires à la construction d'une grammaire générative du texte

Dans ce qui précède, nous avons essayé d'emprunter quelques concepts valables à la grammaire générative tout en soulignant que le modèle que nous offre cette grammaire actuellement n'est pas toujours approprié pour la description du texte (littéraire). On peut, afin de remédier aux déficiences signalées, *élargir* la grammaire sur plusieurs points. Nous étions d'abord confrontés avec la nécessité de parler de textes au lieu de phrases, et de trouver des règles qui les fondent, tant sur le plan micro-structurel que sur le plan macro-structurel, et d'y distinguer finalement un niveau superficiel et un niveau abstrait profond, transformationnellement liés entre eux. Nous étions amenés à préciser le concept de degré de grammaticalité en l'interprétant positivement comme un artifice formel pour la typologisation de l'ensemble des textes — par rapport à la « norme », formellement, mais non pas psycho-

---

16. Cette idée, commune à la plupart des travaux sémantiques contemporains, se trouve chez Katz ("Recent Issues in Semantic Theory", in *Foundations of Language*, 3, 1967), Weinreich (« Explorations in Semantic Theory", in *Current Trends in Linguistics*, Ed. by Thomas A. Sebeok. vol. III, La Haye-Paris, Mouton, 1966), Gruber (*Functions of the Lexcion in Formal Descriptive Grammars*, Technical Memorandum, SDC-California, 1967), McCawley ("Concerning the Base Component of a Transformational Grammar", in *Foundations of Language*, 4, 1968) et surtout chez Greimas qui se rend compte d'une façon beaucoup plus marquée des implications stylistiques de l'investissement lexical. Les termes utilisés pour rendre compte de ce processus de lexicalisation sont très divers : d'abord association, ensuite insertion, et, chez Gruber, « attachement », compris comme une lexématisation basée sur plusieurs catégories sous-jacentes à la fois; point de vue qui tient le milieu entre la catégorisation croisée de Chomsky (*op. cit.*), et la hiérarchie entre les sèmes déjà reconnue chez Katz et Fodor (*op. cit.*).

logiquement ou sociologiquement, arbitraire de la « grammaire quotidienne ». C'est ici qu'il faut formuler les règles complémentaires indispensables à la génération du texte littéraire.

L'importance, aujourd'hui reconnue, de la sémantique structurale aussi bien que générative, nous permettra de cerner de plus près les propriétés formelles les plus importantes de la structuration du texte entier. Après une précision de la sémantique combinatorielle au niveau de la phrase (nous pensons à Katz, Weinreich, Gruber, Bierwisch) il faudra donc élaborer un système de règles qui puissent rendre compte des structures sémantiques macro-structurelles.

Essayons donc d'appliquer les concepts fondamentaux retenus à une théorie partielle du sous-ensemble des textes modernes. Une telle théorie, il va sans dire, devra indirectement contribuer à la découverte des « universaux » du phénomène littéraire.

En introduisant, au lieu de la phrase, le *texte* comme l'objet de connaissance central pour la théorié, il faudra selon les règles de ré-écriture de la grammaire générative mettre en tête de la dérivation, c'est-à-dire de la description formelle d'une phrase profonde, non pas le symbole P (selon la notation française de Ruwet [66], S en anglais) mais le symbole T (pour Texte). Or on pose qu'il est possible de ré-écrire ce texte, dans une première démarche théorique, comme un *ensemble de phrases* (abstraites, bien entendu) — ensemble ordonné comme nous le verrons :

$$\# \ T \ \# \ \rightarrow \ P_1, P_2, \ldots P_n \qquad (1)$$

Le modèle de la grammaire générative, après quelques retouches, peut dès lors servir pour ré-écrire les différentes phrases consécutives du texte — c'est-à-dire des suites abstraites qui constituent sa structure profonde. Toutefois, (1) est loin d'être adéquat, étant donné que le texte n'est pas une somme quelconque, une juxtaposition de phrases discrètes. Comme entre les morphèmes d'une phrase, il y a des liens structurels entre les phrases du texte, tant dans la structure profonde qu'à la surface.

Sur le plan micro-structurel, celui de la phrase, on constate déjà que, dans la grammaire « linguistique », les phrases différentes possèdent des structures profondes partiellement analogues : la plupart, on le sait, peuvent être ré-écrites comme :

$$\# \ P \ \# \ \rightarrow \ SN \ SPréd \qquad (2)$$

---

17. Ruwet (*op. cit*) propose : *P* pour « phrase », *SN* pour « syntagme nominal », *SPréd.* pour « suytagme prédicatif », *V* pour « verbe », *Aux* pour « verbe auxiliaire », *N* pour « Nom », etc. Nous nous demandons s'il ne vaudrait pas mieux instituer une écriture internationale, suivant le symbolisme anglais par exemple, ($\#$ indique le début et la clôture du texte, ou de la phrase).

et ainsi de suite, pour les catégories majeures au moins. L'expansion descriptive à droite de la flèche peut caractériser *récursivement* les autres phrases du texte, c'est-à-dire que l'on peut faire l'économie de dérivations identiques ou partiellement identiques. On pourrait éventuellement noter cette règle comme une opération sur un ensemble ou une « somme » de phrases :

$$\# \sum_n P_n \# \rightarrow \sum_n (SN \ SPréd.)_n \tag{3}$$

ou, plus simplement, pour n'importe quelle phrase du texte, comme pour n'importe quelle phrase du *Texte infini* qu'est la Langue :

$$\# \ P_i \ \# \ \rightarrow \ SN \ SPréd \tag{4}$$

Il serait probablement possible de se servir désormais des notations de la logique symbolique, en introduisant, par exemple dans (4), des opérateurs de quantification (universelle). En « descendant » dans la dérivation il faudra probablement renoncer à vouloir subsumer la structure des phrases dans une seule règle, car on rencontre alors justement des *différences* structurelles souvent caractéristiques des phrases d'un texte littéraire. Nous pensons surtout aux textes narratifs qui, d'une manière ou d'une autre, suivent grosso modo les règles de ré-écriture « normales » de la grammaire.

La ré-écriture « normale » est bloquée dès le début, lorsqu'une des catégories majeures fait défaut. On peut dans ce cas établir une règle *ad hoc* — qui peut avoir une certaine généralité pour le sous-ensemble textuel constitué par la poésie moderne, par exemple. On marquera une « règle déviante » — qu'on peut appeler poétique — par un astérisque après la flèche, ce qui veut dire que l'opération est admise dans ce type de texte :

$$P \rightarrow * SN \tag{5}$$

Soulignons dès maintenant qu'une telle règle est toujours *optionnelle*. Une règle « normale » comme (4) n'est pas moins « poétique » dans un texte poétique ; (5) n'est ni une condition nécessaire ni une condition suffisante pour la poéticité du texte entier, car elle pourrait être, au plan de la performance, le reflet d'une simple faute de grammaire, ou d'une ellipse habituelle. La règle donnée dans (5) est une façon directe de marquer certaines structures de phrase du texte littéraire, c'est-à-dire qu'elle semble se *substituer* à (4). L'on peut aussi procéder d'une autre façon et supposer que la catégorie absente (SPréd) est provisoirement catalysée dans le texte, ce qui constitue une opération interprétative très courante étant donné que les règles normales sont intériorisées chez le lecteur. Dans le stade suivant, la catégorie catalysée peut être supprimée dans une règle qui possède le caractère d'une transformation (de suppression) :

$$P \rightarrow SN\ SPréd \qquad (6)$$
$$SPréd \Longrightarrow^* \phi$$

Dans ce cas la transformation se produirait presque à la surface du texte. C'est pour cette raison aussi que bien des linguistes considèrent de telles règles comme des phénomènes relevant de la performance. Des raisons de simplicité — sinon d'évidence intuitive — nous font supposer toutefois que de telles opérations se situent plus bas dans la structure profonde de la phrase [18].

Le texte se structure donc en premier lieu au niveau de la phrase, c'est-à-dire qu'il répètera des modèles syntagmatiques identiques (ou analogues) — parfois même d'une façon particulièrement manifeste — surtout dans certains types de textes poétiques (lyriques : litanies) basés sur les parallélismes. Beaucoup plus important pour la (macro-) structure du texte, cependant, est l'ensemble des rapports entre les phrases constitutives, fait banal qui, dans l'aperception, nous fait concevoir cet ensemble comme un tout cohérent, comme un *texte* (*textus*, tissu).

Avant de procéder à une formulation modeste de ces rapports interphrastiques, il convient de prendre un exemple concret afin de vérifier nos hypothèses. Le texte (poétique) choisi ouvre un recueil particulièrement bien structuré où la pensée théorique est liée à un travail textuel poussé : nous pensons à ∈ de Jacques Roubaud (Gallimard 1966), recueil dont le premier paragraphe est aussi intitulé ∈. Les informations para-textuelles — les gloses — de Roubaud et le texte lui-même nous montrent que le texte essaie de formuler sa propre théorie (« poétique immanente » caractéristique de bien des textes modernes, cf. *Nombres* de Sollers) [19].

Le recueil, grâce à son titre explicite, peut être conçu — dans une interprétation ensembliste de la sémiotique — comme un élément appartenant à un ensemble plus grand de textes littéraires (Littérature). Cet élément est à son tour un ensemble de textes (proprement dits). Le premier texte, celui qui nous concernera, est explicitement appelé « sonnet en prose » et, selon la *disposition* de ce paragraphe, constitue le premier « vers » d'un sonnet de sonnets. Ce *jeu* d'imbrications n'est pas seulement le reflet structural du *jeu* japonais de GO (sur lequel le

---

18. Sinon il faudrait, dans la suite préterminale de la dérivation, introduire un lexème « fictif » (postiche), pour le Verbe par exemple, et ensuite supprimer dans une transformation ce lexème. Ceci en effet est le résultat d'une performance interprétative qu'on peut qualifier de « sur-interprétation ».
19. Cf. par exemple dans les textes qui suivent la lexicalisation de cette théorie : « abri des signes », « construction comme un arbre abstrait qui se ramifie ». L'on voit surgir ici la sémiotique et la grammaire générative à la fois.

recueil se modèle), mais aussi le *jeu* que constituent, au sens wittgensteinien, la Langue et la théorie de la Langue avec ses éléments lexicaux (pions) et ses règles. Le jeu des appartenances semble infini : (sèmes, phèmes, syntaxèmes) ∈ (morphèmes/lexèmes) ∈ syntagme ∈ phrases simples, propositions ∈ phrases, vers ∈ paragraphe, strophes ∈ textes, poèmes Texte, Littérature ∈ pratiques signifiantes, et ainsi de suite. Voici le texte :

1.1.1   0   GO 115

Je ne vois plus le soleil ni l'eau ni l'herbe m'étant emprisonné où nul matin n'a de domaine si dans le cube pur de la nuit je distingue d'autres branchages que sur l'arbre des pensées je les chasse je les cache

n'ont de place que les lampes la division du clair au sombre au devant de moi coupant le visible le peu de monde matériellement étendu à plat oui devant moi accessible partout à mes mains

car tous objets d'ici disparus j'ai suscité soleil pour soleil eau pour eau j'ai fait traverser des monceaux d'opaque à des soleillements d'ailleurs o soleils en qui j'ai confiance

à quel point vous êtes moi je peux vous montrer à tous dire couleur des bois orange dire rouge et être cru soleils réveillés sur ma langue soleils alentour-averses

IV. Le structurateur textuel

Essayons de poursuivre nos réflexions théoriques en nous référant à ce texte de Roubaud. Comme pour la phrase en linguistique, il nous faut découvrir, on l'a vu, des *règles textuelles* qui structurent l'ensemble des signes dont nous trouvons les représentations graphiques concrètes sur la page blanche du livre. La règle de ré-écriture initiale devra donc — en théorie des textes — spécifier que ce n'est que sous certaines conditions qu'on peut ré-écrire T comme un ensemble de phrases, car inversement tout ensemble (stochastique) de phrases ne constitue pas nécessairement un texte. On peut noter cette condition primordiale de la *cohérence structurelle* du texte comme un symbole complexe S (structurateur) suivi d'une barre oblique :

$$\# \ T \ \# \ \rightarrow \ S \ / \ P_1, \ P_2, \ \ldots \ P_n \qquad (7)$$

Étant donné que ce structurateur général (pré-déterminant le texte entier) peut théoriquement opérer sur les trois niveaux du texte :

phonique, sémique, syntaxique, on peut aussi expliciter ses trois composants ou sous-structurateurs :

$$S \rightarrow \left\{ \begin{array}{l} S_{ph} \\ S_{sém} \\ S_{synt} \end{array} \right\} \tag{8}$$

Ces composants peuvent opérer ensemble ou isolément. Le champ d'opération de ces structurateurs généraux est le macro-contexte, il ne se limite donc pas à une seule phrase, car c'est précisément la tâche du structurateur de définir formellement les rapports entre les phrases du texte.

Ceci ne veut pas dire que le texte poétique ne connaisse pas de conditions (contraintes supplémentaires) micro-contextuelles. Il suffit dans ce cas de faire précéder la description dérivative de la phrase d'un structurateur « local » et particulier :

$$P \rightarrow S' \ / \ SN \ SPréd \tag{9}$$

Ce structurateur possède aussi trois composants. Les différents *types* de ces micro- et macro-structurateurs (et de leurs composants) peuvent également être indiqués dans S par des symboles représentant les opérations de répétition, ré-arrangement, suppression, addition, etc. On s'aperçoit que S, en fait, peut être considéré comme un composant transformationnel de la dérivation du texte poétique. Au plan microstructurel on peut, à côté de S' s'attendre à la marque « * » qui indique la présence de règles complémentaires « déviantes ». Un S' isolé, répétons-le, indique que l'on rencontre des conditions contextuelles complémentaires; celles-ci sont « non-agrammaticales » ou redondantes et produisent des suites avec des caractéristiques non-fonctionnelles dans un texte « quotidien ».

Prenons un exemple micro-structurel dans le texte de Roubaud. Dans la première « strophe » on trouve : « *si* dans le c*u*be p*u*r de la n*ui*t je d*i*stingue... », soit une répétition (a) des voyelles identiques [y] [i] (b) dans *i* et *u*, des groupes de phèmes identiques comme : /voyelle/ fermée/aiguë/. Il apparaît donc que S'_{ph} consiste en un certain nombre de traits pertinents isolés ou groupés dans des phonèmes (ou groupes de phonèmes) entiers :

$$S'_{ph} \rightarrow \left\{ \begin{array}{l} \text{voyelle} \\ \text{fermée} \\ \text{aiguë} \\ \text{(arrondie)} \\ \text{(non-arrondie)} \end{array} \right\} \tag{10}$$

Cette règle pré-détermine (limite) le choix des éléments lexicaux qui doivent être insérés dans la structure syntagmatique de la suite préterminale de la dérivation, elle fonctionne donc en quelque sorte comme un filtre. Le type d'opération (assonance) peut être indiqué par CORR (pour corrélation) et IDENT (pour identité — des éléments corrélés). Il n'est pas improbable d'ailleurs que dans le texte de Roubaud S'_{ph} ne doive s'inscrire plus bas (sinon toute la phrase aurait des voyelles [i] et [y]), dans une règle qui précède la suite terminale :

$$\ldots \rightarrow \text{Prép SN} \qquad\qquad (11)$$
$$\text{SN} \rightarrow S'_{ph} / \text{N Adj}$$
$$\text{N} \rightarrow cube$$
$$\text{Adj} \rightarrow pur$$

Une telle écriture doit être répétée lorsque plusieurs syntagmes participent à l'assonance. On peut alors attacher S'_{ph} à un nœud dominant. On établira conventionnellement la règle selon laquelle le structurateur phonique/graphique exige que l'opération se produise au moins une fois.

Il doit être entendu que de nombreuses précisions théoriques seront nécessaires dans cette tentative de génération (qui est encore hautement spéculative) de certaines « figures » poétiques. Il faut par exemple faire attention à ne pas confondre dérivation (production) formelle et écriture réelle du texte, qui relève de la performance. Il faut souligner ensuite, le caractère optionnel (sinon *ad hoc*) de toutes ces règles.

La phrase suivante du texte de Roubaud montre que S'_{ph} peut être encore plus complexe. Un grand nombre de traits et d'instructions préalables devront être indiqués. On peut isoler une double allitération couplée à une assonance obéissant en plus à des contraintes de parallélisme et de chiasme :

> bran*cha*ges qui sur l'*arche* des pensées je les
> *cha*sse je les *cache*

De telles conditions supplémentaires déterminant la dérivation dans le stade de la lexicalisation possèdent évidemment, au plan de la performance, des implications stylistiques que la théorie de l'information peut éventuellement cerner de plus près. Il va sans dire que la dérivation formelle proprement dite ne tient pas compte des probabilités [20].

20. Toutes ces conditions contextuelles pré-déterminant l'insertion lexicale rompent évidemment les lois de la distribution moyenne des consonnes et des voyelles dans un texte : on constate que l'*ordre* imposé aux signes graphiques est plus contraignant que l'ordre requis par la phonologie « normale » de la Langue. Théoriquement, on dira que, en constatant que le degré de désordre décroît, l'information devient plus faible que dans la phrase « normale ». Toutefois, pour le lecteur et pour sa compétence, une répétition (significative) constitue une déviation de son attente « moyenne », ce qui confère une information (non-linguistique) plus élevée à des structures phoniques/graphiques sur-ordonnées (on dira une information « inverse »). Ceci rejoint intuitivement, la contrainte plus grande qui accompagne, dans l'écriture, la sélection de lexèmes possédant des phonèmes répétés : il faut, afin d'engendrer l'assonance *cube pur*, sélectionner après *cube* non seulement une catégorie *Adj*, mais en plus un adjectif contenant une voyelle déterminée. Le nombre des « pas de sélection » dans l'alphabet qu'est le lexique est plus élevé et, de ce fait, l'information également qui en résulte. Notons toutefois que, dans ce cas, d'autres contraintes (sémiques, comme chez Roubaud) peuvent être supprimées.

En passant au plan macro-structurel, on remarque que le composant phonique/graphique du structurateur général ne manque pas non plus d'exercer son influence sur le texte poétique entier, surtout quant aux aspects graphiques du texte. Le recueil lui-même offre, discursivement, une explicitation de cette disposition. On peut, pour ce texte concret, construire une règle opérant sur un élément postiche pour engendrer le « blanc » (marginal, d'en haut ou d'en bas), en ajoutant, par exemple, le symbole ꝏ au syntagme qui doit terminer la ligne. Dans la poésie classique ce symbole coïncide avec S_{ph} engendrant la rime (le schéma des rimes) du texte. Une double barre // indiquera que la strophe est terminée et qu'une ou plusieurs lignes blanches doivent suivre. La fin du texte entier est alors marquée par : // #.

Un des problèmes de l'engendrement des textes poétiques (classiques surtout, mais aussi ceux de Roubaud) est constitué par la *structuration numérique,* étant donné que les règles de la langue quotidienne ne connaissent pas cet aspect purement *métrique.* Il s'avère donc que la programmation du texte symbolisée par S-général ne peut pas se passer apparemment de certaines indications de « nombres »[21]. Pour le sonnet de Roubaud la partie de S qui détermine la forme graphique pourrait être écrite à peu près comme :

$$S_{graph} \rightarrow // \; 4_2, \; 3_2 \; // \; \dots \tag{12}$$

où les barres obliques indiquent qu'il s'agit du nombre des lignes. Des indices en bas des nombres signalent combien de fois un groupe de 4 vers ou de 3 vers doit être répété. Pour un sonnet classique il faudrait ajouter encore ꝏ 12 ꝏ indiquant que ces lignes-vers sont constitués de 12 syllabes.

Dans le texte de Roubaud, le S_{graph} se manifeste aussi sur le plan de l'écriture et de la ponctuation, en supprimant les majuscules et en substituant des espaces blancs à tous les signes de ponctuation. Dans les deux cas on peut parler de transformations de substitution. L'absence de ponctuation et de majuscules peut signifier que la clôture (traditionnelle) de la phrase est abolie, ce qui ne reflète pas seulement la théorie ensembliste impliquée dans le recueil, mais peut-être aussi la conception que le texte est un tout, du moins à la surface. Des ambiguïtés fonctionnelles peuvent être le résultat de cette imbrication scripturale des « phrases ».

L'analyse du composant *syntaxique* de S-général peut rester modeste : nous en avons déjà parlé. On a constaté que la grammaire prévoit, en principe, comme pour toute phrase de la langue, des modèles syntagmatiques pour les phrases du texte. Dans le stade interprétatif de la performance on pourrait expliquer cette « régularité » comme

---

21. Cf. surtout J. Kristeva (« L'Engendrement de la formule », I, in *Tel Quel,* 37, 1969), parlant justement de *Nombres* de Sollers, qui essaie d'engendrer aussi, d'une façon parfois analogue, la *formule* du texte.

une des conditions de la « compréhension » du texte, étant donné que le sens d'un élément est fondé sur sa récurrence. Dès que cette régularité (prévisible) est rompue, on assiste à la production d'information, ce qui est le cas pour toute innovation concrète.

On peut constater que S_{synt} est moins important pour la structuration du texte entier. Il se situe surtout au niveau de la phrase où il représente l'ensemble des opérations grammaticales admissibles dans la description dérivative. La prétendue syntaxe du texte est en fait un aspect de sa structuration sémantique. Dans un certain sens toute structuration est évidemment de caractère syntaxique. Ceci est particulièrement net, on l'a vu, dans des textes narratifs, dont la structure syntagmatique (qui est sémique) mime la structure de la phrase.

Le structurateur syntaxique opère par conséquent surtout au niveau de la phrase du texte poétique. C'est ici qu'on voit se produire des opérations déjà décrites par Jakobson [22], Levin [23], Koch [24], etc. : parallélisme entre phrases contiguës — ce qui peut être un fait de macro-contexte — couplages, répétitions morphématiques, co-occurrentielles, etc. Ces parallélismes du texte poétique moderne sont très fréquents (et semblent se substituer aux structures métriques traditionnelles). Ainsi, chez Roubaud : *je le chasse / je les cache*, où, dans la première strophe, une modalité négative ou qu'on peut considérer comme un sème phrastique, structure les lexèmes :

Je ne vois plus le soleil
ni   l'eau
ni   l'herbe
nul matin
n'a de   domaine

Ces parallélismes peuvent être perçus dans l'interprétation, comme des équivalences selon le théorème de Jakobson. L'opération de type corrélatif dans cette strophe peut être symbolisée par une ré-écriture (partielle) de S_{synt} :

$$S_{synt} \rightarrow NEG / SN\ S_{Préd} \qquad (13)$$

Il n'est pas évident toutefois que NEG soit un élément purement syntaxique, étant donné surtout que l'opposition avec *si* (2e ligne) et *ne... que*, qui lexicalise une modalité affirmative (AFF), fait penser à une catégorie modale de caractère plutôt sémantique. Aussi la grammaire générative actuelle engendre-t-elle des éléments modaux comme

---

22. *Op. cit.*
23. *Op. cit.*
24. *Recurrence and a Three - Modal Approach to Poetry*, La Haye, Mouton and Co., 1966.

la négation, déjà au niveau de la base. D'ailleurs, syntaxe et sémantique s'interpénètrent mutuellement, surtout dans la base la plus profonde de la grammaire.

Pour le plan syntaxique purement micro-structurel on a déjà pu constater que le type de texte, marqué dès le début par une marque « modale » (/Poétique/), peut déclencher optionnellement des règles marquées par « * », c'est-à-dire des règles qui ont soit transformé, soit substitué une règle syntagmatique normale comme dans (5). On en trouve un exemple dans la dernière strophe de Roubaud :

a) soleils réveillés sur ma langue (14)

b) soleils alentour-averses

Dans (14 a) on rencontre, sauf la suppression de l'article admise dans une allocution, la transformation — par suppression — de l'auxiliaire dans le syntagme verbal :

$$P \rightarrow SN\ S_{\text{Préd}}$$
$$S_{\text{Préd}} \rightarrow Aux\ V_{pp} \qquad (V_{pp} = \text{Verbe-participe passé}) \quad (15)$$
$$Aux \Longrightarrow {}^{*}\ \phi$$

Remarquons qu'il y a plusieurs interprétations possibles ici, c'est-à-dire que l'on peut construire plusieurs phrases sous-jacentes. *Soleils* (dans 14 a) peut être considéré comme l'objet direct (SV SN) d'une phrase (supprimée dans la transformation) suivie d'une relative. L'analogie avec la phrase *car tous objets d'ici disparus*, dans la strophe précédente, fait cependant opter pour la suppression de Aux, d'autant plus qu'on retrouve très souvent dans le texte poétique moderne la suppression de $S_{\text{Préd}}$, de SV, de V ou de l'un de leurs éléments. L'élimination de Aux pourrait être considérée comme une variante mitigée de cette opération. Cette opération possède d'ailleurs une propriété qui ne se borne pas aux transformations syntaxiques, propriété qu'on peut rendre par le concept de *contiguïté* (principe qui, on le sait, détermine les opérations sémiques engendrant des combinaisons métonymiques et synecdochiques); ici, un syntagme entier peut être représenté par une seule de ses catégories constituantes. La catégorie maintenue sera normalement, dans ce genre d'opérations, la catégorie principale, c'est-à-dire la catégorie qui domine un élément postiche non purement grammatical, ayant un contenu sémique (une « intention ») relativement important.

Plus rarement que les transformations de suppression, on rencontre — dans le texte poétique français — des ré-arrangements, comme dans : *car tous objets d'ici disparus*.

Un aspect important du composant syntaxique général S_{synt} s'imbriquant dans la sémantique est l'*enchaînement* (linéaire) des phrases à l'aide notamment de pronoms, d'adverbes et de conjonctions.

Harweg [25], après d'autres, maintient que c'est là la seule manifestation « formelle » de la cohérence d'un texte; ce sont les pronoms, dit-il, qui constituent ce texte en tant que texte. Une telle conception étroitement morphématique se retrouve aussi dans la grammaire générative quant aux conditions de la suppression à la suite d'un enchâssement ou d'une addition (d'une relative par exemple). On se borne à signaler l'identité (sémantique, référentielle?) du pronom et de son antécédent. Nous nous limiterons ici à faire remarquer que le texte poétique moderne, par opposition par exemple au texte narratif traditionnel, est avare de pronoms et surtout de conjonctions de type logique (cause, conséquence) et les remplace par le signe zéro de la parataxe. La cohérence du texte poétique est ainsi encore plus fortement liée à sa structure sémantique. Dans le texte de Roubaud on constate à cet égard une différence stylistique importante entre la première strophe et les autres : dans la première strophe, on voit se manifester à la surface des sèmes modaux (ou logiques) : « causalité » (dans le participe présent), « localité » (*où*), « négativité » (*ne-pas*, *ni*) « affirmativité » (*ne-que*) « comparativité » (*autre-que*) et « causalité » (*car*, début 3e str.), tous lexèmes connecteurs qui sont absents dans le reste du texte, structuré parataxiquement. Une analyse du niveau sémantique apparaît indispensable pour déterminer la cohérence, la textualité (= grammaticalité) du texte.

V. La structuration du niveau sémantique du texte

Un des problèmes les plus sérieux devant lesquels la théorie du texte se voit placée est l'absence presque totale d'une sémantique macrostructurelle (transphrastique) formelle. Ce ne sont que les développements les plus récents dans le domaine de la sémantique combinatorielle (et linguistique : se bornant souvent à la phrase), surtout dans ses aspects d'analyse « componentielle » qui permettent d'espérer l'extension de la description sémantique aux structures textuelles. A l'opposé de, — et complémentaire à la description morphématique de Harris, de Harweg et d'autres représentants de la *discourse analysis* — on trouve les tentatives de Greimas et des sémanticiens générativistes : Katz, Weinreich, Gruber, McCawley, Fillmore, Lakoff, etc. Toutefois, ce n'est que Greimas (et tous ceux qui se sont inspirés de lui) qui a explicitement tenté d'intégrer sa sémantique dans l'analyse du texte (littéraire ou autre) : ses modèles actantiels en témoignent. Un des concepts fondamentaux de cette description sémantique des

---

25. *Op. cit.*

textes entiers, celui d'*isotopie*, est basé sur une récurrence hiérarchique de (clas-)sèmes. En interprétant ces faits dans notre approche générative, on peut supposer que le structurateur sémantique général $S_{sém}$ consiste en une configuration de traits élémentaires de la signification (sèmes ou classèmes selon Greimas, semantic markers ou semantic features selon la terminologie américaine). Le sème, rappelons-le, est le constituant fondamental dans la structure profonde de la phrase. On pourrait éventuellement affirmer, à l'opposé des générativistes (surtout Chomsky [26]), que *tous* les constituants élémentaires sont de caractère sémique (même les catégories syntaxiques), et non pas des sous-catégorisations exclusivement syntaxiques. En fait, comme le dit Gruber [27], la distinction entre syntaxe et sémantique dans ces profondeurs n'est plus guère pertinente. Tous ces traits élémentaires engendrent en quelque sorte le lexème, soit matriciellement, soit selon une dérivation de type hiérarchique et/ou selon le principe d'attachement polycatégoriel, comme chez Gruber [28]. En tout cas, le lexème est, dans le lexique, triplement caractérisé : par des sèmes, par des phèmes et par des traits de sélection syntaxiques [29].

Or, les sèmes (ou classèmes) qui se répètent d'une façon significative (concept *intuitif* à remplacer ultérieurement) dans un texte, peuvent structurer ce texte d'une façon particulière; ils seront appelés *sèmes thématiques*, ou plus brièvement *thèmes* : ce sont des éléments abstraits, constituant une thématique abstraite dans la structure profonde du texte. C'est ici que l'on rencontre la dimension stylistique de la distinction faite entre la surface et la structure profonde du texte : un thème peut s'établir, par récurrence sémique, sans se manifester lexicalement à la surface, c'est-à-dire en s'investissant dans plusieurs lexèmes différents (qui comportent toujours d'autres sèmes en même temps); tandis que, inversement, plusieurs thèmes peuvent se manifester dans un seul lexème. Un exemple chez Roubaud : *division/coupant*, et (absence de) *soleil/opaque*. Le texte poétique semble préférer, de manière générale, une structuration équivalente de ses sèmes en établissant une série de sèmes homologués et souvent équilibrés par leurs sèmes opposés de la même catégorie [30]. Chez Roubaud on trouve surtout l'opposition entre le *blanc* et le *noir* (opposition thématique fonctionnelle par rapport aux pions du jeu de GO), donc entre « luminosité » (ou « blancheur ») et « obscurité ». Le début de la dérivation de ce texte précisera, dans $S_{sém}$, cette première ligne théma-

---

26. *Op. cit.*
27. *Studies in Lexical Relations*, Diss. M.I.T., miméographié, 1965; et *op. cit.*, 1967.
28. *Op. cit.*
29. Cf. Van Dijk, *op. cit.*
30. Van Dijk T. A., « Sémantique structurale et analyse thématique », in *Lingua*, 23, 28-53, 1969.

tique — qui est en même temps un constituant de l'isotopie générale du texte :

$$S_{sém} \rightarrow \begin{array}{c} \text{luminosité vs obscurité} \quad / \\ : \qquad : \qquad / \\ : \qquad : \qquad / \end{array} \qquad (16)$$

Cette règle constitue une condition optionnelle supplémentaire pour l'insertion lexicale et marque donc son influence surtout dans la ré-écriture terminale, c'est-à-dire avant l'insertion des lexèmes. Chez Roubaud, la lexicalisation est la suivante : (absence de) *soleil*, (absence du) *matin*, *sombre*, *opaque* d'un côté, et *lampes*, *clair*, *soleil*, *soleillements* de l'autre. De la même façon on établira les catégories sémiques répétées (donc thématiques) suivantes : « absence » vs « présence », corrélée avec « fermeture » (« clôture », « séparation ») vs « ouverture » dans *emprisonné*, *cube/chasse*, *montrer*, *susciter*, *réveiller*.

La découverte d'un certain nombre de sèmes ou de catégories identiques dans un texte n'est que la *condition minimale* de l'existence d'une isotopie. Pour bien des textes poétiques modernes cette condition est, il est vrai, souvent la seule qui soit remplie, mais en général une telle classification de sèmes et de lexèmes qui les manifestent à la surface ne saurait suffire pour établir une véritable cohérence d'un texte. Celui-ci possède aussi, surtout dans ses structures narratives, une logique et une certaine progression. Il nous manque donc une syntaxe de ces éléments sémiques et classématiques, non seulement au niveau de la structure phrastique, mais surtout au niveau du texte entier. La manière dont cette syntaxe s'actualise constitue pourtant un critère de la typologie des textes. Le texte poétique (moderne) possède, dans un certain sens, *une syntaxe sémique zéro*, et établit de simples paradigmes (binairement structurés) équivalents, sans différenciation fonctionnelle (autre que l'opposition). L'enchaînement du texte linéaire (syntagmatique) par contre, caractéristique du texte classique, suit un schéma logique qu'on peut rendre comme suit :

$$((((A) P_1) P_2) P_3) P_4 \ldots \qquad (17)$$

où un premier argument et un premier prédicat (ou modifié et modifiant) [31] se font « argument » pour d'autres prédicats. Il va sans dire que, grammaticalement, l'argument peut être constitué aussi par des constituants d'un syntagme fonctionnel (jusqu'aux sèmes même). Cette dépendance de phrases subséquentes de l'ensemble des arguments des phrases précédentes se réalise, dans le texte poétique moderne, surtout au niveau sémique profond.

La sémantique à courte distance de ces enchaînements admissibles entre les phrases pose des problèmes presque insurmontables à la

---

31. Cf. J. Kristeva, *op. cit.*

formalisation. Des travaux récents [32] ont insisté sur le fait que l'idée traditionnelle — qui a empêché le développement de la sémantique — selon laquelle les sens du mot s'imbriquent, conceptuellement, dans ses aspects référentiels et perceptuels, n'est pas entièrement erronée. La sémantique combinatorielle reste malaisée à formaliser tant que notre connaissance du monde est impliquée dans les compatibilités des lexèmes. A côté de ces filtres culturels on devra tenir compte des implications et des présuppositions (logiques et référentielles) de chaque lexème ou phrase amalgamée de sèmes. Quoi qu'il en soit la sémantique ne peut pas faire autrement que d'établir les bases sémiques de ces compatibilités phrastiques et textuelles. Essayons donc de formuler avec prudence quelques règles provisoires qui conditionnent l'enchaînement et l'isotopie dans un texte.

On peut dire, en premier lieu, que deux phrases P_1 et P_2 sont sémantiquement compatibles si, et seulement si, P_2 contient au moins un classème ou sème déjà présent dans l'ensemble amalgamé des sèmes de P_1. Cette identité peut être lexématisée à la surface ou supprimée dans la transformation : la cohérence est donc toujours le fait de la structure profonde. Cf. les trois premières phrases de la représentation (interprétation) profonde du texte de Roubaud :

Je ne vois plus le soleil
Je ne vois plus l'eau
Je ne vois plus l'herbe

où l'identité des premiers syntagmes (supprimés) est manifestée à la surface par *ni*. Le lien sémique entre les phrases est d'ailleurs confirmé par une équivalence (reposant sur le sème « nature ») des trois lexèmes nominaux.

Le type syntagmatique de l'enchaînement peut être dit « parallèle » :

$$P_1 \rightarrow X\,Y \qquad\qquad (18)$$
$$P_2 \rightarrow X\,Z$$
$$P_3 \rightarrow X\,V$$

C'est donc SN_2 (du syntagme prédicatif) qui est modifié. L'identité lexématique est à la base des transformations d'enchâssement, et de toutes les autres opérations d'*expansion syntaxique*, tandis que l'identité lexématique ou plutôt, dans la phrase concrète, sémémique) et/ou sémique détermine aussi bien cette expansion syntaxique que l'*expansion* (plus importante, impliquant le texte entier) *sémantique*.

L'enchaînement (sémantico-syntaxique) est « inverse » si les deux lexèmes l_1 et l_2 font partie de syntagmes ayant des fonctions différentes

32. Cf. James D. McCawley, *op. cit.*, et M. Bierwisch "On certain Problems of Semantic Representations" in *Foundations of Language*, 5, 1969.

dans P_1 et P_2 respectivement. Exemple chez Roubaud : *je distingue d'autres branchages... je les chasse (je les cache)*, se basant sur le modèle suivant :

$$P_1 \rightarrow X\,Y \qquad (19)$$
$$P_2 \rightarrow Y\,Z$$

L'enchaînement est « discontinu » si entre P_1 et P_2, ayant soit des lexèmes identiques (dans la structure profonde, c'est-à-dire des pronoms, etc. à la surface pour l_2) soit des configurations sémiques identiques, s'insèrent une ou plusieurs phrases n'ayant de liens syntatico-sémantiques ni avec P_1 ni avec P_2.

S'il y a rupture sémique entre P_1 et P_2 (successifs) on peut, pour les besoins de l'interprétation, intercaler une phrase (fictive) P_x impliquée dans (ou présupposée par) P_1 ou P_2 :

$$P_1 \rightarrow X\,Y$$
$$\leftarrow (P_x \rightarrow (Z\;U)\,(Y\;U)) \qquad (20)$$
$$P_3 \rightarrow Z\,V$$

On rencontre ce genre de structures intercalées surtout dans le récit, mais on trouve un tel enchaînement indirect dans la dernière strophe de Roubaud : *je peux vous montrer à tous dire couleur...*, où la catalyse d'un sème « possibilité » — venant de *peut* — fait interpréter *je peux dire...*, ou *je suis en mesure de parler NATURE (ou MONDE)*, interprétation qui est sémiquement compatible avec la phrase suivante : *soleils réveillés sur ma langue.* « Parler » et « dire » sont ainsi homologués avec « faire naître » ou « créer » (verbalement), c'est-à-dire : « écrire ». Le parallélisme entre *je distingue* — SN, *j'ai suscité* — SN, *je peux montrer* — SN et *j'ai réveillé* — SN, structure sur le plan sémantico-syntactique ce texte de Roubaud et suggère en même temps une interprétation lorsqu'on constate que SN dans tous les cas doit être ré-écrit comme des noms de la catégorie NATURE. D'autres phrases, d'une structure syntaxique différente appuient cette interprétation : *le peu de MONDE étendu... devant moi.*

De cette façon nous sommes arrivés déjà au plan sémantique macro-structurel de l'établissement d'une ligne, d'un fil isotopique. L'organisation de ces isotopies dans un texte est très complexe, surtout dans les textes narratifs. De même, les isotopies sont souvent hiérarchiquement structurées, c'est-à-dire que l'une peut inclure l'autre. Ces relations qui sont de nature sémique et classématique, devront être établies selon les relations de dominance dans les arbres de dérivation lexicale. Un sème attaché à un point nodal supérieur (disons « animé ») est impliqué automatiquement, selon les règles conventionnelles du lexique, par un sème (disons « humain ») attaché à un nœud plus bas. (Dans la caractérisation des lexèmes, ces sèmes ou classèmes impliqués sont omis à cause de leur redondance).

On pourrait dire que l'isotopie « centrale » d'un texte est constituée par le sème ou classème le plus bas dominant le plus de lexèmes du texte. Dans le texte de Roubaud, on retiendra plutôt « luminosité » que « clarté », étant donné que le premier sème peut engendrer aussi bien le lexème *clair* que le lexème *soleil*. De la même façon on devra isoler un sème (?) MONDE plutôt qu'une configuration plus spécifique comme NATURE (NON-ANIMÉE) qui ne contient pas *soleil*. D'autre part il ne faut pas non plus aller trop haut et sélectionner par exemple OBJET (CONCRET) qui domine évidemment un grand nombre de lexèmes, mais qui est trop général pour être significatif pour l'interprétation.

Il va sans dire que de telles réflexions sont encore hypothétiques et insuffisantes dans la perspective de la formalisation de la sémantique textuelle. Il faut constamment se garder de confondre la description (dérivation) formelle et l'interprétation performantielle, c'est-à-dire la projection de phrases profondes (souvent hypothétiquement intercalées).

Même dans un texte poétique, on ne peut pas se contenter d'isoler une certaine taxinomie de sèmes (ou de catégories) corrélées et/ou homologuées. Il faudra se demander s'il n'est pas possible de découvrir une certaine *syntaxe* de ces structures sémiques profondes. Gruber [33] dit à juste titre que les sèmes et les lexèmes eux-mêmes, avant même d'être pris en charge par le composant syntaxique de la grammaire, possèdent leur propre structuration fonctionnelle, leur propre syntagmatique impliquée (comme dans donner, vendre, acheter, aller, venir, arriver, etc.). Dans le texte de Roubaud, on pourrait tenter d'établir des « phrases sémiques » et supposer qu'elles sont le modèle syntacticosémique du texte entier. (L'on rejoint ici les théories actantielles sur le texte narratif de Greimas.) Il va sans dire que dans de telles phrase sémiques profondes on ne trouve plus de verbes, mais éventuellement des sèmes « action » ou « dynamisme » qui sont à la base des verbes :

(21)

(a) Moi non-perception nature/luminosité cause : séparation

(b) Moi perception nature différence

(c) Moi activité nature présence

appréhension	luminosité
productivité	intériorité
(cause/vivacité)	extériorité
identité	

33. *Op. cit.*, 1965 et 1967.

L'on voit que ces trois phrases sémiques du texte rappellent le modèle fondamental *SN SV SN (PREP SN)*. Une telle macro-structure sémique du texte devra être spécifiée dans $S_{sém}$. Remarquons que notre hypothèse sémique possède même une certaine logique au sens traditionnel du terme; les phrases profondes (a) (b) et (c) semblent correspondre au modèle du syllogisme : je ne vois pas la nature (le soleil) et je vois une autre nature, donc j'ai produit (ou : je suis) cette (autre) nature. Ceci fait supposer que $S_{sém}$ ne doit pas seulement contenir des traits élémentaires (sèmes), mais aussi des règles logiques (probablement prédicatives). Remarquons finalement que ce sont les embrayeurs personnels (MOI) qui servent de constants fondamentaux de ces phrases sémiques.

VI. La structuration sémique dans la phrase La métaphorisation

Il ne s'agit pas de répéter ici ce qu'ont dit les sémanticiens sur la structure des unités à l'intérieur de la phrase, ni de préciser les règles d'amalgamation — la production du sens de la phrase entière — qui en effet ont besoin d'être reformulées. Nous nous bornerons ici à éclairer quelques aspects du mécanisme linguistique (sémantique) qui est la base d'un certain nombre d'opérations particulièrement favorisées dans le texte poétique : la métaphorisation surtout. C'est que la sémantique combinatoire de la grammaire normale exclut des « collocations » (terme de l'école linguistique de Firth) de type :

a) sur l'arche des pensées   (22)
b) le cube pur de la nuit
c) j'ai suscité soleil pour soleil
d) soleils réveillés sur ma langue
e) soleils alentour-averses.
etc.

D'un certain point de vue, on constate que l'insertion lexicale (qui est elle-même une certaine transformation — de substitution) a dû subir une *transformation*, qui peut être causée par un relâchement des règles sémiques et classématiques sous-tendant la combinaison de syntagmes contigus. Par opposition aux contraintes phoniques et syntaxiques surdéterminantes, on assiste ici à une mise entre parenthèses de sèmes normalement présents dans les lexèmes se manifestant à la surface du texte. Selon Weinreich [34], Katz [35] et d'autres, il s'agit ici d'une

---

34. *Op. cit.*
35. *Op. cit.*

redistribution de classèmes (« humain »/ « non-humain », « concret »/ « abstrait », etc.) dans la sous-catégorisation finale de la dérivation. On peut essayer de formuler cette opération métaphorisante dans une règle provisoire : *Si deux lexèmes l_1 et l_2 insérés sont incompatibles selon les règles sémantiques de la grammaire, on peut soit éliminer le classème majeur qui empêche leur combinaison selon la grammaire dans l_1 ou l_2, soit catalyser, dès le nœud qui domine ces lexèmes, la catégorie entière de ce (clas-) sème, c'est-à-dire ajouter (par transformation d'addition) son (clas-)sème opposé.*

Dans le texte de Roubaud on peut dans (22 a) ajouter un classème « concret » à *pensées*, ou plutôt un classème « abstrait » à *arche*, étant donné que ce dernier lexème est grammaticalement dominé par *pensées* — sinon isotopiquement inclus par lui. Le même raisonnement est valable s'il s'agit non pas d'une dépendance, mais d'une identification (l'arche constituée par les pensées). Sur le plan de l'interprétation (performance), on essaiera d'intercaler, provisoirement, au lieu de *arche*, un syntagme nominal qui n'est pas incompatible avec *pensées* et qui en même temps possède des sèmes en commun avec *arche*. Car c'est en vertu de ces sèmes communs que l'interprétation peut construire une phrase profonde interprétable en substituant un *lexème associé* à un des lexèmes incompatibles (un tel lexème associé, ou plutôt ses sèmes considérés comme pertinents, donc à retenir, peut sur le plan de la performance de l'écriture être une motivation, une source de l'opération métaphorisante). Interprétation devient ainsi (re) traduction (méta-phore) en un langage sémiquement interprétable (et donc en un certain sens banalisé).

Il en est de même pour *soleils alentour-averses*, dont les sèmes « non-fluidité » et « fluidité » et « verticalité » et « horizontalité » semblent contrecarrer une combinaison. Par une règle de redistribution, ces contraintes peuvent être levées à cause d'une identité sémique (partielle) de ces lexèmes : des lexèmes associés (impliqués) comme *lumière* d'une part et *pluie* d'autre part montrent que les deux lexèmes sont tout de même compatibles (indirectement) sur l'axe sémique « fluidité » et sur l'axe sémique « verticalité ». Cette catalyse interprétative est confirmée à la surface par la combinaison dans la strophe 3 : *j'ai suscité soleil... eau.* L'on constate ici un lien étroit entre les opérations micro-structurelles et l'isotopie macro-structurelle qui, sur le plan méta-textuel, peut conformer des interprétations basées sur des transformations sémiques.

Alentour reprend le sème « localité » (ou « spatialité ») déjà présent dans *étendu, devant moi, partout* de la 2e strophe, où ces lexèmes étaient également associés avec « monde » et « lumière » (*lampes*).

Il faut souligner que l'opération traditionnellement appelée métaphore ne se borne pas au langage poétique. Toutefois elle semble, lexématiquement, y être moins codifiée que dans l'usage quotidien de la langue, où la transformation (suppression, substitution, redistribution) sémique se borne à des transferts hautement stéréotypés et souvent liés à des domaines sémantiques spécifiques. Les opérations métonymiques et synecdochiques sont souvent plus malaisées à décrire formellement, étant donné que le lien entre le lexème actualisé et le lexème associé par la performance interprétative est parfois indirect, c'est-à-dire qu'il n'est pas de caractère sémique, mais se fonde plutôt sur notre connaissance sensible et conceptuelle du monde des référents. Toutefois, nous pouvons réduire cette connaissance à un savoir contextuel et dire que *lampes* et « lumière » (strophe 2), par exemple, sont « associés » (sans parler du sème éventuel « luminosité ») par une collocation habituelle dans un même contexte, souvent même dans un seul syntagme ou dans des syntagmes contigus (la lumière de la lampe). La contiguïté *de facto* devient alors une contiguïté *in texto*, du moins sur le plan (paradigmatique) du système de la langue — dans ses aspects de la structure interne du lexique notamment.

Nous avons essayé de démontrer que le texte (poétique), tout comme la phrase, est en principe « dérivable », c'est-à-dire formellement engendrable. Cette dérivation, qui est une description, repose essentiellement sur une catalyse de suites (indicateurs profonds sous-jacents au texte superficiel). C'est surtout sur la structure syntactico-sémantique de ces suites profondes respectives que se fonde notre « interprétation » du texte entier. On a pu constater que le travail « stylistique » (et sémiotique : création de nouvelles unités — opérations — signifiantes) s'effectue sur les deux plans micro- et macro-structurel et consiste dans les différents « artefacts » des stades transformationnels (lexématique, syntagmatique, phonémique). C'est surtout le niveau (clas-)sémique qui détermine la ou les isotopies du texte entier, à côté des lois sémiques et logiques qui sous-tendent l'enchaînement d'une phrase à l'autre (se manifestant par des substituts pronominaux, par des conjonctions, des adverbes, etc.). L'isotopie thématico-sémique du texte poétique est essentiellement fondée sur un inventaire de catégories sémiques homologuées, une « thématique » qui peut avoir une élémentaire structure syntagmatique. Le symbole, souvent très complexe, que nous avons appelé « structurateur » assure dans la dérivation formelle cette unité structurée de signes, de phrases et d'opérations que nous appréhendons comme texte.

contexte psycho- → PERFORMANCE (écriture/lecture)
et socioculturel (Interprétations phonétiques,
paradigmatiques, sémantiques, etc.)

↑

REPRÉSENTATION
SUPERFICIELLE
(phonologique-
graphique)

↑

T
R (*Micro- et macro-textuelles*)
A (grammaticales et a-grammaticales)
N
S *a)* phonologiques/graphiques
Conventions → F
« littéraires » O *b)* sémiques/isotopiques
(sémiotiques) R (métaphorisation, etc.)
(l'« intertex- M
tualité ») A *c)* syntaxiques
T permutations
I
O concaténation :
N suppression (pro)nominalisation
S addition conjonctionnalisation
enchâssement coordination
subordination

↑

TEXTE
(Terminal)
Structure profonde
Suite de suites terminales
(phonologiques/graphiques)

↑

CALCULATEUR :
phonologique : règles morpho-phonologiques.
(Contraintes métrico-prosodiques optionnelles.)
sémantique : règles d'insertion lexicale, d'amalgamation, de redondance, etc.
sémantico-logique : présupposition (implication),
conjonction, disjonction, identité, etc.

↑   ↑

LEXIQUE	TEXTE
lexèmes/morphèmes	PRÉTERMINAL :
(sémèmes)/(phonèmes)	suite des suites
matrices (arbres)	syntagmatiques
sémiques	préterminales
phémiques	

↑   ↑

Codes
et inventaires
socio-culturels :

sémiotiques
mythiques
arché-typiques →
axiologiques →
idéologiques, etc. →

Règles de lexicalisation	*Règles de sous-catégori-*
Engendrement	*sation* (contextuelle)
d'arbres/matrices sous-	— sélectionnelles
jacent aux lexèmes	— sous-catégorisation
— hiérarchisation	stricte
— ensemblisation	*Règles de ré-écriture*

substantielles : SÈMES, PHÈMES;
formelles : SYNTAXÈMES

↑   ↑   ↑

CATÉGORIES UNIVERSELLES

Sémanalyse
et production de sens

Si la grammaire générative oblige aujourd'hui la réflexion sémiotique à considérer le sens non plus comme une donnée déjà là à structurer, mais comme une syntaxe (d'une phrase) à engendrer, les diverses pratiques sémiotiques désignent à notre science que cet engendrement, pour être celui de la signification, est conjointement et de façon inséparable, celui du sujet parlant.

C'est dire que la réflexion sémiotique ne saurait échapper à un positivisme étroit qu'en prêtant l'oreille à la science du sujet, à savoir la psychanalyse.

Elle pourra devenir alors une science de la production du sens et de son sujet, science qui dissout — analyse — l'apparence opaque sous laquelle ils se présentent, et remonte à leur engendrement : là où ils travaillent, engendrent, produisent.

Cette sémiotique qu'on a appelée alors une sémanalyse pourra trouver, pour se dégager, un objet dont la spécificité même le rend facilement maniable par elle : le texte dit « poétique » (au sens où Jakobson parle de « langage poétique »). Le texte en effet, et surtout le texte moderne depuis la fin du XIXe siècle, est devenu le laboratoire même où se cherchent les lois de l'engendrement du sens et du sujet dans le langage.

Ainsi, rebelle aux exercices de l'ancienne poétique, mais aussi irréductible à une structure qui n'en saisirait que la surface, le texte moderne demande une nouvelle science sémiotique qui s'articulera par l'intervention constituante de la linguistique moderne et de la psychanalyse, c'est-à-dire d'un modèle à deux états (d'un formalisme générateur) modifié en dernière instance par la contrainte de l'objet (ici : le texte) tel que le pose la théorie (de la production du sens avec le sujet).

Quelques problèmes de sémiotique littéraire à propos d'un texte de Mallarmé : *Un coup de dés* *

I Préliminaires

I.1. Dans l'état actuel de notre « science », proposer un exemple de sémiotique littéraire est un acte fortement *idéologique :* c'est justement sa portée idéologique que d'habitude on esquive ou *ne veut pas* penser. Il présuppose qu'on ait une position théorique définie à la fois sur ce qu'on appellera « sémiotique » et sur ce qu'on prendra pour « littéraire ». Or, la sémiotique est encore un discours qui, hésitant entre un technicisme naïf et un esthétisme primaire, partage le sort actuel des sciences dites « humaines », à savoir leur engluement dans l'idéologie subjectiviste et positiviste (ces deux aspects étant complémentaires). Je n'insisterai pas ici sur le caractère idéologique de la sémiotique : j'ai essayé de développer cette position dans un texte déjà publié qui tente de définir la sémiotique autrement, c'est-à-dire comme une science critique et en même temps comme une critique de sa propre démarche [1]. Ce qui veut dire qu'à chaque fois — et jusqu'à chaque *concept* de son appareil — l'analyse sémiotique, faisant recours à des modèles linguistiques, logiques ou mathématiques, ne devrait pas s'imaginer offrir un savoir neutre réfugié dans un recul innocent au-delà des tensions de la sexualité ou de la politique, mais au contraire : trouver ses modèles et ses concepts en vue d'une mise en évidence non pas de n'importe quel lieu commun du savoir ancien (dans le cas de l'analyse littéraire ce serait un lieu commun de la rhétorique classique), mais de ce que le savoir classique n'a pas pu déceler, c'est-à-dire par exemple d'une opération signifiante qui donne la matrice d'une épistémée dominante, d'un phantasme collectif, d'un discours commun, d'une politique régnante. C'est donc une surdétermination *critique :* la désintrication épistémologique et, de là, historique d'un système signifiant, — qui réglera la sémiotique comme science critique et du même coup fera d'elle une critique de la science, c'est-à-dire de sa propre démarche, en l'orientant vers l'analyse de ses présupposés et de ses méthodes. On voit par conséquent que la

---

* Ce texte a été présenté initialement comme une série de conférences au séminaire « Sémiotique et littérature », EPHE, VIe section, en 1969.
1. Cf. J. Kristeva, *Recherches pour une sémanalyse*, Éd. du Seuil, 1969.

démarche d'une telle sémiotique ne sera pas celle, rassurante, d'un savant comblé d'avoir construit un système qu'il étale avec une sérénité désabusée ou bien avec un désintéressement railleur et sceptique de bon goût, mais celle — inquiète, agressive et non-finie — d'un éclatement de l' « objet » étudié et du « sujet » étudiant, d'un renouvellement incessant des systèmes énoncés appropriés toujours à une position théorique à défendre sur le champ. On voit comment cette seconde démarche dérange, irrite, puisqu'elle empêche l'écouteur de se constituer comme le receveur rassuré d'un savoir dont il doit assurer l'acceptation en tant qu'élève obéissant ou le refus en tant qu'élève critiquant.

I.2. Mais l'engluement idéologique de la sémiotique littéraire est dû autant à l'obscurité dans laquelle est tenue l'opération dite *sémiotique*, qu'à l'indifférence avec laquelle on choisit le « corpus » littéraire. En effet, toute marchandise en forme de livre peut être structurée d'après telle ou telle loi sans que cela dérange la marchandise, sa mise en vente ni le système discursif qui assure leur survie, et cette opération peut continuer indéfiniment. Or, si l'on accepte l'irréductibilité fondamentale entre, d'une part un système signifiant centré sur la représentation et le sujet plein, et d'autre part une pratique signifiante qui se fait contre eux et malgré eux, alors on ne pourra plus parler de « littérature » en général, mais de *texte* en couvrant par ce concept des aspects précis (que nous définirons dans ce qui suit) non seulement des productions dites « littéraires », mais aussi des productions « historiques », « politiques », « religieuses », etc. Le problème se posera par conséquent de définir ce qu'est un *texte* : dans quelle mesure un « objet réel » de la littérature traditionnelle peut devenir un « objet de connaissance » dit *texte ;* et dans quelle mesure des pratiques nouvelles à partir de la fin du XIXe siècle sont entièrement réglées par les lois de ce qu'on appellera un *texte.* C'est ce dernier type de pratique signifiante — les textes qui ébranlent le système discursif courant et par là les bases mêmes d'une culture — qu'il nous semble important d'interroger aujourd'hui.

Ainsi pour nous la sémiotique dite littéraire n'est pas une traduction en termes modernes de la rhétorique classique, mais une *analyse du travail sur le signifiant :* analyse qui commencera par la mise en place du concept de *texte* et qui aura pour but de déceler les opérations signifiantes dans chaque texte particulier en tant qu'elles rejoignent un *système mythique* ou une étape de la *science*, et de cette façon *transposent* les transformations mythiques et scientifiques dans le tissu de la langue, dans le langage — ce qui veut dire en dernier ressort dans l'*histoire sociale* dont le développement peut demeurer profond et inconscient. En refusant donc le mot « littéraire », nous refusons de limiter notre discours à une dérivation esthétique, et prenons les *textes* comme des *cristaux* de la signifiance dans l'histoire. Nous appellerons cette sémiotique une *sémanalyse :* l'analyse d'un texte peut s'appliquer non seulement à cette représentation qu'on appelle littérature mais aussi à tous les textes qu'on a pu appeler religieux, politiques, mythiques, etc.

Une *typologie des textes*, serait ensuite à établir, pour ne pas mettre dans la même catégorie, par exemple, un mythe et sa reprise poétique vingt siècles plus tard.

Dire que l'étude du texte relève de la *sémanalyse* signifie qu'il ne s'agit pas de bloquer l'étude des pratiques signifiantes par le « signe », mais de le décomposer et d'ouvrir dans son dedans un nouveau dehors, « un nouvel espace de *sites* retournables et combinatoires, l'espace de la signifiance : c'est là justement où la littérature d'aujourd'hui essaie de se situer » (Sollers). Sans oublier que le texte présente un système de signes, la sémanalyse ouvre à l'intérieur de ce système une autre scène : celle que l'écran de la structure cache, et qui est la *signifiance* comme un *procès* dont la structure n'est qu'une retombée décalée. Sans se donner l'illusion de pouvoir quitter, en ce qui la concerne, le terrain du signe qui la rend possible, la sémanalyse abandonne l'obligation d'un seul point de vue central, celui d'une structure à *décrire* — et se donne une possibilité de saisies combinatoires qui lui restitue la structuration à *engendrer*.

I.3. Pourquoi *sémanalyse*? Si la sémiologie tente de proposer la logique des différents systèmes signifiants et dans ce geste se sert de la procédure logique, linguistique, mathématique et de la réflexion philosophique sur l'acte signifiant, elle ne saurait saisir la problématique de l'*élaboration du sens*, de sa *génération*, si elle ne s'appuyait pas sur la théorie du signifiant qui se dégage de la percée *freudienne*. En effet, étudiant le travail du rêve, Freud a mis en place la scène de l'inconscient avec ses lois spécifiques irréductibles aux lois du langage de la communication. Il a ouvert ainsi cette *autre scène* où se produit la *signifiance* [2] et

---

2. Rappelons trois acceptions du terme *signifiance* :

— J. Lyons, *Introduction to Theoretical Linguistics*, Cambridge University Press, 1968, oppose *significance* à *meaning* ("words have meaning, whereas phrases and sentences may or may not be significant"), et entend par *significance* la *compatibilité* sémantique et/ou syntaxique des éléments constitutifs.

— En psychanalyse, après Freud, le terme marque l'importance du *signifiant*. Lacan désigne ainsi « l'instance dans le rêve de la structure littérante (autrement dit phonématique) où s'articule et s'analyse le signifiant dans le discours » (*Écrits*, Éd. du Seuil, 1966, p. 510).

— Pour E. Benveniste la langue est investie d'une *double signifiance* : sémiotique et sémantique. « Le sémiotique désigne le mode de signifiance qui est propre au *signe* linguistique et qui le constitue comme unité ». « Avec le sémantique, nous entrons dans le mode spécifique de signifiance qui est engendré par le *discours*... L'ordre sémantique s'identifie au monde de l'énonciation et à l'univers du discours » (Cf. « Sémiologie de la langue », in *Semiotica* 1/2 1969).

Notre conception de la *signifiance* tient compte de ces deux dernières. « Nous désignerons par *signifiance* ce *travail* de différenciation, stratification et confrontation qui se pratique dans la langue, et dépose sur la ligne du sujet parlant une chaîne signifiante communicative et grammaticalement structurée. La *sémanalyse* qui étudiera dans le *texte* la *signifiance* et ses types, aura donc à traverser le signifiant et le sujet et le signe, de même que l'organisation grammaticale du discours, pour atteindre cette zone où s'assemblent les germes de ce qui *signifiera* dans la présence de la langue » (*Recherches*... p. 9).

où se jouent deux opérations : *production* et *transformation* par une série de *déplacements* et de *condensations* [3]. C'est la première fois dans l'histoire occidentale que les fondements du sujet cartésien ont été ébranlés, et qu'une coupe radicale s'est faite en lui, qui indique que d'autres types de pratiques signifiantes sont possibles, structuralement différents de celle du « sujet » et du « sens » de la communication discursive.

Une procédure qui tient compte de ce « décentrement » du système signifiant introduit par Freud, doit commencer par questionner les éléments fondamentaux de la signification dans le système de la communication, à savoir le *signe* et le *sujet*— son corrélat. Aussi pourrait-on dire que la sémiotique qui tient compte de la découverte radicale de la logique du signifiant et/ou de l'inconscient, doit se construire comme une *sémanalyse*, le mot analyse étant pris ici dans son sens étymologique originaire : mort, critique, destruction, départ (décollement) de la surface du signe/de la communication, pour découvrir à travers eux une stratification infinie de *marques* irréductibles à l'effet de la structure.

Il nous semble que la grammaire générative, quelque fermée qu'elle soit à la procédure freudienne, peut être *lue* et *utilisée* dans cette voie de déconstruction de l'opacité du *signe* et de la *structure* que la sémiotique emprunte inévitablement face à la pluralité des pratiques signifiantes.

Or, si la sémiologie peut se poser aujourd'hui la question de *penser* ce *travail de la signifiance* qui traverse la structure, une certaine pratique dite littéraire met à l'œuvre ce fonctionnement transposant et disloquant les structures du langage communicatif. Il s'agit de la pratique littéraire postérieure à la fin du XIXᵉ siècle, celle de Mallarmé, Lautréamont, Artaud... Cette pratique qui n'est plus de la « littérature », plus de représentation — de simulacre — d'un dehors, mais qui se donne consciemment comme une exploration du mécanisme du fonctionnement de la langue/de la signification, nous l'appellerons *texte*.

Il est clair par conséquent que la sémanalyse face au texte n'a pas à reprendre les vieux concepts de la rhétorique classique et à leur donner une traduction en termes modernes. Une telle démarche fait tourner la sémiotique dans le cercle d'une épistémologie traditionnelle et n'apporte aucune ouverture, aucun mouvement dans notre connaissance du fonctionnement symbolique. Plus, de telles recherches sont imprégnées d'une idéologie classiciste qui se tient prudemment à l'écart des mutations conceptuelles de la modernité, et ne fait que récupérer la terminologie de ces transformations dans les moules de l'esthétisme traditionnel.

---

3. Cf. Freud, « Le travail du rêve », in *L'interprétation des rêves*, PUF, 1967.

La sémanalyse face au texte doit permettre la découverte des lois de la signifiance que cet objet spécifique produit. Pour ceci sa première tâche est évidemment d'élaborer le concept de *texte*.

Pour nous, le *texte* n'est donc pas un objet esthétique, littéraire, etc... Il est une opération trans-linguistique qui, tout en se faisant dans la langue, est irréductible aux catégories connues du langage de la communication — objet de la linguistique. On peut dire que le texte n'est pas hors de la langue, mais « étranger à la langue » : Mallarmé écrivait — « le vers qui de plusieurs vocables refait un mot total, neuf, étranger à la langue » *(Avant dire* au « Traité du verbe »). Cette « étrangeté » par rapport à la langue veut dire, au fond, qu'on refuse de prendre les lois de la signification linguistique communicative comme les seules lois valables pour toute démarche signifiante, mais qu'on « creuse » à travers elles pour trouver d'autres particularités. Nietzsche suggère déjà une telle attitude : « C'est bien après coup, c'est tout juste maintenant, que les hommes commencent à se rendre compte de l'énorme erreur qu'ils ont propagée avec leur croyance au langage. » Cette phrase, qui peut sonner aujourd'hui, sur le fond de la mode linguistique comme un sacrilège, est d'abord connotée d'une attaque contre toute théologisation du champ sémiotique, qui est inévitable si l'on conçoit ce champ comme unifié par les lois du langage communicatif.

Quel est plus précisément le rapport que le texte maintient avec la langue?

II. Le texte en tant que pratique signifiante

II.1. On sait que la sémiotique hjelmslevienne [4] pose le concept de *texte* en entendant par là le *procès* de la signification que la science doit fixer en *système*. Mis en place juste pour être repris, différencié juste pour être identifié avec une structure sans fond, le *texte* devient, couramment, synonyme d'un « objet réel » dont la signification est à structurer.

---

4. L. Hjelmslev, *Prolégomènes à une théorie du langage*, Tr. fr., 1968, Éd. de Minuit, écrit à propos du *texte* : « Ces connaissances (données par la théorie du langage) concernent bien sûr les *procès*, les *textes* auxquels elles s'appliquent; mais ce n'est pas là leur intérêt unique et essentiel; elles concernent aussi le *système*, ou la *langue* qui préside à la structure de tous les textes d'une même nature, et qui nous permet d'en construire de nouveaux... » (p. 32). Même s'il admet « l'extensibilité infinie du texte en vertu de sa productivité » (p. 159), Hjelmslev pense pouvoir épuiser son sens à l'aide de *connotateurs*, mais ne prend jamais en considération le sujet de l'énonciation et son rapport spécifique au discours à travers le signifiant.

5. Cf. N. Chomsky, *Deep structure, surface structure and semantic interpretation* (mimographié) et "Problems of explanation in linguistics", in *Explanation in the behaviorial sciences*, (R. Berger et F. Coffi, ed.), Cambridge, 1968; Lakoff and Ross, "Is deep structure necessary?", Cambridge Mass, 1967; McCawley, "On the nature of the base component", in *Foundations of Langage*, 3, 1968.

La grammaire générative [5] est la première parmi les théories linguistiques à percer la surface opaque de la structure finie et à introduire dans le champ de la théorie ce « procès » — transformation infinie — qui sous-entend les énoncés communiqués. Soulignons les procédures qui ont permis à la grammaire générative de réaliser ce renouvellement :

— mise en place d'un modèle à deux états : structure de surface/structure profonde, dont le second, sans être repérable dans le premier, en fournit une théorie de l'engendrement à partir de constituants les plus simples;

— élimination de la problématique sémantique (avec le concept du signe) et son remplacement par une problématique strictement syntaxique : on ne s'interroge ni sur la valeur sémantique des composants (qui vont jouer dans la transformation), ni sur la valeur épistémologique de la notion de *grammaticalité* qui devient le critère de vérité des opérations syntaxiques;

— justification idéologique de la théorie par l'instance du *sujet* (cartésien) qui tient aussi bien la structure profonde que la structure de surface, agissant en celle-là pour se manifester en celle-ci, identique à lui-même et soudé par une visée rationnelle (grammaticale);

— limitation de la théorie à l'étude de la phrase dénotative.

Nous ne discuterons pas ici les avantages et les limites d'une telle conception. Bornons-nous à indiquer son impact pour une sémiotique, et particulièrement pour une sémiotique dite littéraire.

II.2. Pour des raisons *épistémologiques* (critique de la phénoménologie, de la métaphysique d'un sens *déjà-là* et par conséquent structurable, de la métaphysique du sujet [6], mais aussi pour des raisons, disons, *objectives* (le texte moderne se pratique consciemment comme une recherche du mécanisme producteur du sens [7] cf. plus loin les théories de Mallarmé), la sémiotique peut se donner aujourd'hui comme tâche principale la *production* du sens dans une *pratique signifiante*, ou mieux, les types de pratiques signifiantes comme différents types de *production* de sens. Au commencement d'une telle tentative, un modèle s'impose qui rappelle celui de la grammaire générative : le modèle à deux états. Nous les avons appelé *génotexte* et *phénotexte*, en empruntant la terminologie de Šaumjan/Soboleva [8].

---

6. Cf. la critique du concept de signe par J. Derrida, « La voix et le phénomène », PUF, 1968 et « La différance » in *Théorie d'ensemble*, Éd. du Seuil, 1969.
7. « C'est là dans cette signifiance où le tout s'annonce et se refuse mais indique et trouve une écriture à sa mesure, que la littérature aujourd'hui essaie de se situer », Ph. Sollers, « Critique de la poésie » in *Logiques*, Éd. du Seuil, 1968.
8. S. K. Šaumjan et P. A. Solobeva, *Le modèle génératif applicatif et les calculs des transformations dans la langue russe*, Moscou, 1963; de même que S. K. Šaumjan, "Outline of the applicational generative model for description of language", in *Foundations of Language*, n° 9, 1965.

Pourquoi cette terminologie, et en quoi se différencie-t-elle du couple *structure profonde/structure de surface?*

A. On peut considérer que le « langage poétique » (dans le sens que lui donnait Jakobson [9], d'un fonctionnement spécifique qui peut être propre à la poésie aussi bien qu'à la prose) diffère d'un langage disons courant (posé opérativement pour permettre le dégagement de l'objet « langage poétique ») par : *a)* ses opérations *syntaxiques* — formations de « complexes signifiants » qui n'ont pas forcément la grammaticalité ou l'achèvement d'une phrase; *b)* ses opérations *sémantiques* — applications d'ensembles sémiques qui vont dans « tous les sens » détruisant ainsi les contraintes des limites des unités lexicales et ouvrant le texte vers d'autres textes. Le principe conducteur de ces deux opérations semble être l'importance attribuée au *signifiant* (qui reste barré dans le langage courant) : les « unités » s'identifient l'une à l'autre à cause de leur ressemblance phonique, contiguïté dans la chaîne signifiante, etc. Sous le couvert du signifiant, une *application* [10] se produit des unités sémantiques — sèmes — (qui ouvre à l'infini l'espace *des* textes) et des unités syntaxiques (adjonction de modifiants et de modifiés).

B. On voit que dans une telle optique la différence syntaxe/sémantique commence à s'estomper, puisqu'une même opération *fondamentale* (et sans doute la plus élémentaire possible) règle les deux domaines : l'application (des unités lexicales comme ensembles sémiques : c'est la sémantique; des unités lexicales en tant que modifiants/modifiés : c'est la syntaxe). Or, une différence persiste qui situe l'opération d'application dans deux domaines distincts : *l'application sémique* se fait à partir de signifiés (sèmes) mis ensemble (rapprochés, identifiés) par la contrainte du *signifiant* (contiguïté dans la chaîne parlée, ressemblance ou dissemblance phonique, etc.); l'application des modifiants et des modifiés obéit à une contrainte *logique* (distinction des catégories *actif* [modifiant] vs *passif* [modifié], *sujet* [modifiant] vs *objet* [modifié], etc. [11]). On peut dire que dans le premier cas (application sémique par contrainte du signifiant) le sujet « je » qui parle est en position mobile ou de *disponibilité* (se pluralise, se dissout, etc.), tandis que dans le second cas (application d'unités lexicales par

9. « Toute intention de réduire la sphère de la fonction poétique à la poésie, ou de confiner la poésie à la fonction poétique n'aboutirait qu'à une simplification excessive et trompeuse », R. Jakobson, *Essais de linguistique générale*, Éd. de Minuit, 1963, p. 218.

10. Rappelons que dans son domaine propre, Saumjan emprunte la notion d'application pour son modèle génératif, à H. B. Curry, *Foundations of Mathematical Logic*, New York, 1963, p. 54-57.

11. Les travaux de M. Bierwisch ont démontré le rapport entre les structures profondes et les systèmes logiques et la possiblité de convertir la structure profonde en calcul des propositions, Cf. "On the relations between natural and artificial languages", *Conférence Internationale de Sémiotique*, Varsovie, 1966 (miméographié).

contrainte logique) le sujet est en train de se poser comme possesseur de son discours, « je » qui croit savoir ce qu'il parle, « je » d'un sens.

On comprend comment une théorie concernant la phrase dénotative (comme la théorie chomskienne) peut en effet : 1) se passer de sémantique spécialisée, en lui substituant une série de formalismes : relations entre « items »; 2) retrouver, au « fond de la structure profonde », deux éléments de base irréductibles — N et V (correspondant à nos modifiant-modifié) qui se « transforment » pour produire la phrase : $S \to NV$.

Mais cette théorie passe à côté des opérations proprement sémiques, sous la contrainte du signifiant, lesquelles 1) sont indispensables pour élucider le mode de signifier dans les pratiques signifiantes complexes; 2) ont besoin, pour être spécifiées, d'une théorie du sujet, de son émergence dans la chaîne signifiante, de ses diverses topologies (irréductibles d'une pratique signifiante à l'autre) [12]. Or c'est précisément ce qui intéresse une sémiotique soucieuse d'établir *des modes de signifier*.

Dans une telle perspective, le mode de *signifier* sera présenté par deux types d'opérations qui sont *aussi* sémantiques que formelles (syntaxiques) — (syntaxe de la sémantique et/ou sémantique de la syntaxe) : 1) applications sémiques par contraintes du *signifiant*; 2) application d'unités lexicales par contrainte *logique*. Les règles propres à ces deux niveaux d'analyse seront spécifiques pour les différentes pratiques signifiantes.

C. C'est à partir de l'opération *application* telle qu'elle a pu être utilisée en logique combinatoire (cf. Curry) que Šaumjan et Soboleva formalisent les deux états de leur modèle : géno-texte/phéno-texte. Ceci explique pourquoi nous empruntons notre terminologie à celle des linguistes soviétiques.

---

12. Hansjakob Seiler, "On the interpretation between text, translation and grammar of an American Indian Language" in *Linguistische Berichte* (Ed. F. Vieweg) distingue, dans la pratique de la langue, des classes de phénomènes *cognitifs* et des classes de phénomènes *non cognitifs*. D'après l'auteur, ces derniers exigent un nouveau compartiment dans l'étude de la signification, complémentaire à la description grammaticale. A la suite de Morris, Seiler nomme ce compartiment *pragmatolinguistique*, et considère qu'il doit comprendre la sociolinguistique, la psycholinguistique, etc. L'auteur conclut : "*There is a basic antinomy between two views which we might call compartmentalisation (or classification) and cross-classification.*
Compartmentalisation seems to correspond to fundamental situations in speech communication. It results in the establishment of such domains as grammar, text, translation, pragmatics. Cross-classification corresponds to the features or facets of problems which we have attempted to point out in the course of our research...
The views of grammar as monolith must be abandoned... "
[*Il y a une antinomie fondamentale entre deux conceptions que nous pourrions appeler compartimentalisation (ou classification) et classification transversale.*
La compartimentalisation semble correspondre à des situations fondamentales dans la communication orale. Elle aboutit à l'établissement de catégories, telles que la grammaire, le texte, la traduction, la pragmatique.
La classification transversale, correspond aux caractéristiques ou aux facettes des problèmes que nous avons tenté d'exposer au cours de notre étude. ..
Il faut cesser de considérer la grammaire comme un monolithe...]

Le « supplément » que nous y introduisons s'entend sur le fond de la théorie freudienne. On peut, en effet, remarquer que cette opération d'application est prédominante dans le fonctionnement du rêve et de l'inconscient. Ainsi Freud écrit : « Une seule des relations logiques est favorisée par le mécanisme de la formation du rêve. C'est la *ressemblance*, *l'accord*, le *contact*, le « de même que »; le rêve dispose pour les représenter de moyens innombrables... La tendance à la condensation vient ici aider l'expression de la ressemblance... »[13].

Le géno-texte serait ainsi un état (théoriquement reconstruit) du fonctionnement du langage poétique où se joue ce que nous appellerons une *signifiance* : l'engendrement infini syntaxique et/ou sémantique de ce qui se présentera comme phéno-texte (tel écrit de Mallarmé, par ex.), engendrement par application d'éléments différenciés ou marqués (syntaxiques et/ou sémantiques), engendrement irréductible à la structure engendrée, productivité sans produit.

Nous appellerons *texte* toute pratique du langage telle que les opérations du géno-texte soient étalées dans le phéno-texte, le phéno-texte essayant de représenter le géno-texte et invitant le lecteur à reconstruire la signifiance. Le concept de texte s'appliquera donc surtout à une certaine littérature dite moderne, en rupture avec le code de la représentation classique, mais aussi à des textes anciens qui, inconsciemment et de façon moins insistante, pratiquement cette *transposition* du géno-texte au phéno-texte.

D. Le géno-texte étant un processus de génération infinie, de permutation et de variation d'éléments différentiels avant le sens, il ne peut pas être appuyé par un sujet qui est toujours le sujet d'un sens. Le géno-texte est la zone où le sujet s'éclipse, se détruit, ou, inversement, se rassemble, s'engendre, pour pouvoir — à un moment — offrir à la communication un produit fini : un énoncé ayant un sens. Mais, puisque le géno-texte est exhibé dans le phéno-texte, ce sens est immédiatement pluralisé, dispersé dans un réseau infini d'applications... C'est dire que dans le géno-texte le sujet n'est pas, car il est toujours *en train* de devenir — de se constituer — par le signifiant comme jeu de différences (de marques).

Ce qui nous permet de dire que la *sémanalyse* qui en parle, déconstruit le *signe* et le *sujet* (annoncés par le phéno-texte) et ouvre un domaine où ils ne sont pas encore : le domaine où *s'appliquent* ou *s'opposent* des différences signifiantes. Le terme de signifiant, on le voit, n'indique pas uniquement une substance phonique, mais, en même temps, le signifié qui se glisse sous elle, indissoluble d'elle : une *différenciation* dans la *signifiance* traversant le sujet et qui, à partir de règles particulières, produit un certain mode de signifier. La gram-

---

13. *L'interprétation des rêves*, p. 275.

maire générative elle-même découvre cette zone de marques en considérant les catégories primitives N, A, V, comme « reflection of an underlying feature structure », tandis que la catégorie du complément, par exemple, est abolie et remplacée « by a single schema with a variable (X) standing for the lexical categories N, A, V. »[14]

La grammaire générative établit ses règles pour le mode de signifier propre à la phrase dénotative. L'exploitation métaphysique de sa science commence lorsqu'on veut « formaliser » tous les modes de signifier à l'aide de ces règles, telles quelles.

Partant du principe de la *pluralité* des pratiques signifiantes, nous posons la nécessité d'une analyse spécifique des modes suivant lesquels s'organisent le sens et son sujet dans ces diverses pratiques signifiantes.

Le problème qui nous intéresse ici est, nous l'avons dit, le mode de signifier du *texte* dit littéraire et que la littérature moderne exemplifie de façon frappante.

A cette étape de notre travail, nous ne traitons que du problème de la *production du sens* dans le texte, d'un point de vue généralement linguistique (rapport phéno-texte/géno-texte, « présence » du géno-texte dans le phéno-texte). Une sémiotique complète du texte aura à élucider en outre au moins deux problèmes encore, auxquels nous n'avons pu accorder ici qu'une place limitée :

— la redistribution du matériel mythique, propre à notre culture, dans l'espace du texte (la façon dont est pensée la sexualité, la mort, l'espace, le temps, etc.);

— l'articulation du mode de signifier au mode de production spécifique qui lui est contemporain.

Abordons maintenant certains aspects de la théorie et de la pratique du texte chez Mallarmé.

Sans procéder à des formalisations, nous nous contenterons de proposer une lecture guidée par les principes que nous venons d'exposer.

III. Théorie et pratique de Mallarmé

III.1. La théorie du langage que propose Mallarmé[15] tant dans ses réflexions théoriques que dans la production de ses textes mêmes, pourrait être comprise et décrite à partir des principes que nous venons d'énoncer.

L'intérêt de Mallarmé pour le fonctionnement de la langue est bien connu : il transparaît non seulement dans ses poèmes qui se

---

14. N. Chomsky, *Remarks on Nominalization*, MIT, miméographié.
15. Les citations de Mallarmé sont de l'édition des *Œuvres Complètes*, Gallimard, 1945. Le chiffre qui suit le titre de chaque citation indique la page dans les *Œuvres complètes*.

construisent comme la mise en récit des opérations symboliques, mais aussi dans ses textes qu'il présente comme scientifiques ou théoriques. En effet, la science linguistique de Mallarmé n'a rien à voir avec les postulats de la linguistique qui traite du langage « courant » : une telle confusion entraîne immanquablement la risée des linguistes qui ne trouvent aucune vérité scientifique dans la théorie mallarméenne (que ce soit *Les mots anglais* ou *Variations sur un sujet*). Il ne peut pas en être autrement, car l'*objet* de Mallarmé n'est pas le langage comme système d'information et de communication, mais le *texte* comme une scène — un théâtre — où s'engendre ce qui est entendu comme une structure — « le meilleur qui se passe entre deux gens, toujours, leur échappe, en tant qu'interlocuteurs » (*Grands faits divers, Confrontation*, 411) Lisons : l'interlocuteur, la communication des messages, n'est pas le champ où se produit le processus de la signifiance, son engendrement, son cheminement que le texte vise à capter.

Le texte, pour Mallarmé, a quelques caractéristiques constantes :

A. Ne pouvant être réduit à la structure dite ou écrite, il nous oblige à poser un *dehors* de cette structure dont elle est l'effet *présent* et *décalé*. Ce dehors que nous avons appelé « le géno-texte », Mallarmé le voit comme un ensemble de *signifiants* qui sous-tend la structure présente, qui prend appui dans cette structure mais la *tranpose* dans une *pluralité* de *signifiants* qui ne sont pas donnés dans la structure, mais qu'il faut transposer pour lire réellement le texte. « Cette visée, je la dis Transposition, — Structure, une autre » (*Variations sur un sujet — Crise de vers*, 336). A plusieurs reprises, Mallarmé évoque ce géno-texte qui insiste dans l'apparente structure et la décentre « L'air ou chant sous le texte, conduisant la divination d'ici là... » (*Quant au livre — Le Mystère dans les Lettres*, 387). Dans *Les Mots anglais*, cet « air ou chant sous le texte » est nettement appelé « l'idiome générateur », Mallarmé conseillant, pour qu'on puisse bien saisir la structure linguistique concrète, de connaître l'infinité signifiante à laquelle cette structure peut ou pourra renvoyer : « Ne semble-t-il point à première vue que, pour bien percevoir un idiome et l'embrasser dans son ensemble, il faille connaître tous ceux qui existent et ceux-même qui ont existé... » (*Les Mots anglais*, 902). Lire le texte c'est prêter l'oreille à la « génératrice » de chaque élément qui compose la structure présente : « mais plutôt des naissances sombrèrent en l'anonymat et l'immense somme il *l'ouïe* à la *génératrice*, les prostrant, cette fois, subit un accablement et un élargissement de *tous les siècles*... » (360; nous soulignons).

La même pensée d'une infinité de signifiants qui sous-tend la structure, une infinité que le travail textuel transpose en structure,

218

Mallarmé la manifeste dans le thème assez fréquent dans ses écrits du *trésor*, de l'*or*. Ainsi dans le texte « *Or* » de la série « Grands faits divers », l'or/le trésor est opposé à la monnaie/l'échange (la communication) pour qu'à la fin une analogie puisse être faite : si les mots sont des monnaies (des agents de la communication), le rôle du poète est de les transformer en *or* — de leur rendre la pluralité signifiante, la « plus-value », que la communication réduit, de les reverser au géno-texte : « en raison du défaut de la monnaie à briller abstraitement, le don se produit, chez l'écrivain, d'amonceler la clarté radieuse avec des mots qu'il profère... » (*Or*, 399 ; cf. aussi *Magie*).

Comment saisir, où puiser cette infinité des signifiants qui fait éclater la structure? Elle est déposée dans l'histoire de la langue et des langues, en même temps que dans l'histoire des différentes pratiques sémiotiques de l'humanité à travers les âges (les mythes, les religions, les rites, les dieux antiques, etc...); c'est là où le savant trouvera de quoi présentifier ce que le travail textuel manie inconsciemment ou consciemment.

> « Pareil effort magistral de l'Imagination désireuse, non seulement de se satisfaire par le symbole éclatant dans les spectacles du monde, mais d'établir un lien entre ceux-ci et la parole chargée de les exprimer, touche à l'un des mystères sacrés et périlleux du Langage; et qu'il sera prudent d'analyser seulement le jour où la Science, possédant le vaste *répertoire des idiomes jamais parlés* sur la terre, écrira l'histoire des lettres de l'alphabet à travers *tous les âges* et quelle était presque leur absolue signification, tantôt devinée, tantôt méconnue par les hommes créateurs des mots : mais il n'y aura plus, dans ce temps, ni *Science* pour résumer cela, ni *personne* pour le dire. Chimère, contentons-nous, à présent, des lueurs que jettent à ce sujet des *écrivains magnifiques* » (921 ; nous soulignons).

B. Ce géno-texte — transposition de la structure, est ordonné d'après les fonctions de base de la logique : *l'application* et la *disjonction ;* avec cette différence que, sous la contrainte du signifiant, il établit des rapports entre signifiés là où la communication informative ne les tolère pas, et s'organise ainsi comme un *rvve*. Ainsi, Mallarmé : « une extraordinaire appropriation de la structure, limpide, aux *primitives foudres de la logique* » (*Le Mystère dans les lettres*, p. 386). De même que : « Mais la littérature a quelque chose de plus intellectuel que cela : les choses existent, nous n'avons pas à les créer ; nous n'avons qu'à en saisir les rapports ; et ce sont les *fils de ses rapports* qui forment les vers et les orchestres » (à propos du naturalisme, *Sur l'évolution littéraire*, p. 871).

Il s'agit donc d'établir des *rapports* — d'*appliquer* sans se soucier de la comptabilité ou non des éléments. Un tel texte s'apparentera —

Mallarmé le dit comme s'il connaissait les lois de Freud — au travail du rêve :

> « Je crois que la Littérature, reprise à sa source qui est l'Art et la Science, nous fournira un Théâtre, dont les représentations seront le vrai culte moderne; un Livre, explication de l'homme, suffisante à nos plus beaux rêves » (*Sur le théâtre*, 875).

C. La troisième particularité de ce théâtre du signifiant infiniment débloqué, consiste dans le fait qu'il n'a pas d'*auteur*. Autrement dit, le *texte* n'étant pas un discours informatif, il n'a pas de *sujet*. Mallarmé parle de la « disparition élocutoire » de l'auteur qu'il conçoit comme un travailleur du signifiant en allant même jusqu'à l'appeler « le/*producteur :* il paraîtra, se montrant en l'anonymat et le dos convenable, je compare, à un chef d'orchestre... » (*La Cour, Grands faits divers*, 415). Cette comparaison du producteur avec le chef d'orchestre nous oblige à repenser le rapport spécifique entre d'une part le procès de production anonyme non assumé par un sujet, et de l'autre le texte comme structure ici présente. Il ne s'agit pas d'un rapport théologique et causal produisant-produit, cause-effet, mais de cet espace brisé que j'ai indiqué par la mise en place de la doublure phéno-texte/géno-texte, chacun étant l'effet de sa propre cause, la structure — la retombée décalée de la germination des signifiants qui la traverse. D'autre part, la formulation mallarméenne du « producteur » que je viens de citer indique que ce qu'on a pu appeler un *auteur* c'est-à-dire une « personne » avec une biographie, ne saurait se confondre avec le texte : le texte n'est pas le résultat d'un effort produit par un individu et qui laisserait consciemment ou inconsciemment quelques vestiges biographiques dans son « œuvre ». Le texte est une production anonyme, au sens que son « sujet » lui-même est objectivé dans et par les lois du signifiant, et en cela se distingue du « sujet biographique » qui, bien entendu, le sous-tend. L'anonymat du texte est donc à distinguer de l'anonymat-forclusion du sujet dans le discours scientifique. Dans le texte, le signifiant loin d'être oblitéré devient, selon une topologie qui n'est pas l'objet de cet exposé, une instance maîtresse, génératrice, productrice du sens : c'est alors qu'on peut dire que le texte n'a pas d'auteur mais un « producteur ». Le texte est le déploiement, l'exposition plurielle, numérique, sérielle de cette « instance » : de sorte qu'en lui, elle n'est plus Un (Maître) mais son éclatement mis en formule, sa redistribution théâtrale, voire sa dérision : « une insinuation simple au silence enroulée avec ironie ». Le geste mallarméen ne s'arrête donc pas à la simple substitution d'une personne individualisée par un sujet anonyme. Mallarmé ne se borne pas à remplacer le *nom propre* de l'auteur par le « je » vide du sujet de l'énonciation. Une telle démarche est bien connue dans l'histoire de la philosophie moderne. Nous la retrouvons chez Heidegger qui, en signalant le déclin de l'humanisme, c'est-à-dire l'abandon par la pensée d'aujourd'hui de l'individualité humaine comme source de tout travail, persiste à croire que si le sujet *humain* est effaçable, la *subjectité* est indépassable. Donc, il reste toujours un point dans lequel se réfugie une humanité refusée et déguisée en *subjectité*. Dans une direction semblable, à la place du sujet de l'énoncé, on dévoile le sujet de l'énonciation qui, pour être absent du signifié, n'insiste pas moins dans le signifiant où il est déchiffrable par l'écoute psychanalytique. Ce type de lecture découvre dans un message des aspects qui échappent à l'étude structuraliste des surfaces. Mais il se rapporte bien à un *énoncé*, c'est-à-dire à un *discours* qui sert ou dessert la communication, et non pas à cet objet spécifique qu'est le *texte* en tant qu'*espace de la formulation de la signification* et/ou du *sujet* avant qu'il se mette en état de communiquer ; *texte*, donc, qu'il faudrait distinguer de l'*énoncé* pour en saisir les particularités. Le texte justement — et c'est ce que Mallarmé nous dit — n'a pas de point central qu'on pourrait baptiser subjectité ou sujet de l'énoncé/sujet de l'énonciation. Le texte est la formulation de la pluralité des signifiants où se perd le sujet. Le point subjectal se dissout dans l'infinité du géno-texte, ou plutôt devient une *marque* du géno-texte infini. C'est dire que si un « je » apparaît dans le phéno-texte comme un reste, un effet décalé, un « dos convenable », le lecteur n'a pas à le considérer comme un *créateur*, mais comme une porte d'entrée dans cette production qu'est le texte et dont le « je » d'un sujet phénoménal n'est pas le « compositeur », mais le « chef d'orchestre », donc : ce qui ouvre l'écoute, mais qui ne l'origine pas.

La traversée du sujet signifie en même temps que le lecteur est entraîné dans le même processus : le lecteur est exigé par le texte non pas comme point final de l'arrivée du message, mais comme une pluralité de signifiants qui vont s'intégrer au phéno-texte pour le faire basculer vers le géno-texte : *Lire* devient une pratique infinie, théâtrale et anonyme aussi bien qu'*Écrire :*

> « Je préfère, devant l'agression, rétorquer que des contem-
> porains ne savent pas lire ——— (386)
>
> Lire ——
> Cette pratique ——— (*Quant au Livre*, 387).

Par l'apport d'une pluralité de signifiants, le lecteur reconstituera, à partir des blancs et des mots du phéno-texte, l'*idiome générateur*, cette infinité permutante qui efface le sujet et toute fixation substantielle — ce silence blanc — qui est le but même du texte : « Appuyer, selon la page, au blanc, qui l'inaugure son ingénuité, à soi, *oublieuse même du titre qui parlerait trop haut ;* et, quand s'aligna, dans une brisure, la moindre, disséminée, le hasard vaincu mot par mot, indéfectiblement le blanc revient, tout à l'heure gratuit, certain maintenant, pour conclure que rien au-delà et authentiquer le silence... » (*Quant au livre*, 387; nous soulignons).

III.2. Nous arrivons ici au point nodal de la théorie du texte telle que Mallarmé la pense et la pratique : quelle est l' « unité » minimale de cette signifiance qui se note à travers des décrochages multiples du géno-texte pour insister dans le phéno-texte? Dans quelle « entité » se transpose la signifiance infinie que toute lecture doit reconnaître ?

Il est évident que cette « unité » minimale ne peut pas être le *signe* tel que le définit Saussure et tel qu'il régit le langage de la communication. Car le signe, même si l'on enlève de lui le référent, reste une dichotomie symétrique dans laquelle un signifiant est associé à un signifié, tous les deux distincts et précis. Rien de cette infinité de sens, rien de cette théâtralité anonyme que Mallarmé exige du texte n'est inhérent à la matrice du signe. Avant de donner une définition théorique de cet élément minimal qui possède l'engendrement, revenons encore une fois aux réflexions de Mallarmé sur le fonctionnement du langage, et plus particulièrement à son étude détaillée des *Mots anglais*.

Comme le titre même l'indique, Mallarmé considère comme élément de base du langage le *mot*. Or, si l'on regarde de plus près, on s'aperçoit que les *mots* dont traite Mallarmé diffèrent considérablement de ces entités stables qu'examine la linguistique et à partir desquelles la notion de *signe* s'est élaborée. Mallarmé dissèque le *mot* en composants *sonores* — phonèmes ou syllabes — qui n'ont rien à voir avec l'étymologie réelle, mais qui sont susceptibles d'évoquer, par l'analogie phonique, toute une série de sens que le mot actuellement ne contient pas et même qu'il n'a jamais contenu : « ... quoique telle notion se trouve quelquefois élargir de beaucoup le sens d'une Famille ou que tel aspect présente certains vestiges purement figuratifs aujourd'hui, c'est-à-dire, *sans signification contemporaine dans la langue* » (963).

Chaque mot doit être lu comme le point d'arrivée d'une multitude de sens existants dans l'histoire de la langue ou des langues et que le mot n'a jamais eu dans la communication; multitude qui lui est appliquée uniquement par analogie phonique (sous contrainte signifiante) :

> « ... car le rapport des mots avec les idées principales nécessairement sommaires, se trouve, lui, multiple à l'égard presque de ces mots; que de nuances (point primitives) ils signifient! Un pareil fouillis de vocables rangé dans les colonnes d'un lexique, sera-t-il appelé là arbitrairement et par quelque hasard malin : point; chacun de ces termes *arrive de loin, à travers les contrées ou les siècles*, isolé celui-ci et cet autre mêlé à toute une compagnie. Magiquement, si, pour notre esprit, qui représente en cet instant, je suppose, un vocabulaire aux mille feuillets blancs, ces mots, *instruits par une main habile*

à donner une nouvelle représentation de leur *genèse passée*, surgissaient et se fondaient ou luttaient, et *s'excluaient ou s'attiraient*, comme ils le firent jadis : vous vous identifierez avec la langue qu'ils composent aujourd'hui; vous la posséderiez en homme... » (*Les Mots anglais*, 900; nous soulignons).

L'élément qui retient l'attention de Mallarmé est donc une certaine « silhouette phonique », soit parfois un phonème qui immédiatement évoque une multitude d'autres par *application* (donc « semblables ») ou par *disjonction* (donc « divergentes ») sans aucune raison historique. C'est après ces principes que les familles de mots anglais sont constituées :

> « Quelle plus charmante trouvaille, par exemple, et faite même pour compenser mainte déception, que ce lien reconnu entre des mots comme *House*, la maison, et *Husband*, le mari qui en est le chef [...] Venus de plus loin se rencontrer, même de trop loin, soit! certains vocables ne montrent pas cette conformité d'impression; mais alors comme une dissonance. Le revirement dans la signification peut devenir absolu au point, cependant, d'intéresser à l'égal d'une analogie véritable : c'est ainsi que *heavy* semble se débarrasser tout à coup du sens de lourdeur qu'il marque, pour fournir *heaven*, le ciel, haut et subtil, considéré en tant que séjour spirituel » (*Les Mots anglais*, 919).

L'opération sur le signifiant qu'effectue Mallarmé est exclue de l' « histoire » linéaire raisonnable — elle appartient à une autre : celle, immémoriale, du géno-texte qui perce dans le rêve et qu'on a pu désigner par « inconscient » : « Nul *rapport historique* (il s'agit du rapport grec-latin-anglais) dans l'Anglais (du moins) et c'est à une origine commune immémoriable qu'il faut demander la raison de ressemblance autorisant un rapprochement » (922).

Insistons sur le fait que la pluralité que Mallarmé cherche est une pluralité axée sur le signifiant d'abord et non pas sur le signifié : « Le sens, certes, et le son, habilement essayés l'un à l'autre, voilà le double indice guidant le Philosophe dans le classement familial... » Sans s' « aventurer jusqu'à réunir *dry* et *thirst*, offrant une relation dans l'idée, mais presque pas en la forme... ».

Mallarmé souligne que la logique infinitisante du signifiant qu'il propose est en contradiction avec la logique traditionnelle, et insiste sur l'importance de ce travail du texte où tout savoir s'égare :

> « ...élagués par le fer impitoyable de la logique [...]
> Que notre mémoire leur prête un refuge.
> Très importantes et bifurquant au point où l'on est, l'une vers le *lointain immémorial* et l'autre *vers un passé* encore mêlé de futur, restent plusieurs Considérations, propres à conduire la réflexion aux limites de ce Sujet; *là où s'égare un peu tout savoir* ». (1049; nous soulignons).

Pour résumer [16], disons que le « mot » mallarmé en n'a rien à voir avec l'unité lexicale porteuse d'un sens. Ses « dons d'ubiquité » (998) c'est-à-dire l'extrême mobilité de l'élément phonique à travers l'histoire de la langue et des langues, l'accent mis sur le signifiant qui finit par devenir le corps même du mot, chassant ainsi le signifié unique (« A toute la nature apparenté et se rapprochant ainsi de l'organisme dépositaire de la vie, le Mot présente, dans ses voyelles et ses diphtongues, comme une chair ; et, dans ses consonnes, comme une ossature délicates à disséquer. Etc., etc., etc. » *Les Mots anglais*, 901) — nous méne à deux conclusions importantes :

1. l' « élément minimal » du texte ne distingue pas nettement et radicalement le signifiant du signifié, mais pour ainsi dire les refond, les écrase l'un contre l'autre. La feuille saussurienne qui représentait le *signe* devient dans le texte un *point* dans lequel se sont refondus le signifiant et le signifié ;

2. cet élément minimal — ce point — n'oublie jamais qu'il appartient à l'infinité des signifiants multiples, donc il n'oublie jamais qu'il peut être lu comme appartenant à toutes les langues et à tous les systèmes mythiques, et c'est dans la reconstitution de cette infinité que le point réserve sa plénitude au texte.

Infini-point (Badiou), c'est ainsi qu'il faudrait appeler l'élément minimal du texte. Non pas un point qui serait supporté par une infinité (disons d' « idées ») en dehors de lui, mais un point (marque) qui *est* l'infinité (des marques), qui ne saurait être lu un seul instant comme unique, mais qui au contraire devrait sur le champ résonner multiple, pluriel, infini (comme ces familles de mots que Mallarmé invente dans l'anglais et dont aucune règle du signifié ne peut clôturer la liste des membres).

L'histoire de la science connaît bien ce concept d'*infini-point* sous le nom de *différentielle ;* Leibniz l'introduit dans les mathématiques, s'opposant ainsi à la notion cartésienne de *nombre* et forçant la raison d'admettre la possibilité d'inscrire l'infini dans une notation finie.

Je propose donc qu'on appelle *différentielle signifiante* cet élément minimal où le texte se construit et qui s'inscrit dans le phéno-texte pour y transposer l'infinité des signifiants. La différentielle signifiante aurait deux caractéristiques principales :

1. elle est une refonte du signifiant et du signifié ;
2. elle contient : *a*) tous les homonymes
    b) tous les synonymes

---

16. Cf. sur les opérations qui mènent à une véritable ruine des frontières des « items » lexicaux dans le langage poétique, « Pour une sémiologie des paragrammes », in *Recherches pour une sémanalyse*, p. 174 *sq.*

c) toutes les différences acceptions mythiques, religieuses ou sociales qu'elle est susceptible d'avoir dans les différentes langues et les différents systèmes signifiants.

Il est évident que la théorie ainsi proposée de la signification dans le texte se distingue sensiblement de la sémantique moderne basée sur le concept de signe. Creusant le signe, l'écartant, se faisant en deçà et au-delà de lui, la *différentielle signifiante* défie la sémantique structurale et toute sémantique qui érige un système donné une fois pour toutes. Comme dirait Bachelard, la différentielle signifiante « déroge aux principes de la localisation euclidienne » et n'a pas de « spécificité substantielle », elle transforme le texte en un « objet dynamisé ».

III.3. Or, si la différentielle signifiante est un point indispensable pour établir un accès à la signifiance poétique, celle-ci ne saurait être élucidée sans qu'on ait en vue l'organisation syntaxique, « les grandes unités » du discours. En effet, la sémantique structurale ne tient pas compte de la structure phrastique, et déduit ses conclusions d'un morcellement dichotomique du signifié, en censurant le fait que ce signifié se présente d'abord dans une certaine syntaxe qui est sa première et seule façon d'être. Prétendre faire une sémiotique scientifique exige d'abord qu'on se tienne très près de la matière de la langue; or on voit difficilement comment cette matière linguistique serait prise en considération si l'on oublie l'existence de la *phrase*. Comme l'a montré Benveniste, la phrase, « création indéfinie, variété sans limites est la vie même du langage en action »[17]. Nous trouvons la même idée à l'aube même de la linguistique chez les grammariens indiens (Panini, Bhartrhari). Ce qui nous intéresse ici lorsque nous étudions le rôle de l'organisation syntaxique dans la signifiance poétique, c'est que la phrase échappe à l'ordre du signe, c'est-à-dire à cette linguistique qui considérerait la signification comme une totalité d'unités décomposables et composables. « Avec la phrase on quitte le domaine de la langue comme système de signes et on entre dans un autre univers... Ceci donne lieu à deux linguistiques différentes »[18]. En effet, la phrase n'est pas un tout fait de parties, mais un *procès*, et c'est tout nécessairement que la linguistique scientifique lorsqu'elle s'est attaquée à la phrase, est devenue une linguistique générative.

Or, pour la grammaire générative de Chomsky, les formes de base de la phrase sont le *sujet* et le *prédicat :* il parle d'une « basic subject-predicate form ». En effet, de nombreuses analyses concrètes de langues concrètes ont démontré ce principe chomskien. Mais il

---

17. E. Benveniste, « La phrase nominale » in *Problèmes de linguistique générale*, Gallimard, 1966.
18. E. Benveniste, *Ibid.*

s'agit bien d'analyses de langages communicatifs, et non pas de *textes*. Or, nos recherches de l'unité textuelle minimale (syntaxique) nous ont amené à constater que si la matrice SP est l'unité minimale du langage communicatif, il n'en est pas de même dans le *texte*. Autrement dit, l'unité syntaxique textuelle minimale n'est pas une phrase au sens d'un structure SP; elle se présente différemment sous une forme que nous appellerons « complexe signifiant » [19].

A. Le complexe signifiant, en tant qu'unité minimale du texte, se distingue donc de la *proposition* qui est l'unité minimale du discours communicatif. Les caractéristiques formelles du complexe signifiant sont les suivantes : a) il est délimité par deux pauses, b) il possède une modulation semi-finale, semi-suspensive et c) sa relation aux autres complexes signifiants n'est pas celle de concaténation, mais d'une simple *application* constitutive du texte.

En tant que groupe syntaxique textuel, le complexe signifiant est composé d'un modifiant Ma et d'un modifié Me; il reste entendu que le membre constitutif du groupe, c'est-à-dire celui qui le représente dans l'ensemble du texte, est le modifié Me. La fonction syntaxique du complexe signifiant s'apparente ainsi à celle de la proposition subordonnée. Étant donné que la proposition principale est souvent absente dans les textes littéraires modernes, le complexe signifiant y ressemble à une subordonnée dont la principale ferait défaut, qui serait seulement à « engendrer » par la lecture du texte. Le *Coup de dés* de Mallarmé apparaît ainsi comme un ensemble de complexes signifiants qui, sans jamais recevoir la forme propositionnelle définitive, se projetteraient toujours vers un avant pour s'arrêter finalement, en tant que modifié Me, au bord du blanc de la page.

La fonction du modifié Me et du modifiant Ma sont remplies respectivement par un substantif et un adjectif, un adjectif et un adverbe, un verbe et la préposition qui le régit, etc.

Cependant, lorsque le groupe syntaxique ainsi constitué se transforme en complexe signifiant, unité minimale du phéno-texte, il se produit une perturbation des catégories grammaticales qui en font partie : le membre modifié Me abandonne sa fonction prédicative pour ne garder que la fonction déterminative et cesse de marquer les catégories verbales telles que le temps ou la personne. Il s'agit là d'une « nominalisation » des membres Ma et Me de l'ensemble signifiant.

Contrairement à ce qui se passe avec le complexe signifiant c'est le modifiant Ma, c'est-à-dire le prédicat, qui est le membre constitutif de la *proposition*. La phrase nominale, dépourvue du verbe personnel et de la copule, s'apparente, il est vrai, au complexe signifiant du fait

---

19. Cf. pour ce qui suit, J. Kuryłowicz, « Les structures fondamentales de la langue : groupes et propositions », in *Esquisses linguistiques*, 1960.

de sa fonction extra-temporelle et extra-subjective. Il n'empêche que la phrase nominale, dont le membre constitutif est un Ma (nominal ou verbal) reste une phrase, tandis que le complexe signifiant, dont le membre constitutif est un Me, est une *assertion infinie* [20].

B. « Le coup de dés » n'est pas fragmenté en phrases. Aucun point ne marque des séquences finales et suspensives où l'on *prédiquerait* quelque chose, c'est-à-dire où l'on poserait un sujet défini qu'il s'agirait de délimiter. Par contre, le texte se présente comme une application de *complexes signifiants* où un modifié absorbe un modifiant et s'adjoint à d'autres modifiés ayant absorbé eux aussi des modifiants.

Ces modifiants sont des adjectifs ou des substantifs précédés d'une préposition, mais surtout des formes *nominales* ou *adjectivales* du verbe : des infinitifs, des participes passés ou participes présents. Ainsi : « lancé », « blanchi », « retombé », « dressé », « couvrant », « coupant ». Quelle est la fonction *sémantique* de ces catégories syntaxiques?

Les formes nominalisées ou adjectivées du verbe, si elles marquent un procès, ne lui attribuent aucune caractéristique *personnelle* et *temporelle*. Il s'agira donc d'une signifiance qui n'est pas localisée dans un sujet (destinateur) et par conséquent ne s'adresse pas à un locuteur (destinataire) désigné; elle se soustrait à l'ordre de la communication actualisée et se retire dans un hors-sujet, dans une extra-subjectivité où l'action est à l'état « virtuel » opposé à l' « actuel », ou mythique opposé au rituel. Cette distinction entre « virtuel » et « actuel » de la signifiance a été observée et étudiée par E. Benveniste : il l'a retrouvée à l'intérieur de la catégorie des noms d'agent en sanscrit pour la repérer ensuite dans l'arabe, le grec et jusqu'en latin [21]. D'autre part, à force d'être pratiquée dans des complexes signifiants et non pas dans des phrases, la signifiance échappe à la ligne du temps, car ni le participe présent ni l'infinitif ne marque de traits temporels ou modaux du verbe. Or, ces formes sont nombreuses dans *Un coup de dés* : « à dresser », « couvrant », « coupant », « adapter », « inférant », « être », « jeter », « déployer »... .

Pourtant, si les formes nominales et adjectivales du verbe sont prépondérantes, les formes personnelles ne manquent pas. On trouve le *présent* : « étale », « plane » (présent ou adj. fém.?), « se prépare », « s'ajoute », « se mêle »; aussi bien que quelques *imparfaits* : « empoignait »... Or, ces formes personnelles du verbe sont à tel point absorbées par le modifié auxquels elles se rapportent, qu'elles perdent leur fonction de *prédicat* (syntagme verbal), n'arrivent pas à arrêter la signi-

20. Pour un exposé plus complet de la conception du *complexe signifiant*, le lecteur peut se référer à nos *Recherches pour une sémanalyse*, Éd. du Seuil 1969, pp. 319-322.
21. Cf. E. Benveniste, *Noms d'agent et noms d'action en indo-européen*, A. Maisonneuve 1948.

fication, et les complexes qu'elles forment avec le Me auquel elles se rapportent apparaît comme un fragment suspendu, comme un groupe syntaxique subordonné à une principale qui *manque* (je reviendrai sur ce manque).

L'absence de cette principale désigne pourtant ce *trésor*, ce géno-texte infini, cette infinité des signifiants producteur d'où les complexes semblent être les ruines ici tombées (« calme bloc ici-bas chu d'un désastre obscur » : d'un des astres, d'un dés-astre).

Une description (que nous entreprenons ailleurs) de la syntaxe mallarméenne, à partir des principes de la grammaire générative, démontre de manière plus précise que la *suppression non recouvrable* est une règle fondamentale du fonctionnement syntaxique de ses textes.

Quelques *prépositions* ou *formes verbales* indiquent le lien entre les fragments-complexes signifiants, et le géno-texte absent :

— *comme si* : ce qui va être dit, toute la rhétorique, le récit que vous lirez, *n'est pas* ce qui se produit; il est par rapport au véritable travail de la signifiance un *comme si*, une décalque, une retombée.

— *soit :* Cette forme joue le rôle des *deux points* de l'énumération et de la démonstration, ou bien des *parenthèses* effectuant les mêmes fonctions : « ce que je décris en énumérant n'est que la démonstration d'une absence (celle du géno-texte) que je ne vous présente pas mais que je vous oblige par le même geste de chercher ». « Soit » peut avoir aussi une nuance conditionnelle-d'alternance, de choix d'une ou d'une autre des possibilités infinies que le géno-texte peut évoquer pour le phéno-texte. Mais « soit » peut être aussi l'impératif, le mode d'énonciation de la loi : la loi de la signifiance que Mallarmé cherche, non pas la loi de la communication actuelle, mais d'une opération signifiante virtuelle. E. Benveniste a démontré que le sanscrit possédait des formes spécifiques pour marquer ces deux types de signification : le virtuel *vs* l'actuel, le non-temps et le non-sujet *vs* le temps et le sujet. Ce sont justement les formes du virtuel, du non-temps et du non-sujet, qui ont produit le *futur* et l'*impératif.* Comme si la signifiance qui défie le sujet et le temps, se construisait une zone d'action qui, depuis la germination du processus signifiant, embrassait le futur dans un « temps » volumineux, monumental, radicalement différent du temps linéaire : le temps de la loi. Cette hors-temporalité, les religions et les idéologies l'ont attribué à Dieu, au sacré, au poétique. Les textes modernes s'approprient cet espace et le pensent comme l'espace où germe le processus de la signification.

Pour Mallarmé, ce processus de signification est l'exemple même d'une histoire idéâle : l'histoire de la race, l'histoire de « signifier ». Aussi lorsqu'il pense l'histoire de l'homme, la pense-t-il comme une histoire de l'acte de signifier. (En ceci, l'idéologie de Mallarmé est prise dans la métaphysique de la philosophie hegelienne.) Ainsi, quand il aborde ce qui semble être pour lui la démarche fondamentale de *mettre en ordre*, à savoir le *nombre*, l'énonce-t-il au subjonctif imparfait : « existât-il », « commençât-il », « cessât-il », « se chiffrât-il », « illuminât-il ». Ce subjonctif important équivaut à un *futur antérieur* dans le passé qu'on trouve d'ailleurs plus loin : « Rien n'aura eu lieu que le lieu. » Or, qu'est-ce que le futur antérieur sinon le temps dans lequel le sujet pense son historicité dans la langue en la posant comme extérieure à son « je »? Le futur antérieur est le temps du déplacement du sujet dans son langage : « ce qui aurait été pour ce que je suis en train de devenir [22] ».

Nous voyons que l'organisation syntaxique de même que l'organisation temporelle du *Coup de dés*, obéissent au même but : désigner que ce qui est écrit sur la page — cet ordre, ce « coup de dés » — est le résidu d'un processus infini de la signifiance, de l'histoire de l'homme, — du « hasard » — que le lecteur devrait pouvoir ouvrir à partir du texte. Ce « message » est encore accentué par le fait que les complexes signifiants et le jeu temporel semblent *chus* de (« Calme bloc ici bas chu d'un désastre obscur » — *Tombeau de Poë*) — ou semblent se rattacher à une principale qui manque, comme nous l'avons dit (« oublieuse même du titre qui parlerait trop haut »), mais qui *insiste* dans le tissu même du texte, qui est dispersée dans le texte : « Un coup de dés jamais n'abolira le hasard ». C'est d'ailleurs le projet même de Mallarmé qu'il décrit ainsi dans sa préface au *Coup de dés :* « La fiction affleurera et se dissipera, vite, d'après la mobilité de l'écrit, autour des *arêtes fragmentaires d'une phrase capitale*, *dès le titre* introduite et continuée. Tout se passe, par raccourci, en hypothèse; on évite le récit. Ajouter que de cet emploi à nu de la pensée avec retraits, prolongement, fuites, ou son dessin même, résulte, pour qui veut lire à haute voix, une partition ».

IV. Un coup de dés jamais n'abolira le hasard [23]

IV.1. Le signifié de cette « phrase » (avec S et P) est *relativement* clair : une réussite ne peut pas clore l'inattendu, l'ordre ne détruit pas la mouvance, une « expression » ne ferme pas l'immense processus qui la dépasse, etc. Mais Mallarmé n'écrit pas pour fixer un signifié, comme *Les Mots anglais* le prouvent, et cette « phrase » doit être lue dans le registre des résonances qui font de chaque vocable un *point*

---

22. J. Lacan, « La parole et le langage en psychanalyse », in *Écrits*, Éd. du Seuil 1965.
23. Dans la lecture que nous proposons ici, lecture qui essaie de dégager les applications *sémiques* à partir des *items* lexicaux et de la contrainte du *signifiant*, nous avons suivi de près l'étude de R. G. Cohn, *L'œuvre de Mallarmé* « *Un coup de dés* », Librairie des Belles Lettres, 1951.

où une infinité de significations peuvent être lues : une *différentielle signifiante.*

Avant de démontrer comment cette « phrase » peut être lue, rappelons une fois de plus la conception mallarméenne du fonctionnement du mot comme une différentielle signifiante :

« les milliers de mots d'une langue sont apparentés entre eux » (963);

« tous/les mots/ont plus ou moins, peut-être, un lien de parenté vague qui les unit » (918);

« /les mots/gravitent autour de quelque chose de commun » (920);

« les mots, d'eux-mêmes, s'exaltent à mainte facette reconnue la plus rare ou valant pour l'esprit, centre de suspens vibratoire; qui les perçoit indépendamment de la suite ordinaire, projetés, en paroi de grottes, tant que dure leur mobilité ou principe, étant ce qui ne se dit pas du discours; prompts tous, avant extinction, à une réciprocité de feux distante ou présentée de biais comme contingence » (386).

IV.2. UN — désigne une totalité indivisible, d'ailleurs « effacée » vite par ce « deux » (*de*) qui vient après « coup » et sert de transition vers la pluralité : « un coup *de dés* → *un... deux des.*

COUP — marque la violence, la pensée, un accès à la pensée, à l'acte ou mieux à la signifiance. Mallarmé emploie souvent ce mot pour désigner la *lumière* : « tout à coup l'éruptif multiple sursautement de la clarté, comme les proches irradiations d'un lever du jour » (*La musique et les lettres* »); « Hilare or de cymbale à des points irrités. Tout à coup le soleil frappe la nudité » (*Le pître châtié*). Or, on sait que dans les textes mythiques (Veda) la lumière et la pensée poétique sont désignées par le même mot : uṣas = aurore, don poétique. On voit comment le « coup » de Mallarmé, par une série de retraits, prolongements, fuites, pourrait amener pour la lecture tout un corpus mythique *insistant* dans le texte. D'autre part, Mallarmé associe aussi *coup* à *musique* et à *lumière :* coup-cymbale-soleil : « Mallarmé me montra la plaine que le précoce été commençait à dorer : Voyez, dit-il, c'est le premier coup de cymbale de l'automne sur la terre » (Valéry, *Variété II*, p. 210). Le *coup*, c'est *l'heure* dans *Igitur :* « le coup s'accomplit, douze, Le temps (minuit) ». D'où dans *Igitur* l'association *heurt-heure.* Dans *Le Mystère dans les lettres*, Mallarmé annonce qu'il veut commencer son œuvre par la combinaison idée-dé-coup-éclat-soleil. D'autre part le phonème sombre [u] du « coup » joue en opposition avec le [e] clair de « dés » qui suit.

DES — est aussi un préfixe privatif ou de négation. Ce concept de privation, autrement dit, la conception du texte poétique comme un reste, un manque de cette infinité qui l'excède, est familier à Mallarmé. On le trouve dans la préférence mallarméenne pour le mot « désastre » qui désigne le travail poétique : « Calme bloc ici-bas chu d'un désastre obscur ». Le *dé* étymologiquement vient de *datum* (ce qui est donné) : le poème, le produit de la signifiance, est un *don*, une *offrande* (« de » — préposition d'origine, de provenance); non pas tellement un cadeau au destinataire, mais un sacrifice en éclat — un coup de sacrifice — par lequel le sujet de la parole s'abolit pour atteindre l'infinité des signifiants, laquelle ne sera jamais abolie : « jamais n'abolira le hasard ». Le « dais » est le plateau (de Saint Jean) que nous retrouvons dans un poème de Mallarmé.

JAMAIS — de *ja* et de *mais* dans le sens de *plus*. Marque, contrairement au sens privatif de dés, un surplus qui défonce la ligne temporelle et sort dans ce hors-temps où se déploie le processus de la signifiance hors-temps et hors-sujet : ce processus que les formes normalisées et les complexes signifiants marquaient au niveau du signifiant. Que pour Mallarmé *jamais* est l'opposé de l'existence temporelle linéaire, nous en trouvons le témoignage dans une lettre à Redon (février 1889) dans laquelle Mallarmé évoque le hors-temps de la production signifiante par un conditionnel passé 2e forme = futur antérieur dans le passé : « Mais mon admiration tout entière va droit au grand Mage inconsolable et obstiné chercheur d'un mystère qu'il sait ne pas exister, et qu'il poursuivra, à *jamais* pour cela du deuil de son lucide désespoir, car c'eût été la vérité! ».

N'ABOLIRA — « abolir » retient l'attention de Mallarmé qui semble l'associer à bol, bassin, récipient creux : « bassin, aboli » (*Ouverture ancienne d'Hérodiade*); à quelque chose de *vide* : « aboli bibelot d'inanité sonore » (*Ses purs ongles...*). La différentielle signifiante « abol » porteuse du sème de « vide », « creux », « gouffre » s'associe ainsi à *l'abîme* initial et au gouffre final d'*Un coup de dés*. On trouve en outre :

« Quel sépulcral naufrage... abolit le mât dévêtu » (*Sonnet*, 76);
« ronds de fumée
   Abolis en autres ronds » (73);

« Abolira » contient aussi *lira*, *ira* : rage, folie; *lyra* = lyrique... De sorte que le vocable en entier devrait renvoyer à ce fond en creux de la surface existente, réceptacle potentiel où se joue follement — poétiquement — le « compte total en formation » : le travail de la signifiance.

Car le HASARD c'est bien la fortune, le sort, la chance imprévisible et illimitée, ce qui échappe à la raison ordonnante. Mais étymologiquement (arabe) *hasard* veut dire *dé*, de sorte que la phrase « Un coup de dés jamais n'abolira le hasard » est une tautologie : « Un coup de dés jamais n'abolira le (coup de) dé ». — Au lieu d'annoncer quelque chose sur les « dés », au lieu de les *prédiquer*, elle se boucle sur ce *dé* lui-même, revient à son modifié à l'instar des complexes signifiants. Donc, même la phrase S-P du titre tend vers un complexe signifiant refusant d'énoncer quelque chose sur un sujet.

Mais « hasard » est aussi « jeu », donc permutation, variation illimitée d'où sortira le *nombre*. Le nombre pour Mallarmé est l'acteur d'un actant indispensable à sa pensée : le premier ordonnancement, la mise en ordre, la distribution des différences à partir desquelles s'articulera l'acte de signifier. Le *nombre* surgit du *hasard*, du jeu du dé que permutent des nombres; il est par conséquent « hallucination éparse d'agonie », mais en même temps un geste de *maîtrise*, de régulation. « L'unique nombre qui ne peut pas être un autre ». Emblème donc de la *contradiction*, la production des nombres équivaut chez Mallarmé à la production textuelle. Ainsi, de même que le nombre cartésien est un acte de régulation par lequel le sujet fini ordonne le hasard infini, le poème devient une construction raisonnée, une architecture, un phénomène réglable et régulier. Le « nombre » dont parle Mallarmé rappelle le nombre cartésien, et le récit que *Un coup de dés* donne de la façon mallarméenne de comprendre le processus signifiant, donc l'idéologie mallarméenne, est une idéologie constructiviste et phénoménologique, d'ailleurs minée de l'intérieur par le jeu du signifiant anti-subjectif et anti-cartésien qui semble dire : Jamais la surface n'abolira le volume.

IV.3. Quelle est donc cette idéologie de l'acte signifiant que *Un coup de dés* expose? Nous la saisissons en essayant de reconstruire un « récit » à partir des fragments du texte.

D'abord, le récit présente la signifiance comme un *abîme* agité qui est aussi et en même temps une aile (« soit une aile ») « couvrant les jaillissements, coupant au ras les bonds »; ou même une *voile* (« soit une voile »)... La série de *soit* mène à un *bâtiment* « penché de l'un à l'autre bord » auquel s'adjoint, où « surgit », le *Maître*. Il se situe au lieu « d'anciens calculs » : il est donc dans le récit l'actant de ce travail d'ordination et de coordination qui essaie de dompter « un destin et les vents » à travers une démarche de maîtrise représentée par le *Nombre* (c'est ici que l'on lit : *L'unique Nombre qui ne peut pas être un autre*), ou l'*Esprit* « pour le jeter dans la tempête en reployer la division et passer fier ». Ce *maître*, c'est le « direct de l'homme », mais non pas l'homme de la raison (« par delà l'inutile tête »), c'est l'homme « ancestralement », l' « intérieur démon immémorial » : ce fond de passé et d'absence — la signifiance infinie — qu'il s'agit de maîtriser. Aussi le Maître — cet Homme — est-il un *vieillard* induit « vers cette conjonction suprême avec la probabilité », mais des sèmes marquant la jeunesse se joignent à lui : « son ombre *puérile* ». Dans cette contradiction, la déchirure du sujet s'annonce, le combat : « né d'un ébat/la mer par l'ailleul tentant ou l'ailleul contre la mer/une chance oiseuse ». Cette lutte de l'ancestral — de l'histoire monumentale — avec la mer qui est aussi la mère génératrice — la langue génératrice de sens — chancellera vers la *folie*. Mallarmé orchestre la folie — le combat dans la symbolicité — avec le mot *abolira*, écrit en caractères gras à côté de *folie : n'abolira* dont *-ira* consonne avec la rage de la folie, et dont le futur négatif « n'abolira » désigne le désir du Maître (du « je » nombrant) de ne pas sombrer dans la folie de la mer (de la mère), mais de passer outre. Ce passage outre la folie est indiqué par la séquence cadrée de *comme si* : indicible parce que folie, elle ne peut être écrite que comme une retombée (« comme si ») approchant de loin ce qui se produit dans le gouffre où s'engendre le sens : « une insinuation simple au silence enroulée avec ironie ou le mystère »; « tourbillon d'hilarité et d'horreur » qu'il faut maîtriser sans orner ni fuir : « sans le joncher ni fuir », mais en en conservant « le vierge indice ».

Cette non-fuite de la « folie » maîtrisée, « la plume solitaire éperdue » l'assure. Mais l'acte d'*écrire* que la plume annonce et qui est visiblement pour Mallarmé l'acte par excellence d'accéder à la signifiance sans l'amputer — l'acte d'écrire est aussi un *combat* pour le sujet : c'est ce qu'annoncent des sèmes opposés ou des lexèmes comme velours/blancheur; opposition au ciel; prince amer de l'écueil; scintille/ombrage, etc. jusqu'au « tourbillon d'hilarité et d'horreur ». Le tracé de la plume atteint cette lutte et l'organise logiquement quoique non linéairement : « irrésistible mais contenu par sa petite raison virile en foudre » qui « imposa une borne à l'infini ». Touchant à l'infini, l'écriture le borne, le limite, le finit par le Nombre. Ainsi, le Nombre que le Maître — instance de la Loi et de la division du sujet — cherchait dans le naufrage de la signifiance au seuil de la folie, le *scripteur* le trouve. Mais le scripteur n'est plus ce sujet, il est le sujet *nié*, l'anonymat « de dos » du chef d'orchestre, « la plume solitaire ». Son texte aurait comme appui premier (comme « unité minimale ») le *nombre*; autrement dit, le signifiant textuel serait à lire comme réparti en des unités du rang du *nombre*, « issue stellaire », donc permettant de penser la multiplicité infinie « stellaire ». Mais ce nombre est fragile : le subjonctif passé = futur antérieur (« existât-il », etc.), le gouffre, le hasard le guettent. Un gouffre extérieur qui tend le piège du « délire ». Or l'acte de la plume est un résultat « nul humain » — c'est dire qu'il dissout le sujet même, et ce que le sujet se donne dans son rationalisme comme une réalité : « dans ces parages du vague en quoi toute réalité se dissout ». A la place du sujet divisé, l'écriture numérique installe une combinatoire, un calcul dans le signifiant, un « jeu » avec les mots, un coup de dés en contradiction avec le hasard qui le fonde. Le sujet et sa réalité écartés, « rien n'aura eu lieu que le lieu ». Cette loi est à lire non seulement dans le sens que Heidegger donne à la « nouvelle époque de la pensée » : pas de sujet-homme, mais tout de même sujet-agent, levier de la pensée, subjectité. Mallarmé va plus loin : aucun lieu central ne maîtrise le travail signifiant dans le texte ; le texte est la dissolution même du lieu central — du Maître — à force d'être un travail de formulation, d'organisation, de mise en formule numérique. Rien à la place du sujet, « excepté peut-être une constellation » : le texte, issue stellaire, tissu de nombre qui, comme des astres, est le désastre d'une infinité de sens que nous sommes invités à reconstruire.

De chaque nombre — différentielle signifiante — du texte, un saut est à effectuer « à l'altitude aussi loin qu'un endroit fusionne avec au-delà ». Le texte est ainsi comparé à une constellation (la Grande Ourse) — « le Septentrion aussi Nord ». Le texte-constellation ne doit pas *présenter* tout ce qu'il est susceptible de *marquer* : il est une constellation « froide d'oubli et de désuétude ». Il est le lieu neutre, « vacant et supérieur », où se joue la production du sens, le travail de la pensée : « pas tant/qu'elle n'énumère : sur quelque surface vacante et supérieure/le heurt successif/sidéralement/d'un compte total en formation ».

---

*Voici donc la « théorie » mallarméenne du fonctionnement poétique présentée dans le « récit » d'*Un coup de dés *: une extériorité (abîme, gouffre) est à saisir et à dompter par une démarche de mise en ordre dans laquelle le sujet s'objective (*Le Maître devient *plume*) et l'infinité s'ouvre pour qui ne veut pas se laisser borner par sa « petite raison virile ». Mais cet infini-dehors pour le « récit » s'est avéré être un infini-point dans la* **pratique** *de Mallarmé, là où le « nombre » se présente comme une différentielle signifiante et marque l'infini dans le jeu de la langue dont le sens n'a pas de dehors. Nous établissons ainsi une contradiction du texte mallarméen, historiquement situable et explicable : d'une part, la pratique d'une analyse rigoureuse de la logique du signifiant, de l'autre, l'énoncé précieux d'une idéologie métaphysique qui pour l'époque ne rejoignait pas moins l'avant-garde de la pensée européenne : l'hégélianisme* [24].

---

24. Cf. J. Hyppolite, « Le Coup de dés de Stéphane Mallarmé et le message », in *Les Études philosophiques*, oct.-déc. 1958, nº 4.

Bibliographie

Références générales

Les auteurs de ce recueil se réfèrent constamment, en en utilisant souvent la terminologie, aux travaux de

R. BARTHES   R. JAKOBSON
E. BENVENISTE   L. HJELMSLEV
N. CHOMSKY   C. LÉVI-STRAUSS
A. J. GREIMAS

Bibliographie sommaire

BIERWISCH, M. — « Poetik und Linguistik », *Mathematik und Dichtung*, München, Nymphenburger, 49-46, 1965.

COHEN, J. — *Structure du langage poétique*, Flammarion, 1966.
« La comparaison poétique », *Langages*, 12, 43-51.
« Théorie de la figure », *Communication*, 16, 1970, 3-25.

COQUET, J.-C. — « Combinaison et transformation en poésie (A. Rimbaud, *les Illuminations*) », *L'Homme*, I, 1969, 23-41.

DELATTRE, P. — « Les attributs physiques de la parole », *Revue d'esthétique*, XVIII, 3-4, 1965, 240, 254.
« From Acoustic Cues to Distinctive Features », *Phonetica*, 18, 1968, 198-230.

FONAGY, I. — « Le langage poétique : forme et fonction », *Diogène*, 51, 1965, 72-113.

GENINASCA, J. — « *Evento* de Mario Luzi », *Revue Romane*, V-I, 1970, 17-38.
Les Chimères de G. de Nerval, La Baconnière, 1971.

GREIMAS, A. J. — « La linguistique structurale et la poétique », *Du Sens*, Seuil, 1970, 271-284.

IHWE, J. — *Prolegomena zu einer Theorie der Literaturwissenschaft*, München, Bayerischer Schulbuch Verlag 1971.

JAKOBSON R. — « *Les Chats* de Ch. Baudelaire », *L'Homme*, I, 1962, 5-21 (en collab. avec Cl. Lévi-Strauss).
« Une microscopie du dernier spleen dans *les Fleurs du Mal* », *Tel Quel*, 29, 1947, 12-24.

KOCH, W. A. — *Recurrence and a Three-Modal Approach to Poety*, Mouton, 1966.
« Linguistische Analyse und Strukturen der Poetizität », *Orbis*, 17, I, 1968, 5-22.

KRISTEVA, J. — *Séméiotikè, Recherches pour une sémanalyse*, Éd. du Seuil 1969.

LEECH, G. N. — *A Linguistic Guide to English Poetry*, Londres, Longmans 1969.

LEVIN, S. R. — *Linguistic Structures in poetry*, Mouton, 1962.
« Poetry and Grammaticalness », *Proceedings of the IXth Int. Congress of Linguists*, Mouton, 1964, 308-315.

LÉVI-STRAUSS, Cl. — « *Les Chats* de Ch. Baudelaire », voir Jakobson R..

MARCUS, S. — *Poetica matematicà*, Bucarest, Ed. de l'Acad. des Sciences de Roumanie, 1970.

MELETINSKIJ, E. et SEGAL, D. — « Structuralisme et sémiotique en U.R.S.S. », *Diogène*, 73, 1971, 94-116.

MUKAŘOVSKÝ, J. — *Kapital aus der Poetik*, Suhrkamp Verlag, 1967.

NASTA, M. — « L'analyse sémiotique des poèmes et le statut des relations projectives », *Revue Roumaine de Linguistique*, XIII-b, 1968, 603-615.
« La matrice générative de rythmes et les structures verbales de la phrase poématique », *Actes du Xe Congrès Int. des Linguistes*, 1970, 17-26.

RIFFATERRE, M. — « Describing Poetic Structures », *Yale French Studies*, 36-37, 1966, 200-242.
« The stylistic approach to literary history », *New Literary History*, II-1, 1970, 39-55.

RUWET, N. — « L'analyse structurale de la poésie », *Linguistics*, 2, 1963, 38-59.
« Analyse structurale d'un poème français : un sonnet de Louise Labé », *Linguistics*, 3, 1964, 62-83.
« Sur un vers de Ch. Baudelaire », *Linguistics*, 17, 1965, 69-77.
« Limites de l'analyse linguistique en poétique », *Langages*, 12, 1968, 56-70.

SCHIRMUNSKI, V. — « Syntaktischer Parallelismus und rhythmische Bindung », *Festschurft Wolfgeng Steinitz*, Berlin, 1965.

THORNE, J. P. — « Stylistics and Generative Grammars », *Journal of Linguistics*, 1, 1965, 49-59.
« Poetry, Stylistics and imagenery Grammars », *Journal of Linguistics*, 5, 1969, 197-150.

USPENSKY, B. A. — *Poetika kompoziciji* (en russe), Moscou, Ed. Iskustvo, 1970.

VALESIO, P. — *Structure dell'allitterazione*, Bologne, Zanichelli, 1967.

VAN DIJK, T. A. — « Sémantique structurale et analyse thématique », *Lingua*, 23, 1969, 28-53.
« Neuere Entwicklungen in der literarischen Semantik », *Text Bedeutung Aesthetik*, Bagerischer Schulbuch Verlag, 1970.

ZILBERBERG, C. — *Une lecture des « Fleurs du Mal » de Ch. Baudelaire*, thèse manuscrite, 1968.

Recueils et mises au point

Arrivé, M. et Chevalier, J.-C. — « La stylistique », *Langue française*, Larousse, 3, 1969.

Freeman D. — *Linguistics and Literary Style*, New York, Holt, Rinehart and Wonston, 1970.

Kreuzer, H. et Gunzenhausser, R. — *Mathematik und Dichtung*, München, Nymphenburger, 1965-1967.
« Zur strukturalistischen Interpretation von Gedichten », *Sprache im technischen Zeitalter*, 29, 1969.

Sebeok, Th. A. — *Style in Language*, Cambridge, New York, London, 1960.

Stempel, W.-D. — *Beiträge zur Textlinguistik*, W. Fink Verlag, I, 1971.

Todorov, T. — *Théorie de la littérature*, Éd. du Seuil, 1966.

Table des matières

BERGER-LEVRAULT, NANCY — 778807 — Septembre 1972 — Dépôt légal : 1972-3ᵉ — Nᵒ d'éditeur : 7481
IMPRIME EN FRANCE *(Printed in France)*. — 36002 B-4-76.